사도행전과 바울 서신은 떼려야 뗄 수 없는 역사적·신학적 상호보충 관계에 있다. 그렇지만 이 명제가 그렇게 쉽사리 받아들여지지 않는 것이 신약학계의 현실이다. 바울 서신을 연구하면서 사도행전의 자료에 호소하면 설득력이 떨어지는 방법을 취한다는 공격이 신약학계 안에 만연해 있다. 이런 비평적 해석 방법은 누가의 사도행전은 신뢰할 수 없으며, 그 대신 기원후 1세기나 그 이전의 일반 자료들은 더 역사적으로 신뢰할 수 있다는 비평적인 전제에 기초하고 있다. 하지만 사도행전의 증언이 바울과 초기 교회를 연구하는 자리에서 밀려나는 대신에 좀 더 역사적 중립성을 가지고 있다고 믿어지는 다른 역사적 자료들에 무한 신뢰를 보내는 것은 학문적 형평성을 잃은 처사다. 신약학자이면서 선교사이신 최종상 박사의 책은 이런 학문적 공정성을 잃은 비평적 신약학계를 지배하는 저울추의 방향을 돌려놓는다는 데 의의가 있다. 본서는 사도행전의 바울에 관한 기록에 공정한 역사적 신뢰를 주면서, 바울 서신과 사도행전을 비교·연구하기를 바라는 이들에게 귀중한 학문적 도약대가 될 것이다.

김경식 | 웨스트민스터신학대학원대학교 신약학 교수

어떤 메시지를 부정하려면 메신저를 부정하면 된다. 사도행전의 성령과 기적 이야기를 부정하려면 그 내용의 역사성과 저자의 의도를 의심하면 된다. 실제로 계몽주의의 세례를 흠뻑 받은 신약학자들은 사도행전 기사의 역사성을 의심했고, 또 누가가 그린 바울의 모습도 그 역사성을 의심받을 만큼 누가의 신학으로 채색되었다고 주장했다. 그러한 주장이 어느 순간부터 도도한 물결이 되었고, 간혹 그 물결을 막을 둑을 세우려는 시도는 있었음에도 불구하고 그 물결의 방향을 돌려놓기에는 역부족이었다. 본서는 한 번 제대로 둑을 쌓으려고 시도한 것이다. 내가 보기에 이 둑은 꽤 견고해 보인다. 이러한 시도가 계속될 때 언젠가는 그 물결의 방향도 돌려놓을 수 있을 것이다. 본서는 그 둑을 쌓는 시도로 대단히 의미 있는 것이고, 이런 시도에 동참하고자 하는 후학들(신약학자, 목회자, 신학생)의 필독서다.

김동수 | 평택대학교 신약학 교수, 한국신약학회 직전 회장

이 책은 사도행전에 나타난 바울에 관한 기록이 역사적으로 신빙성이 있음을 옹호하려는 대담한 시도다. 이것은 이른바 바울 서신과 사도행전 사이의 불일치를 당연시하는 비평학 전반을 돌아보게 하려는 노력이기도 하다. 이 책이 역사적 바울에 관한 실증적 사실을 입증했느냐의 여부는 여전히 독자들의 판단에 달려 있겠지만 사도행전의 바울 이야기를 완전한 누가의 창작으로 치부하기보다는 신중한 태도로 누가의 이야기에 귀 기울이게 하는 데는 성공하고 있다.

김학철 | 연세대학교 학부대학 교수

사도행전의 바울과 바울 서신의 바울 사이의 차이점은 통시적인 성경해석 즉 역사비평의 가설적인 전제와 역사비평의 역사적 바울에 대한 재구성의 문제로 규정할 수 있다. 대안으로서의 공시적인 접근의 일환인 성경의 서사적 읽기는 저작의 본래 맥락에서 본문을 읽으려는 노력의 일환이다. 이러한 서사적 읽기는 저자의 관심과 의도를 충분히 인식할 수 있게 해주는 데 기여한다. 이런 점에서 본서가 주장하는 중요 논지 중 하나인 사도행전의 복음 전파의 일차적인 관심과 바울 서신의 목회적이며 신학적인 성찰에 관한 관심 사이의 구별에 대한 인식 촉구는 매우 적절하고도 적합하다고 할 수 있다. 본서는 사도행전의 바울과 서신서의 바울이 모순되지 않음을 보여주려는 정당한 시도로서 찬사를 받아 마땅하며, 동시에 사도행전과 바울 서신을 각기 고유한 맥락에서 읽고 해석할 수 있도록 도와준다는 점에서 크나큰 공헌을 하고 있다. 두 저작들 사이에 있는 외견상의 이견 때문에 고민하는 독자들이나 두 저작을 각자의 고유한 성격과 맥락에서 바르게 읽고자 하는 독자 모두에게 본서는 귀한 저작이요 반드시 읽혀야 할 책이다.

류호영 | 백석대학교 신학대학원 신약학 교수

성경의 영감성을 부정하면 본문의 역사성과 통일성을 무시한다. 관련 본문들 사이의 외견상의 차이와 모순을 과장하는 이들은 마치 보석 덩어리 전체의 아름다움을 감상하기보다 흠처럼 보이는 곳에만 집중한다. 이전에는 복음주의자들이 성경의 역사성과 통일성을 전제했다면, 오늘날은 그들에게 논리적 증명이 요청된다. 최종상 박사는 사도행전과 바울 서신의 다차원적 관련성을 탐구하여 사도행전의 바울과 바울 서신의 바울이 연속적이며 동일한 역사적 인물임을 탁월하게 논증한다. 저자는 사도행전이 바울 서신과는 모순되는 신학으로 덧씌워진, 믿을 수 없는 비역사적 기술이라는 비평학자들의 방법론과 주장을 본문 비교를 통해 훌륭히 논박한다. 20여 년 전에 출간된 위더링턴의 『바울 탐구』를 업그레이드한 이 책을 읽는 독자들이라면 누가의 바울이 자신의 편지 안에 안착해 있음(epistolary parousia)을 발견할 것이다.

송영목 | 고신대학교 신학과 교수

최종상 박사는 그동안 신약학계에서 당연한 것으로 받아들여져 왔던 "사도행전은 바울과 관련하여 역사적 사실을 전달하지 못한다"라는 주장을 과감하고 단호하게 반박한다. 그의 반박은 결코 순진하거나 일방적이지 않다. 그는 사도행전과 바울 서신들의 방대한 자료들을 면밀히 관찰하고 섬세하게 분석하며 신중하게 평가하고 체계적으로 논증함으로써 종래의 주장을 설득력 있게 반박한다. 그는 좀 더 회의적인 것이 좀 더 학문적인 것처럼 보이게 하는 종래 신약학계의 착시현상에 신선한 도전장을 던진다. 이로써 최 박사는 사도행전의 역사적 가치를 주장해 왔던 다수의 복음주의 학자들의 발자취에 또 하나의 의미 있는 족적을 남겼다. 사도행전을 균형 있게 연구하려는 목회자나 신학생들은 반드시 이 책을 주목해야 할 것이다.

양용의 | 에스라성경대학원대학교 신약학 교수

저자는 사도행전과 바울 서신의 명백한 동일성까지 묵살하는 태도를 거부해야 한다고 역설한다. 본서는 "사도행전의 바울"과 "서신서의 바울"이 동일인임을 논증하여, 바우어와 필하우어와 녹스로 이어지는 사도행전에 대한 회의주의적 입장이 오류라고 진단한다. 저자는 궁지에 빠진 주제를 재평가함으로써 사도행전과 바울 서신의 랑데부(rendezvous)가 충분히 가능하다고 주장한다. 이 방면의 중요한 주제를 논의하는 본서의 가치는 무궁무진하다.

윤철원 | 서울신학대학교 신학대학원 신약학 교수

이 책은 사도행전의 역사적 바울을 바울 서신과 비교하며 연구하는 이들뿐만 아니라 성경에 관한 비판적이고 치밀한 역사적 분석과 방법론을 배우고자 하는 신학도들에게 유익한 책이다. 사도행전의 바울에 대한 묘사가 역사적이지 못하다는 상당수 영향력 있는 학자들의 견해에 관해 이 책은 그들이 증거가 아닌 가정을 근거로 하고 있으며, 문헌의 목적과 배경 및 성격의 차이에 따라 서술이 달라진다는 당연한 사실을 무시했다는 점을 밝힌다. 상당 기간을 선교사역에 몸담았던 선교사 출신답게 저자는 글의 목적과 서술이 선교와 목회의 현장과 목적에 따라 변한다는 사실을 주목한다. 그는 바울에 관한 더 정확한 역사적 그림을 얻기 위해 누가의 자료를 조심스럽게 사용할 것을 제안한다.

이민규 | 한국성서대학교 신약학 교수

이 책은 사도행전의 바울과 서신서의 바울을 그 생애와 주요 활동 및 핵심적 신학 사상 등을 아우르며 비교, 대조, 분석한 연구 저서로 그 세밀한 공력이 돋보인다. 바울과 관련한 사도행전의 기록을 날조된 창작이나 고대 소설의 장르로까지 간주한 나머지 그 역사적 신빙성을 매우 낮춰보는 극단적 관점과, 그 모든 기록이 일점일획의 문자 그대로 역사적 사건과 사실을 대변하는 것으로 맹신하는 또 다른 극단적 관점 사이에서, 이 저서는 온건한 관점에서 두 상반된 자료의 소통 가능성과 상호 보완적 신뢰 가능성을 높이 긍정한다. 무엇보다 해당 분야에 대한 연구사적 정리와 분석이 정치하고 두 자료를 세밀하게 비교하는 방법론적 대안이 설득력이 있다. 이 책이 해당 주제에 대한 연구로 매우 풍성한 성취를 거둔 점을 높이 평가하며 독자들에게 적극 추천한다.

차정식 | 한일장신대학교 신약학 교수, 한국신학회 회장

신약성서 및 초기 기독교 역사 가운데 핵심 인물 두 사람을 꼽으라면 "나사렛 예수"와 "다소의 바울"이다. 1세기 그리스-로마 시대에 유대인으로 태어나 살았던 두 인물에 대한 실제 초상(肖像)을 분석적으로 복원하려는 학문적 주제가 소위 "역사적(진

짜) 예수"요 "역사적(진짜) 바울"이다. 전자보다 후자의 주제가 연구자에게 유리하다. 다소의 바울은 나사렛 예수와 달리 자신이 쓴 역사적 자료(편지)를 남겼기 때문이다. 한편 "역사적 예수"를 복원하기 위해 복음서 자료를 걸러내어 비평했듯이, "역사적 바울"을 복원하기 위해 사도행전의 자료를 홀대해 온 것은 서구 다수 신약학계의 오랜 정서였다. 최종상 박사는 이런 학문적 전제와 방법의 프레임이 얼마나 "기울어진 운동장"에서 출발한 것인지를 이 책에서 조목조목 꼬집고 있다. 나아가 "상기 형식"이란 해석적 틀 안에서 바울 서신과 사도행전에 나오는 바울의 전도 설교를 재구성함으로써 바울의 선교적 메시지가 동일하게 발견됨을 논증한 것은 이 작품에서 가장 도드라진 학문적 기여다. "역사적 바울"을 이해하는 데 있어 누가의 사도행전은 신뢰할 만하며 꼭 필요한 "역사적 자료"임을 설득력 있게 보여준 셈이다! 신학자이면서도 선교사이며 교회 개척자로서 조국을 멀리 떠나 오랜 세월 복음 사역자로 살고 있는 최종상 박사만큼 복음 전도자 바울의 다면적 초상을 피부적으로 더 잘 공감할 수 있는 학자는 그리 많지 않을 것 같다. 그렇기에 이 작품은 한국 교회와 신학교에 더욱 귀한 선물이 아닐 수 없다.

허주 | 아세아연합신학대학교 신약학 교수

바울 서신과 비교해볼 때 사도행전이 역사적 사실을 전달하지 못한다는 주장이 오랫동안 제기되었는데, 작금에 이르러서는 대부분의 신약학자들이 이를 암묵적으로 당연하게 받아들이고 있다. 최종상 박사는 필립 필하우어나 존 녹스 같은 대표적 학자들의 방법론 자체가 잘못되었다고 반박한다. 사과와 오렌지를 비교하고 서로 다르다고 주장하면 안 된다는 것이다. 이 두 학자는 바울과 누가가 서신들과 사도행전을 쓰게 된 배경, 청중, 목적, 상황 등 서로 다른 변수를 충분히 감안하지 않았다. 이런 요소들을 주목한다면 누가가 전달하는 바울이 서신을 쓴 바울과 얼마만큼이나 동일한 인물인가가 놀랍게 밝혀진다. 최 박사의 주장과 논지는 부정할 수 없을 만큼 명료하기에 축하를 받아야 마땅하다.

크리스 C. 카라구니스 | 스웨덴 룬트 대학교 원로교수

"이 귀중한 저작은 사도행전이 역사적 바울을 잘못 묘사하고 있다는 회의적인 학설의 대부분을 훌륭하게 반박하고 있다."

크레이그 S. 키너 | 미국 애즈베리 신학교 교수

학계는 바울 서신에 있는 "진짜" 바울과 사도행전에서 묘사된 바울의 설교를 대조한 필하우어의 소논문에 홀리고 말았다. 최종상 박사의 탁월한 논문은 이에 대해 학구적으로 또 가장 신중하게 대답한다. 그는 사실상 논거 균형의 추를 움직여 우리로 하여금 신약을 역사적으로 더욱 조화를 이루는 방식으로 읽도록 이끈다.

막스 터너 | 런던 신학교 원로교수

최종상 박사는, 종종 제시되는 반대 주장에도 불구하고, 누가가 사도행전에서 묘사하는 바울의 모습이 신뢰할 만할 뿐 아니라, 우리가 바울 서신에서 만나는 바울의 모습과 온전히 조화를 이룬다고 설득력 있게 주장한다. 이 연구에서 얻을 수 있는 여러 유익 가운데 하나는, 서신에서 바울이 사용한 "상기 형식"을 살펴보는 참신한 방법으로 사도행전에 나타나는 바울의 전도 설교와 그의 서신을 비교하는 데 있다. 더 많은 보화가 있지만, 이 내용 하나만 하더라도 책값을 충분히 한다! 이 책은 설득력 있는 연구의 최고봉이다. 설교자와 학생들에게 좋은 선물이 될 것이다.

데릭 티드볼 | 런던 신학교 전 총장

PATERNOSTER BIBLICAL MONOGRAGHS

The Historical Paul in Acts

Daniel Jong-Sang Chae

The Historical Paul in Acts

사도행전과
역사적 바울 연구

최종상 지음 │ 이용중 옮김

새물결플러스

마르틴 헹엘 교수를 추모하며

파터노스터 성서학 논문

시리즈 서문

파터노스터 출판사의 주된 목표 중 하나는 양질의 학위 논문과 그 밖의 논문들이 적절한 가격에 출판될 수 있는 통로를 제공함으로써 성서학 연구에 기여하는 데 있다. 파터노스터 출판사는 폭넓은 복음주의 기독교의 전통 안에 서 있다. 우리 출판사의 저자들은 스스로를 성경의 권위를 인정하고 복음 메시지의 핵심적 위치를 주장하며 기독교 신앙의 고전적인 신앙 고백적 진술에 동의하는 그리스도인으로 묘사할 것이다. 그러나 독자층은 다양하다. 학문의 발전은 논쟁적인 주제들에 대해 솔직하게 토론할 뿐 아니라 새롭고 때로는 도발적인 주장을 발표할 수 있는 자유가 있는 경우에만 가능하다. 이 시리즈에서 제공하는 것은 역사적 신앙에 충실하겠다는 정신을 따라 근거가 충분한 성서학을 발전시키는 일에 관심이 있는 헌신된 그리스도인들이 쓴 최고의 저작이다.

시리즈 편집자 소개

I. 하워드 마셜　　　　　스코틀랜드 아버딘 대학교 신약학 원로교수

리처드 J. 보컴　　　　　스코틀랜드 세인트앤드루스 대학교 신약학 교수

크레이그 블롬버그　　　미국 콜로라도주 덴버 신학교 신약학 교수

로버트 P. 고든　　　　　영국 케임브리지 대학교 히브리어 흠정강좌 담당교수

스탠리 E. 포터　　　　　캐나다 온타리오주 맥마스터 신학대학교 총장 겸

　　　　　　　　　　　　신약학 교수

목차

한국어판 서문

영어권을 겨냥하여 세계 신학계에 내놓은 이 책이 우리말로 번역되어 한국의 신학자들과 신학생들, 신학 연구에 관심 있는 성도들을 섬길 수 있게 된것을 기뻐하며 주 예수님께 감사드립니다. 누가가 사도행전에서 묘사하는바울이 서신서를 쓴 실제 사도 바울과 동일 인물이라는 이 책의 결론을 한국 독자들은 당연하게 받아들이리라 생각합니다. 그러나 서구 학계에서는이 신학적 입장이 절대적으로 소수 의견에 불과합니다. 1845년 독일 튀빙엔 대학교의 F. C. 바우어(Baur) 교수가 사도행전에 기록된 바울은 실제 바울이 아니라는 회의적 입장을 제기한 후 그의 주장을 옹호하며 학문적으로더 강화시키는 학자들이 줄을 이었습니다.

물론 이런 자유주의적 해석을 반대하거나 반론을 제기한 학자들이 없었던 것은 아닙니다. F. F. 브루스(Bruce)나 I. 하워드 마셜(Howard Marshall)교수 같이 사도행전을 전문적으로 연구한 보수학자들은 사도행전의 바울을 역사적 바울로 기정사실화 하여 신학 작업을 했습니다. 그럼에도 불구하고 회의주의적 입장을 취하는 신학자들의 영향은 커져만 갔습니다. 그러는 동안 자유주의적 주장을 조목조목 따져가며 학문적으로 철저히 반박한연구는 거의 없었습니다. 따라서 서구 신학계에서는 사도 바울 연구에 사도행전의 자료를 거의 사용하지 않는 풍토가 자리 잡게 되었습니다. 사도행전의 바울을 실제 바울로 간주하고 그 자료를 사용하는 학자는 학문적이지 못하고 비판력이 부족하며 순진해 빠진 사람으로 조롱을 당하는 분위기가 되었습니다.

유럽에서 선교하며 학문을 하는 저로서는 오래도록 이런 분위기를 이해하기 어려웠습니다. 그들의 주장은 한 가지 학설을 주장하는 정도를 넘어섭니다. 자신의 머리로 이해가 안 되는 성경의 내용을 하나님의 말씀이라는 경외심을 가지고 이해하려는 노력이 부족해 보였습니다. 이들의 주장은 학문적 갑옷을 입고 있어 일견 그럴듯하지만, 자세히 살펴보면 편협한 방법론과 주관적인 자료 해석으로 학문적 허점을 양산했습니다. 결국 가슴과 신앙이 결여된 신학을 내놓았고, 그 결과 유럽을 비롯한 서구 교회는 급격히 감소해왔습니다.

1996년 2월19일, 고(故) 하워드 마셜 교수께서 제게 선교사와 신학자로서의 바울을 조명하는 책을 쓰라고 권고해주셨습니다. 그는 파터노스터 출판사에도 편지를 보내주셨고 이에 출판사는 즉시 동의했습니다. 저는 큰 영광으로 생각하고 곧 공부에 착수했습니다. 하지만 선교사인 저는 영국인 교회 개척과 목회, 둘로스 선교선 단장직, 영국과 유럽의 재복음화를 위해 암노스유럽선교회의 설립과 기초를 쌓는 선교사역에 많은 시간을 보내야 했습니다. 암노스의 사역이 어느 정도 자리를 잡아가면서 그 책을 마쳐야 한다는 부담이 밀려왔습니다. 때마침 몇몇 분들의 격려와 기도로 바울 책의 작업을 다시 시작했습니다. 마셜 교수와 머디트(Mudditt) 출판국장이 돌아가신 후였지만, 파터노스터에서도 기뻐했습니다.

선교사와 신학자로서의 바울을 조명해야 하는 저로서는 바울의 개척 선교를 다루고 있는 사도행전의 자료가 유용한데, 앞서 말씀드린 작금의 서구 학계의 분위기에서는 사도행전의 바울과 서신을 쓴 실제 바울을 동일

인물로 전제하고 쓸 수만은 없었습니다. 학자들이 코웃음 칠 것이 뻔하기 때문이었습니다. 그래서 출판사의 동의를 얻어 사도행전의 바울이 서신의 바울과 동일한 인물, 곧 역사적으로 실존한 바울임을 증명하는 이 연구부터 먼저 출판하게 되었습니다. 저는 제 자신의 학문적 부족함에도 불구하고 주제의 중요성을 생각하여 사명을 가지고 연구하고 저술하려고 노력했습니다. (서구의 자유주의) 학자들을 일차적 대상으로 생각하고 썼습니다만 주의 깊게 읽으면 누구나 이해할 수 있을 것입니다.

영국과 유럽의 재복음화를 위해 사역하는 선교사로서 저는 오늘날 유럽교회가 이렇게 내리막길을 가며, 세계선교를 주도하던 대륙이 심각한 선교지가 된 배경에는 성경의 권위를 무시한 자유주의 신학의 역할이 크다고 믿습니다. 저는 이 연구로 자유주의자들을 다 설복시킬 것이라고 생각하지는 않지만, 진지하고 심각하게 학문적 대안을 제시했다는 점에서 보람을 느낍니다. 이제 저는 나름대로 바울 연구에 사도행전의 자료를 갖다 쓰는 근거를 분명히 제시했습니다. 앞서 언급한 바울 책도 초고를 마쳤고 곧 파터노스터에 넘기게 됩니다.

이 책에서 제기된 논쟁들이 한국교회는 물론 국내 신학교에서도 생소한 것일지 모르겠습니다. 하지만 서구에서 유학한 교수들의 영향으로 우리나라에서도 자유주의 신학이 점점 그 터를 넓혀가고 있습니다. 이런 현실을 안타깝게 보면서 이번 새물결플러스에서 자유주의적 신학 입장을 학문적으로 반박하고 대안을 제시하는 사례 연구의 하나로 이 책을 번역·출판하기로 했습니다. 번역과 출판을 결정하신 새물결플러스의 김요한 대표와 이 책이 나오기까지 심혈을 기울이신 한바울 박사 및 그 동료들, 번역을 담당한 이용중 목사께 감사드립니다. 한국교회가 서구 세계에 나가 선교해야 할 때가 온 것처럼, 이제는 한국의 신학도들이 서구의 자유주의 신학에 철저한 학문적 대안을 제시해야 할 때가 왔습니다. 이 책에서 관점과 방법론, 아이디어와 용기를 얻어, 혹은 이 책의 부족함을 메우려고, 국내 학자들과 신학생들 중에서 자유주의 신학으로 말미암아 왜곡된 성경의 권위와 진리를 찾으려는 훌륭한 연구가 분야별로 이어져 세계 신학계에 공헌하게 되길 기원합니다.

런던 근교에서

최종상(Daniel Jong-Sang Chae)

영문판 서문

지난 세기에 대다수의 신약학자들 사이에는 사도행전에 나오는 사도 바울에 대한 기록이 비역사적이고 따라서 믿을 만하지 않다는 데 의견 일치가 이루어졌다. 그 결과 사도행전에서 제시된 바울의 생애와 사역에 대한 자료는 바울 연구에서 거의 사용되지 않았다. 그러나 이 일치된 학술적 의견이 충분하고 객관적인 연구를 바탕으로 확립되었는지에 관한 문제를 제기할 필요가 있다. 본서는 이 주제에 대한 연구로서, 사도행전에 나오는 바울에 대한 기록이 통상 받아들여지는 것보다 훨씬 더 믿을 만하다고 주장할 것이다.

본서에 담긴 주제 중 몇 가지는 학술 세미나에서 초고 형태로 발표된 바 있다. 필자는 바울에 대한 누가의 기록을 신뢰할 수 없다는 필립 필하우어의 주장에 대한 비판을 1997년 6월에 영국 더럼 대학교 신약학 세미나에서 처음 제시했다. 그때 이후로 제임스 D. G. 던 교수, I. 하워드 마셜 교수, 크리스 C. 카라구니스 교수, 콘래드 겜프 박사가 친절하게도 그 글에 대한 의견을 주었고, 그 고견의 일부가 이 책에 반영되었다. 바울의 선교적 설교의 재구성에 대한 논문은 1996년에 아버딘 대학교에서 열린 영국신약학회의 바울 세미나에서 발표했다. 필자는 그때 집중적인 논쟁에서 살아남았고 학문적 토의를 즐겼다. 그때 발표했던 논문에 대해서도 세심한 수정과 유익한 논평을 해준 던 교수에게 감사의 뜻을 표한다.

1995년 로마서에 관한 박사과정 연구[1]를 끝마친 이래로 필자는 런던 북부에서의 교회개척과 목회, 50개국에서 온 350명의 자원 봉사자로 이루어진 선교 공동체인 둘로스 선교선의 단장으로 전 세계를 순회하는 선교사역, 런던에서 전도 및 교회개척학교를 운영하는 일과 같은 보다 실제적인 사역에 관여했다. 그렇기에 필자의 학문적 감각이 학자에게 요구되는 것만큼 예리하지 못하다고 느낀다. 그러나 바울에 대해 누가가 기록한 내용의 신뢰성에 관한 이 주제를 다시 논의해야 한다는 의무감을 느꼈다. 특히 이 책을 쓰기 위해 사역을 절반으로 줄일 수 있도록 배려해준 암노스유럽선교회(Amnos Ministries)의 이사들과 직원들에게 감사드린다.

무엇보다도 이 책을 끝낼 수 있도록 붙들어주신 하나님께 가장 감사를 드린다. 분명 지혜와 통찰과 지식과 총명은 주 하나님으로부터 주어진다.

하나님이 솔로몬에게 지혜와 총명을 심히 많이 주시고(왕상 4:29).

하나님이 이 네 소년에게 학문을 주시고 모든 서적을 깨닫게 하시고 지혜를 주셨으니(단 1:17).

이 책을 기꺼이 출판하기로 한 파터노스터 출판사에 감사한다. 이 연구의 주장을 뒷받침할 소중한 조언을 주었을 뿐 아니라 아니라 관대한 추천사를 써준 미국 애즈베리 신학교의 크레이그 S. 키너 교수, 스웨덴 룬트 대학교

---

1   이 연구는 다음 책으로 발간되었다. *Paul as Apostle to the Gentiles: His Apostolic Self-Awareness and its Influence on the Soteriological Argument in Romans* (Carlisle: Paternoster, 1997).

의 크리스 C. 카라구니스 원로교수, 런던신학교의 막스 터너 원로교수, 데릭 티드볼 박사에게도 감사드리고 싶다.

이 책을 튀빙엔 대학교에서 오랫동안 가르쳤던 고(故) 마르틴 헹엘 교수께 헌정하게 되어 영광이다. 그는 필자가 1991-2년에 그의 지도 아래 연구하는 동안 필자의 연구 주제에 큰 관심을 보여주었다. 너그럽게 시간을 내어 함께 토론해준 것에 감사드린다. 박사과정 연구의 범위를 로마서로만 한정하라는 그의 조언은 가장 소중했다. 그는 사도행전의 역사성을 높이 평가하는 학자로서 필자를 많이 격려해주었으며 또한 사도행전에 대한 건전한 관점을 제공해주었다. 그의 저작들이 본서의 주제에 담긴 다양한 측면에 영향을 끼쳤으므로 필자는 그에게 감사의 빚을 많이 지고 있다.

약어표

AB	Anchor Bible
BAGD	W. Bauer, W. F. Arndt, F. W. Gingrich and F. W. Danker. *Greek-English Lexicon of the New Testament and Other Early Christian Literature*. 2nd edn. Chicago, 1979
BC	*The Beginnings of Christianity*, vol. 5 (ed. F. J. Foakes-Jackson and K. Lake; London: Macmillan, 1933)
BJRL	*Bulletin of the John Rylands University Library of Manchester*
BNTC	Black's New Testament Commentaries
BRev	*Bible Review*
CJ	*Classical Journal*
DPL	*Dictionary of Paul and His Letters* (ed. G. F. Hawthorne, R. P. Martin and D. G. Reid; Downers Grove, IL / Leicester: IVP, 1993)
EvQ	*Evangelical Quarterly*
EvT	*Evangelische Theologie*
ExpTim	*Expository Times*
FRLANT	Forschungen zur Religion und Literatur des Alten und Neuen Testaments
ICC	International Critical Commentary
IVPNTC	IVP New Testament Commentary
JB	Jerusalem Bible
JBL	*Journal of Biblical Literature*
JGRChJ	*Journal of Greco-Roman Christianity and Judaism*
JNT	*Jewish New Testament* (trans. D. H. Stern; Jerusalem: Jewish New Testament Publications, 1991)
JR	*Journal of Religion*
JSNTSup	Journal for the Study of the New Testament: Supplement Series
KERF	Korean Evangelical Research Fellowship
KJV	King James Version

LNTS	Library of New Testament Studies
NAB	New American Bible
NASB	New American Standard Bible
NEB	New English Bible
NICNT	New International Commentary on the New Testament
NIV	New International Version
NJB	New Jerusalem Bible
NovT	*Novum Testamentum*
NovTSup	Supplements to Novum Testamentum
NRSV	New Revised Standard Version
NT	New Testament
NTS	*New Testament Studies*
OT	Old Testament
PBTM	Paternoster Biblical and Theological Monographs
PHILLIPS	*The New Testament in Modern English*, J. B. Phillips
RB	*Revue biblique*
REB	Revised English Bible
RSV	Revised Standard Version
RV	Revised Version
SBG	Studies in Biblical Greek
SBL	Society of Biblical Literature
SBLStBl	Society of Biblical Literature Studies in Biblical Literature
SBT	Studies in Biblical Theology
SLA	*Studies in Luke-Acts: Essays Presented in Honor of Paul Schubert* (ed. L. E. Keck and J. L. Martyn; London: SPCK, 1968 [1966])
SNTSMS	Society for New Testament Studies Monograph Series
SP	Sacra pagina
SwJT	*Southwestern Journal of Theology*
TEV	Today's English Version (= Good News Bible)
TNTC	Tyndale New Testament Commentaries
TynBul	*Tyndale Bulletin*
UBS	United Bible Societies
WBC	Word Biblical Commentary
WUNT	Wissentschaftliche Untersuchungen zum Neuen Testament
ZNW	*Zeitschrift für die neutestamentliche Wissenschaft und die Kunde der älteren Kirche*

서론

바울은 신약은 물론이거니와 모든 시대를 통틀어서 가장 탁월한 인물 중 하나다.[1] 신약성경에서 그를 저자로 표기하는 책이 13권이나 된다. 그의 생애와 선교사역을 본질적으로 어떻게 인식하느냐가 그의 신학과 신약 연구에 대한 접근 방식에 영향을 끼친다. 바울과 그의 신학은 그의 서신들을 통해 알 수 있다. 바울에 대한 또 다른 중요한 자료의 저장고는 바로 사도행전이다. 사도행전은 바울과 초기 기독교에 관한 연구를 하는 데 있어 극히 소중한 자료다.[2]

그러나 많은 학자들은 사도행전의 자료를 바울과 그의 신학을 보다 정확하게 연구하는 데 사용하는 것을 망설이거나 심지어 거부해왔다. I. H. 마셜(Marshall)이 거의 50년 전에 했던 다음과 같은 진단이 여전히 오늘날의 학문적 풍토를 반영하고 있다.

> 오늘날 학계는 누가가 제시하는 바울의 모습은 대단히 부정확하다고 널리 믿고 있다. 정말이지 너무 부정확해서 사도행전이 바울의 동료였던 사람의 회고록을 포함한다는 점도 믿을 수 없다고 주장한다. 그러니 사도행전

---

1   Pervo, *Making of Paul*, 12에 인용된 Furnish의 다음과 같은 말을 보라. "그의 사도직은 시간과 장소의 특수성을 초월하여 세계를 아우른다."

2   예를 들어 Weiss, *Earliest Christianity*, 1:147-8을 보라.

을 바울의 생애를 재구성하는 일에 일차자료로 사용할 수 없다고 확신하고 있다. 다시 말해 누가의 역사가적 역량이 심각하게 부정되고 있다.[3]

T. E. 필립스(Phillips)는 2009년에 쓴 글에서 마셜이 내린 평가를 재확인했다. "학계의 부정적 현주소는 변한 것이 거의 없다. 사도행전의 바울과 서신서의 바울이 동일 인물이라고 주장하는 학자들은 소수파에 속하며 수세적인 입장에 있다."[4] 따라서 사도행전이 대체적으로 서신서에 나타난 바울을 묘사한다고 여기는 학자들조차도 사도행전에 관한 현재의 회의적인 입장이 "오늘날 학계의 합의"를 반영한다는 점을 인정한다.[5]

그러한 회의론은 튀빙엔 학파의 F. C. 바우어(Baur)와 그의 추종자들의 저작을 통해 유명해졌다. 1845년에 바우어는 이러한 원리를 다음과 같이 주장했다. "사도행전의 기록이 사도 바울의 진술과 전적으로 일치하지 않는 경우, 바울의 진술이 정확한 진실을 알리는 권위 있는 결정적 자료이므로, 사도행전 속의 모순된 서술은 주목할 만한 가치가 별로 없을 것이다." 바우어가 제시하는 근거는 "역사적 진리는 오직 둘 중 하나에만 있을 수 있다"는 것과, 무엇보다도 사도행전에는 "순전히 객관적인 진술이 전혀" 담겨 있지 않고 "[누가의] 주관적 진술만" 배열되어 있다는 것이다.[6] 바우어는 누가가 역사적 바울과 다른 바울을 묘사하고 있다는 자신의 결론을 되풀이한다.

---

3   Marshall, *Luke: Historian and Theologian*, 74–5.
4   Phillips, *Paul, His Letters, and Acts*, 193.
5   Porter, *Paul in Acts*, 189; 참조. Pervo, *Mystery*, 151.
6   Baur, *Paul*, 1:4, 5.

그[누가]가 여러 경우에 자신의 주제와 본질적으로 관련이 있는 [바울의] 행동과 상황들을 무시하는 소극적 방법으로뿐만 아니라, 적극적인 방법으로도 참된 역사를 바꾸어 놓았을 것이라는 가능성은 십중팔구까지는 아니라 해도 거의 부인할 수 없다. 이러한 견해의 가장 중대한 이유는 사도행전의 바울이 서신서의 바울과 명백히 다른 인물로 보이기 때문이다.[7]

결과적으로 바우어는 지난 150년이 넘도록 사도행전의 역사성에 대한 후대(後代)의 연구에 막대한 영향을 끼쳤다.[8] 따라서 20세기로 접어들 무렵에는 사도행전에 나오는 바울에 대한 누가의 자료[9]가 전승에 근거한 것이 아니라 누가의 독창적인 편집에 근거한 것이라고 널리 받아들여졌다. 아돌프 하르나크(Adolf Harnack)는 자기 시대의 그런 경향에 대해 다음과 같이 불평했다.

무엇보다도 (사도행전의 1인칭 복수형 기사에서 자신을 바울의 동료로 묘사하는 누가가 사도행전의 저자라는) 전승은 옹호될 수 없다는 명제가 너무나 분명하게 입증된 것으로 여겨져서, **오늘날 학자들은 더 이상 그 명제를 반박하고자 애쓰려고도 하지 않는다.** 그들은 그런 주장이 있다는 것

---

7   Baur, *Paul*, 1:11.
8   Baur의 영향은 21세기에도 여전하다. F. C. Baur 이래로 사도행전의 바울과 서신서의 바울에 대한 비교 연구와 관련된 방대한 참고 문헌은 Phillips, *Paul, His Letters, and Acts*, 33-5 nn. 18-23을 보라.
9   우리는 널리 받아들여진 전승을 따라 바울의 여행 동료인 누가를 사도행전의 저자로 받아들인다. 이에 대한 설명은 아래 10-14, 109-13쪽을 보라.

조차도 더 이상 인정하지 않으려는 것처럼 보인다.[10]

회의론에 대한 이러한 항의와 몇 가지 반격에도 불구하고[11] 다음 세대의 학자들은 한술 더 떠서 누가의 기록의 역사성을 입증하려고 애쓰기는커녕 그의 기록의 신뢰성을 부정하기까지 했다.[12]

　이런 측면에서 1950년에 각기 독립적으로 등장한 가장 영향력 있는 두 개의 저작은 언급할 필요가 있다. 두 저작 모두 새로운 비평적 방법론을 도입함으로써 바우어의 입장을 따르고 그의 명제를 강화시켰다. 이 새로운 비평적 방법론들은 사도행전의 바울과 서신서의 바울 사이의 차이점이 지닌 근본적 성격을 강조했다. 첫 번째 저작은 필립 필하우어(Philipp Vielhauer)의 짧은 논문인 "사도행전의 '바울 사상'에 대하여"('Zum "Paulinismus" der Apostelgeschichte')인데,[13] 이 논문에서 그는 바울 서신에서 네 가지 신학적 주제, 즉 자연 신학과 율법, 기독론 및 종말론을 택하여 사도행전에 나타난 같은 주제들과 비교하며 차이점을 조사했다. 그의 결론은 간단하다. 이 주요 분야들에서 누가는 구체적으로 바울 서신의 신학을 전달하는 것이 아니라, 1세기 말 당시 초기 보편 교회의 신학을 제시한다는 것이다. 그의 논지가 옳은가? 필하우어의 결론을 검토해야 하는 이유는 C. J. 헤머(Hemer)가 지

10　　Hengel and Schwemer, *Paul Between Damascus and Antioch*, viii-ix에 인용된 Harnack의 말이다(강조는 원저자의 것임). Hengel과 Schwemer는 이러한 인식이 오늘날에도 여전히 지배적이라고 평가한다.

11　　특히 Ramsay, *St. Paul the Traveller*; 같은 저자, *Pauline and Other Studies*; 같은 저자, *Bearing of Recent Research*.

12　　사도행전에 대한 비평적 연구를 유용하게 개관한 Gasque, *History*를 보라.

13　　*EvT* 10 (1950-51): 1-15.

적하는 대로 그 논문이 갖는 영향력 때문이다. "이제는 필하우어가 쓴 사도행전의 '바울 사상'(Paulinism)에 대한 논문을 최소한 예비적으로라도 검토하지 않고는 [누가가 바울을 사실대로 묘사하고 있는가에 대한 신뢰성] 주제를 제대로 다룰 수 없게 되었다."[14]

두 번째 저작은 존 녹스(John Knox)의 『바울의 생애의 여러 국면』(*Chapters in a Life of Paul*)이다. 녹스는 앞서 출간한 논문들에 이어,[15] 바울에 대한 누가의 기록의 신뢰성 여부를 진지하게 검토하지 않고 액면 그대로 받아들인 당대의 학계에 대해 반발하여 자신의 연구를 시작했다. 필하우어가 사도행전에 묘사된 바울의 사상(즉 신학)과 바울 서신에 묘사된 사상을 비교하는 데 초점을 맞추었다면, 녹스는 누가와 사도 자신이 보여주는 바울의 생애와 사역(즉 연대기)을 비교 분석했다. 그러고 나서 그는 필하우어와 똑같은 결론에 이르렀다. "실제로 사도행전에 나오는 바울은 중요한 측면들에서 서신의 바울과는 아주 다른 종류의 사람이며 상당히 다른 생각을 갖고 있다."[16] 녹스는 누가가 "자기 책의 목적에 가장 알맞은 순서로 자료를 배열"했으므로, 바울의 생애를 재구성할 때 사도행전의 자료를 연대적으로 사용해서는 안 된다고 학자들에게 경고했다.[17] 녹스의 연구는 당대에 이미 팽배했던 사도행전이 전체적으로 신뢰할만한가에 대한 비판적 학설을 강화시켰고,[18] 오늘날의 한 극단적인 입장을 대표한다. 바우어와 필하

---

14   Hemer, *Book of Acts*, 246.
15   Knox, "'Fourteen Years Later'," 341-9; "Pauline Chronology," 15-29.
16   Knox, *Chapters*, 18.
17   Knox, *Chapters*, 11.
18   McNeile, *St Paul*, x; Dibelius, "Acts of the Apostles," 102-8.

우어와 녹스는 "오늘날 바울을 나누어진 두 인격체로 조명하는 학설의 원조(元祖)[이자 설계자]"이다.[19]

R. I. 퍼보(Pervo)는 사도행전의 역사성을 부인하는 이 시대의 주목할 만한 회의론자다. 그는 많은 저작을 써내고 있으며, E.행헨(Haenchen)의 전통을 어느 정도 이어가고 있다. 퍼보는 "이 책[사도행전]은 많은 공백과 낮은 개연성 때문에 확고한 역사적 자료로 사용하기가 매우 어렵고…사도행전은 기독교의 기원에 대한 신뢰할 만한 역사가 아니며…누가는 초기 교회의 역사를 망쳐놓았다"고 강하게 반복적으로 단언한다.[20] "가장 큰 수수께끼는 바울이 누가의 영웅임에도 불구하고 그가 서신을 통해 알려진 바울과는 너무 다르게 묘사되었다는 점이다."[21] 그는 누가가 "역사가보다는 창의적인 저자로서" 사도행전을 썼으며 "사도행전은 좋은 이야기일지언정 전체적으로 볼 때 좋은 역사서는 아니라"고 주장한다.[22]

그러나 마르틴 헹엘은 사도행전에 나오는 바울에 대한 누가의 기록을 높이 평가해야 한다고 주장하는 점에서 두드러진다.[23] 최근 추세는 사도행전이 역사적으로 신뢰할만하다는 것을 더 많이 인정하는 방향으로 바뀌고 있다.[24] 많은 학자들이 사도행전을 서신서에는 못 미칠지라도 여전히 소중

---

19 Phillips, *Paul, His Letters, and Acts*, 42. Baur, Vielhauer, Knox에 대해 짧지만 유익하게 요약한 30-42쪽도 함께 보라.

20 Pervo, *Mystery*, 139, 151.

21 Pervo, *Mystery*, 36-7.

22 Pervo, Mystery, 152, 153; Pervo, *Profit with Delight*에서 저자로서의 누가에 대한 더 자세한 논의도 함께 보라. Pervo에 대한 비판은 Porter, *Paul in Acts*, 14-21을 보라.

23 Hengel and Schwemer, *Paul Between Damascus and Antioch*; 같은 저자, *Between Jesus and Paul*, 97-128; 같은 저자, *Acts and the History*.

24 특히 Hemer, Thornton 및 Riesner. 다음 책들도 마찬가지다. Munck, *Paul*, 120; Bruce,

한 자료로 받아들이고 있다. 그럼에도 불구하고 오늘날 절대 다수의 학자들은, 바울에 대한 누가의 자료가 누가 자신의 신학적이며 교회론적인 의제들로 채색되어 있다는 의심(또는 확신)으로 인해, 여전히 사도행전의 자료를 보다 정확한 바울 연구를 위한 자료로 받아들이기를 거부한다.[25] 그 결과 바울의 생애와 사역과 신학에 대한 사도행전의 광범위한 정보는 사도에 대한 더 나은 이해를 추구하는 데 거의 무용지물이 되었다.

사도행전에 대한 학문적 연구는 21세기에 더욱 활기를 띠게 되었다. 다수의 신선하고 고무적인 연구들이 이 새로운 천년에 발표되었다. 2004년에 B. 칠튼(Chilton)의 연구와 J. D. 크로산(Crossan)과 J. 리드(Reed)가 공저한 주요 저작이 등장했다.[26] 그 외 여러 저술 가운데서는 특히 크레이그 S. 키너의 역작이 가장 눈에 띈다. 키너는 광범위한 참고 문헌과 색인을 제외하고도 모두 4천 5백 쪽이 넘는 네 권의 방대한 사도행전 주석을 출간했다! 키너는 전통적으로 누가의 사도행전보다 바울 서신이 더 선호되는 것과 반대로, 적절한 근거도 없이 바울 문헌을 누가 문헌보다 항상 선호해선 안 된다고 주장한다.[27] 더 나아가 바울 서신에서 얻은 바울에 대한 지식이 실질적으로 불완전하다는 점을 받아들여야 한다고 주장한다.[28] 바울 서신은 다양한 도시에서 교회를 개척하던 당시 바울이 진행한 선교사역에 대해 제

    Paul: Apostle, 245; Holmberg, *Sociology*, 65; Witherington, *Acts*, 430-38.

25   예. Segal, *Paul*, 4; Senior and Stuhlmueller, *Foundations*, 162; Jewett, *Dating Paul's Life*, 23; Lake, "Apostolic Council of Jerusalem," 198-9; Knox, *Chapters*, 18.

26   Chilton, *Rabbi Paul*; Crossan and Reed, *In Search of Paul*.

27   Keener, *Acts*, 1:231-3.

28   Keener, *Acts*, 1:228.

한된 정보를 제공할 뿐이기 때문이다. 그의 선교사역에 대한 자료는 사도행전의 범위에 속하므로 사도 바울에 대한 누가의 묘사는 역사적 바울 연구에 결정적인 빛을 비춰줄 수 있다. 그러나 누가가 사도행전에서 바울을 묘사하는 자료의 신뢰성의 수준을 결정하려면 충실하고 신중하며 공정한 평가가 필요하다.

따라서 1장에서는 필하우어가 선택한 네 가지 신학적 주제와 관련하여 그의 입장을 다루면서 이러한 문제들을 분석하고자 한다. 또한 필하우어의 학설이 지닌 결정적인 약점을 지적할 것이다. 그 약점은 청중을 회심시키기 위해 행한 바울의 **전도** 설교를 담고 있는 사도행전을, 이미 회심한 성도들에게 필요한 신학적·목회적 가르침을 담고 있는 서신과 액면 그대로 비교한 방법론에 기인한다. 2장에서는 바울 서신에 나타난 바울의 전도 설교를 재구성하고자 한다. 그러면 바울 서신에서 재발견된 바울의 **전도** 설교의 내용을 사도행전에서 누가가 묘사한 바울의 **전도** 메시지와 비교할 수 있기 때문에 방법론적으로 더 나은 위치에 있게 될 것이다. 3장에서는 누가의 신뢰성 수준을 평가하기 위해 바울 서신과 사도행전 사이에서 흔히 제기되는 불일치 항목들을 검토하고자 한다. 4장에서는 사도행전의 저자가 바울의 여행과 사역에 개인적으로 어느 정도나 관여했는지를 알아내기 위해 사도행전에 등장하는 "우리-본문"을 연구한다. 5장에서는 (직접적으로는 아니지만) 존 녹스의 주장을 다루며, 사도 바울에 대한 누가의 묘사와 자신이나 자기 신학에 대한 바울의 묘사가 서로 얼마나 양립할 수 있는지를 평가하기 위해 바울의 생애와 사역에 대한 보다 일반적인 주제들을 검토하고자 한다.

1989년에 C. J. 헤머는 이렇게 지적했다. "사도행전의 여러 주제에 대한 논쟁이 넘쳐났지만, 사도행전의 역사성이란 주제만큼은 이상할 정도로 등한시되어온 게 사실이다."[29] 본서는 사도행전 전체의 일반적인 역사성을 다루는 대신, 누가가 바울을 묘사한 자료의 역사성을 검토하는 것으로 그 범위를 국한한다. 사도행전의 역사적 신빙성을 검증하는 방법 중 하나는 누가가 바울을 묘사한 자료들을 바울 서신에 담긴 자료들과 비교해보는 것이다. 이 책의 주된 목적은 바울에 관한 누가의 묘사가 얼마나 신뢰할 수 있는지를 검토하는 것이다. 따라서 우리는 "바울에 관한 누가의 기록은 신뢰할 만한가?", "바울 연구자는 바울 연구에서 사도행전 저자가 제공하는 자료를 어느 정도나 사용할 수 있는가?"와 같은 오래된 질문을 다시금 논의할 것이다. 본서의 주요 방법론은 사도행전에 있는 내적 자료를 바울 서신에 있는 내적 자료와 비교하는 것이다. 우리는 목회 서신을 포함해서 바울의 이름을 지닌 모든 편지를 자료로 사용할 것이다.[30]

그러나 이같은 비교 연구에서는 다음 두 가지 기본 원칙을 즉시 확립하는 것이 중요하다. 첫째, 바울 서신과 누가가 쓴 사도행전의 성격에 대한 올바른 이해가 있어야 한다. 그런 이해가 있어야 사용할 방법론에 대한 근거가 마련될 수 있기 때문이다. 둘째, 그들의 문헌을 비교할 올바른 방법을 채택해야 한다. 따라서 이 서론을 마치기 전에 바울 서신들과 누가가 쓴 사도행전의 성격을 살피고, 그 후 필하우어와 녹스가 사용한 방법론을 짧게나마 검토할 것이다. 우리는 하르나크의 촉구를 받아들여 바울에 관

---

29   Hemer, *Book of Acts*, 1.

30   바울 문헌의 저작권에 대한 논의는 이 책의 범위를 벗어난다. 목회 서신의 저자가 바울이라는 주장에 우호적인 학자들과 바울 서신의 위명성을 주장하는 이들의 목록은 Keener, *Acts*, 1:224-5 nn. 17-20을 보라.

한 누가의 기록은 현대의 회의적인 학계가 인정하는 것보다 더 신뢰할 만하다는 점을 어느 정도까지 "입증할" 수 있는지 보여주기 위해 노력하고자한다.

바울 서신과 사도행전의 성격

°바울 서신: 후속 편지

대부분의 경우 바울 서신들은 초기 기독교회의 구체적인 상황 또는 질문에 대한 응답으로 기록된 "후속" 편지다.[31] 이 점은 다음과 같은 진술을 통해 나타난다. "그러므로 형제들아! 굳건하게 서서 **말로**나 우리의 **편지로** 가르침을 받은 전통을 지키라"(살후 2:15). 데살로니가후서의 바울 저작설을 받아들이든 받아들이지 않든 간에 바울의 가르침이 입으로 전달한 말과 편지라는 두 가지 수단을 통해 주어졌다는 점은 매우 분명하다. 바울은 선교 사역 기간에 전했던 가르침들을 더욱 강조하거나 분명히 이해되도록 설명하기 위해 편지들을 보내곤 했다. 바울은 종종 자신이 전에 가르쳤던 내용을 수신자들이 당연히 알고 있다고 언급한다. "너희가 모든 일에 나를 기억하고 또 내가 너희에게 전하여 준 대로 그 전통을 너희가 지키므로 너희를 칭찬하노라"(고전 11:2. 또한 고후 13:2; 살전 4:6, 12; 살후 3:7-10 등). 바울을 통해 회심한 성도들은 바울이 직접 전해준 이전의 가르침을 바탕으로 사도의

---

31   Caird, *Apostolic Age*, 37.

편지(들)를 읽고 이해했을 것이다.

바울 서신들이 그의 신학 사상 전체를 포함하는 것이 아니라[32] 이전의 가르침들을 보충해준다는 점을 주목하는 것이 중요하다. 바울이 선교사역 기간에 말로 가르친 초기 내용은 양적인 면에서 엄청난 것이었지만, 바울 서신에서는 대체로 빠져 있음을 알아야 한다. 예를 들면 바울은 갈라디아 사람들에게 "[그]가 전한 복음"(갈 1:11)을 상기시키지만, 자신이 그들에게 전했던 그 복음의 내용은 적지 않는다. 바울이 고린도에서 사역하던 기간에 1년 반 동안 "가장 중요한 것으로"(개역개정에서는 "먼저"로 번역됨—역주) 전한 메시지는 겨우 몇 구절 안에 요약되어 있을 뿐이다(고전 15:1-8). 에베소에서 3년 동안 가르친 내용에 대해서도 거의 정보가 없다. 그러므로 바울의 편지에서 논의되지 않은 내용은 바울 신학에서 별 의미가 없다는 가정이나, 전체 바울 신학을 오로지 서신을 통해서만 알 수 있다는 가정은 위험한 것이다.

더 나아가 바울이 특정 주제에 대한 신학적 가르침을 더 깊이 있게 전개하거나 이전에 가르쳤던 내용의 의미를 부연 설명하는 것을 보면, 그의 신학이 어떻게 전개되거나 발전해왔는지를 감지할 수 있다. 바울은 회심한 성도들이 영적으로 미성숙하기 때문에 어떤 가르침은 의도적으로 보류했다고 말하기도 한다("내가 너희를 젖으로 먹이고 밥으로 아니하였노니, 이는 너희가 감당하지 못하였음이거니와 지금도 못하리라", 고전 3:2). 그와 동시에 어떤 가르침은 선교사역 기간에는 중요한 문제로 대두되지 않았기 때문에 개척 당시에 설명하지 못하기도 했다. 예를 들어 결혼(고전 7장), 우상에게 제물로

---

32   Ladd, *Theology*, 377은 그와 같이 옳게 주장한다.

바쳐진 음식(고전 8장), 영적인 은사들(고전 12-14장), 죽은 자들의 부활(고전 15장; 살전 4:13-18), 예루살렘의 성도들을 위한 헌금(고전 16장; 고후 8-9장) 등은 나중에 제기된 주제를 설명한 것이다.

바울이 고린도전서 15장에서 죽은 이들(즉 죽은 신자들)의 부활에 대해 매우 자세히 설명한다는 사실은 그가 고린도에 있을 때 이 문제를 충분히 설명하지 않았음을 암시한다. "그리스도께서 죽은 자 가운데서 다시 살아나셨다 전파되었거늘, 너희 중에서 어떤 사람들은 어찌하여 죽은 자 가운데서 부활이 없다 하느냐?"(고전 15:12)라는 바울의 질문은, 그가 그리스도의 부활을 전하기는 했지만 예수의 부활과 신자들의 부활의 상관관계를 구체적으로 설명하지는 않았음을 시사한다. 바울은 회심한 성도들이 그리스도가 죽은 자들 가운데서 부활하셨기 때문에 자신들도 부활할 것이라는 점을 이해하기를 기대했던 것으로 보인다. 그러나 고린도의 일부 신자들은 이러한 함의를 이해할 수 없었고, 그래서 죽은 자의 부활은 없다고 주장하는 이들도 생겼다. 이 소식을 들은 바울은 편지를 통해 예수의 부활은 곧 성도의 부활을 의미하는 것이라는 함의를 자세히 설명했다. 바울이 편지에서 이 주제를 길게 다루는 것을 보면 고린도에서 선교하는 동안 죽은 자의 부활에 대해 가르치거나 부연 설명을 하지 않았음을 의미한다. 데살로니가 교회에 보낸 편지에서도 같은 주제를 다루는 것을 보면(살전 4:13-18) 우리의 주장이 뒷받침될 수 있을 것이다. 앞서 바울은 분명 "자는 자들"에게 무슨 일이 일어날지를 설명해준 적이 없었다. 이 구절들은 죽은 신자의 부활에 관한 문제가 선교사역 기간에는 중요한 설교 주제가 아니었음을 암시한다. 가장 중요한 것으로 전해진 것은 바로 그리스도의 부활(과 그 부활 때문에 가능한 승천과 재림)이었다(고전 15:1-8; 살전 5:1-2; 살후 2:1-5).

갈라디아서에서도 비슷한 것을 감지할 수 있다. 갈라디아에 있는 동안 바울은 분명히 그리스도를 십자가에 못 박히신 분으로 전파했고, 갈라디아 사람들은 그들이 들은 것을 믿었다(갈 3:1-5). 다시 말해 바울은 그리스도의 죽음과 부활에 대한 믿음을 통해 주어지는 칭의를 전했다. 그러나 갈라디아 성도들이 유대주의자들에게 그토록 신속하게 설득되었다는 사실은, 바울이 갈라디아서에서 쓰고 있는 것처럼, 바울이 그들에게 이신칭의와 율법의 상관관계에 대해 분명하게 가르치지 않았음을 암시한다. 개척 당시 바울은 이신칭의의 교리를 줄곧 전했지만 갈라디아서에서는 유대주의자들에게 넘어간 성도들을 되찾기 위해 **"그리스도의 죽음과 부활을 믿음**으로 얻는 칭의"에서 **"율법과 상관없이** 믿음으로 얻는 칭의"로 강조점을 옮긴다.

마찬가지로 바울의 글들은 보통은 사건이 지난 후 쓰였다는 점에서 "매우 회고적"[33]이고, 진지한 설득 의도를 지녔다는 면에서 수사적이다. 바울 서신은 종종 위태로운 상황에서 구체적인 목표를 달성하기 위해 논쟁적으로 기록되었다. 사도행전에 나오는 바울에게서도 이런 경향을 언뜻 엿볼 수 있다. "유대인의 율법이나 성전이나 가이사에게나 내가 도무지 죄를 범하지 아니하였노라"(행 25:8. 또한 24:12; 26:22-23; 28:17). 글을 쓰는 과정에서 바울은 자신의 가르침이나 주장에 개인적인 편견과 사적인 관심사를 약간 덧붙였을지도 모른다. H. D. 베츠(Betz)가 말하듯이, "갈라디아서 2장에 나오는 바울의 기록은 직접 목격한 증인의 설명이며, (따라서) 의혹이 있는 부분에서는 바울의 증언이 우선적으로 받아들여져야 한다. 하지만 갈라디아서를 쓰는 상황과 바울이 방어하는 내용의 역할이 서신의 내용에 영향을

---

33   Gager, "Some Notes," 699.

주었다는 것도 인정해야 한다."[34]

마찬가지로 H. 레이제넨(Räisänen)도 "어떤 사람이 자신에 대해 증언하는 것을 순진하게 신뢰하는 현상이 비평적 학문 세계에서조차 진기하게도 원초적으로 살아남아 있다"고 주장한다.[35] 사도행전의 신뢰성뿐만 아니라 바울 서신의 신뢰성도 여기에 성패가 달려 있다. 그러나 바울 서신이 종종 회고적이고 수사적이라는 사실이 반드시 그 서신이 바울의 생애와 사역을 정확하게 묘사하지 못함을 의미하는 것은 아니다.[36] 더구나 사도행전은 몇 가지 귀중한 자료를 통해 바울 서신을 보충해줄 수 있다. C. J. 헤머가 주장하듯이, 어떤 대목에서는 누가의 기록이 보다 객관적으로 표현된 것일 수도 있음을 인정해야 한다. 때때로 증인의 증언은 당사자의 증언보다 더 무게감을 가지기 때문이다.[37] 여기서 핵심은 바울의 서신과 누가의 사도행전 사이의 상호관계에 대한 올바른 이해다. 그 둘은 성격과 범위와 일차적인 목적에 있어 서로 다르지만 그럼에도 여전히 서로를 보충해줄 수 있을 것이다.

---

34   Betz, *Galatians*, 81.

35   Räisänen, *Paul and the Law*, 232. Walton, *Leadership*, 48에 나와 있는 것처럼 Riesner와 Lüdemann도 비슷한 입장이다.

36   Watson, *Paul*, 53-6; Taylor, *Paul*, 62과는 반대다.

37   Hemer, *Book of Acts*, 244.

°사도행전: 복음의 메시지와 복음의 진보에 대한 기록

사도행전을 쓰는 누가의 일차적 관심사가 서신을 쓰는 바울의 일차적 관심사와 서로 다르다는 점을 고려해야 한다. 누가는 예루살렘에서 로마까지 초기 교회가 수행했던 복음 전도의 진보를 기록한다. 누가가 바울을 묘사할 때 그의 첫 번째 관심은 선교사인 사도 바울을 담아내는 데 있다. 따라서 누가 문헌의 범위는 흔히 바울의 개척 선교사역에 국한된다. 예를 들어 누가는 바울이 고린도에서 처음 복음을 전파하고 그곳에 교회를 세웠을 때 일어난 일에 대해 쓰지만, 바울이 하나님의 말씀을 가르쳤다고 단순하게 언급하는 것 외에(행 18:11) 바울이 그곳에서 1년 반 동안 사역하면서 무엇을 가르치고 행했는지는 전혀 기록하지 않는다. 또한 바울이 에베소의 두란노 서원에서 2년 동안 무엇을 가르쳤는지에 대해서도 역시 아무것도 기록하지 않는다(행 19:9-10). 누가는 단지 바울이 이 기간에 하나님 말씀을 어떻게 가르쳤는지 요약해줄 뿐이다. 목회자(또는 신학자)로서 바울의 역할은 사도행전을 쓰는 누가의 주요 서술 범위에 속하지 않는다. 따라서 누가는 종종 연대기적이거나 전기적인 충분한 내용을 제시하지 않은 채 다른 사건들로 건너뛴다.[38]

더 나아가 누가는 자신이 저자로서 이미 쓴 내용은 되풀이하지 않는다. 예를 들면 비시디아 안디옥의 회당에서 전해진 바울의 설교를 어느 정도 자세히 기록한 뒤, 바울이 유대인과 그리스인을 모두 설득하기 위해 논증했음을 단순히 언급한 것 외에는, 이고니온, 데살로니가, 베뢰아, 고린

---

38   Conzelmann, *Acts*, xli.

도, 에베소의 회당에서 바울이 전한 설교 내용을 기록하지 않는다.

적절한 비교를 향하여

서신들과 사도행전은 서로 다른 두 가지 일차적 목적과 범위를 가지고 기록되었다. 바울 서신에서 바울은 목회자이자 신학자로 보여지지만, 사도행전에서는 복음 전도자와 교회 개척자로 부각된다. 따라서 누가가 말하는 바울은 복음 전도 설교자다. 그러므로 바울의 **전도** 설교에 대한 누가의 기록을 바울 서신에서 (흔히 유대주의자들이 일으킨 동요에 대한 반발로) 제시된 **신학적이고 목회적인** 가르침과 비교하는 것은, 비록 그 둘이 서로 모순될 것이라고 예상하지 않더라도, 방법론적으로 위험하다.

보다 바람직한 방법론은 바울의 **전도** 설교와 가르침을 바울의 편지들로부터 가능한 한 재구성하는 것이며, 그런 다음에 그것을 사도행전에 기록된 복음 전도 설교와 비교해보는 것이다. 앞에서 지적한 것처럼 바울 서신에는 전도 메시지 내용이 별로 포함되어 있지 않다. 그럼에도 불구하고 바울이 서신 곳곳에서 "상기 형식"(reminder formula)을 사용하는 것에 주목하여 그것으로 선교 메시지를 재구성할 수 있음을 입증할 것이다. 종종 바울은 개종자들에게 이전에 전했던 설교와 가르침을 상기시킨다. "내가 너희에게 전한 복음을 너희에게 알게 하노니"(고전 15:1), "내가 너희와 함께 있을 때에 이 일을 너희에게 말한 것을 기억하지 못하느냐"(살후 2:5. 또한 고후 13:2; 살전 3:4; 4:6b, 11; 5:1-2; 살후 2:15; 3:6, 10).[39] 이러한 짧은 암시들은 바울이 행한 전도 설교의 핵심을 복원하는 데 결정적인 단서를 제공해줄 수 있다.

따라서 우리는 사도행전에 기록된 바울의 **전도** 설교와, (보다 수사적인 편지에서 표현된 바울의 "발전된" 가르침이 아니라) 서신에서 재발견된 바울의 **전도** 설교를 비교할 것을 제안한다.[40] 따라서 예를 들면 서신들은 목회적인 목적을 위해 이미 믿은 **신자들**에게 보내졌으므로, 사도행전에서 바울이 에베소의 장로들에게 전달한 고별 설교는 서신에 나오는 그의 목회적인 가르침과 비교될 수 있다. 같은 영역의 자료들을 비교해보면 사도행전의 바울은 "그리스도인에게 목회자로서 말하며[행 20:18-35] 마치 목회자로서 글을 쓰고 있는 것처럼 보인다."[41] 더 나아가 바울의 서신들은 **이방인들**이 다수인 교회들에 보내졌으므로, 사도행전 14장과 17장에서 누가가 묘사하는 이방인을 향한 바울의 설교는, 사도행전 13장과 22-26장에 나오는 유대인을 향한 설교와 비교할 것이 아니라, 서신에서 복원할 수 있는 이방인을 향한 바울의 전도 설교와 비교해야 한다. 유대인이 다수인 교회에 바울이 친필로 써 보낸 편지가 전혀 없다는 점에 주목할 필요가 있다. 이런 면에서 로마서는 하나의 예가 될 수도 있다. 바울이 로마서에서 구약의 수많은 구절을 인용하면서 주장을 전개해간다는 사실은, 그의 주장 중 일부가 로마

---

39   바울 서신에서 바울의 전도 설교와 가르침을 복원하기 위해 이 책에서 사용한 방법론에 대해서는 Chae, *Paul*, 305-6(최종상, 『로마서』, 391-2)과 아래 2장을 보라.

40   Keener, *Acts*, 1:228은 사도행전과 바울 서신에 있는 범위의 차이를 인정한다. 그러나 그는 따라서 이 두 범위가 정확하게 비교될 수 없다고 주장하는 것처럼 보인다.

41   Walton, *Leadership*, 212-13.

에 있는 유대인 신자들을 더욱 염두에 둔 것이라고 보아도 무방하다.[42]

따라서 우리는 사도행전과 바울 서신에서 많은 내용과 기록, 특히 바울의 생애 및 사역과 관련된 내용을 찾아 비교할 것이다.[43] 바울 서신과 사도행전에서 바울에 대한 정보들을 주의 깊게 모으고 비교한다면 역사적 바울에 대한 보다 올바른 그림을 얻을 수 있을지도 모른다. 존 녹스 자신도 사도행전 없이는 바울의 생애와 사역을 재구성하는 일이 어렵다는 것을 인정했다.[44] 벤 위더링턴(Ben Witherington)의 지적은 옳다.

> 저자에 대한 논란이 없는 편지들에서 바울이 제공하는 자전적인 언급이 몇 가지 되지 않으므로, 어쨌든 사도행전에서 도움을 조금이라도 받지 않을 수 없다. 바울 서신의 전반적 **주제**가 자서전적인 것이 아닌 만큼, 역사적인 바울의 모습을 재구성하는 데 있어 바울 서신을 사도행전보다 더욱 주요한 자료로 간주하는 것은 잘못이다. 역사적 바울을 제대로 발견하려면 사도행전의 경우와 마찬가지로 바울 서신도 비판적으로 살펴봐야 하며, 이런 문제들을 평가할 때 서신의 수사적이고 서간체적인 성격과 기능을 충분히 고려할 필요가 있다.[45]

그러면 누가가 사도행전에서 바울에 대해 전하는 기록의 신뢰성을 바울이

---

42 Chae, *Paul*, 150-52, 285-8(최종상, 『로마서』, 200-3, 365-70)을 보라.

43 Keener, *Acts*, 1:237-50은 A. Harnack, T. H. Campbell, M. D. Goulder, B. Witherington의 앞선 저작들을 포함하여 사도행전과 바울 서신을 비교하는 매우 포괄적인 일련의 목록을 제공했다.

44 Knox, *Chapters*, 개정판, 346-7.

45 Witherington, *Paul Quest*, 10.

편지에 쓴 내용에 비추어 평가할 수 있을 뿐만 아니라, 바울이 그의 생애와 신학에 대해 제공한 설명의 신빙성도 누가가 사도행전에 쓴 내용에 비추어 평가할 수 있을 것이다.[46] 그러나 첫 단계는 사도행전의 신뢰성을 결정하는 것이며, 1장과 5장에서 각각 필하우어 및 녹스와 대화하면서 이 일을 시도할 것이다.

사도행전의 저자로서의 누가

지금까지 우리는 누가를 사도행전의 저자를 가리키는 이름으로 편의상 사용해왔다. 그러나 사도행전의 저자가 누구인가의 문제는 사도행전 저자가 바울을 묘사하는 것에 대한 신뢰성과 긴밀히 관련되어 있기 때문에 더 심도 있는 논의를 해야 마땅하다.[47] 확실히 사도행전 자체는 저자가 누구인지에 대한 답을 주지 않는다. 그러나 누가가 저자라는 주장은 최소한 다음 세 가지 요소로 인해 지지를 받아왔다. 첫째, 교회 전통이 이를 증언한다. 누가복음에 대한 반(反)마르키온파의 서언(기원후 150-180년경)에는 이런 진술이 담겨 있다. "더구나, 바로 그 누가가 나중에 사도행전을 썼다." 무라토리 정경목록(기원후 180-200년경)도 "누가가 '데오빌로 각하'를 위해 [사도행전

46　Hengel and Schwemer, *Paul Between Damascus and Antioch*, 6-11은 바울을 이해하는 데 누가의 공헌이 지닌 가치를 옹호한다.

47　이 주제에 대한 자세한 연구를 보려면 다음 책들을 보라. Hemer, *Book of Acts*, 308-64(이 책에서 저자는 "사도행전의 저자 문제와 자료"에 한 장을 할애한다); Barrett, *Acts*, ICC, 1:30-48.

을] 편집했다"고 증언한다. 이레나이우스, 알렉산드리아의 클레멘스, 에우세비오스, 히에로니무스도 의사이자 바울의 동료인 누가를 사도행전의 저자로 밝힌다.[48]

둘째, 누가가 사도행전의 저자임을 암시하는 몇 가지 내적 증거가 있다. 사도행전의 저자는 이 책이 동일한 수신자인 "데오빌로 각하"에게 헌정된 자신의 두 번째 책임을 분명히 밝히는데, 데오빌로가 수신자인 다른 유일한 책은 누가복음이다(눅 1:3; 행 1:1). 따라서 동일한 저자가 누가복음과 사도행전을 모두 썼음이 분명하다. 누가복음의 전통적인 제목인 "카타 루칸"("누가에 따른")은 이 복음서 원문의 일부는 아니지만, 그럼에도 누가가 이 세 번째 복음서의 저자라는 점은 보편적으로 받아들여졌다. 이런 이유로도 그가 사도행전의 저자라는 점이 받아들여질 수 있다. 더 나아가 이 두 책의 문체와 어휘가 매우 비슷하며,[49] 특히 저자가 의학적인 용어를 사용한다는 점이 그렇다. 이는 의사 누가(골 4:14 참조)가 저자라는 점을 확증하는 것으로 보인다. A. 하르나크는 누가의 독특한 의학적 언급을 여럿 발견하고 이렇게 결론지었다. "증거는 압도적이다. 따라서 필자가 보기에 세 번째 복음서와 사도행전이 동일한 의사에 의해 집필되었다는 점에는 어떤 의심도 없어 보인다."[50]

---

48 Irenaeus, *Against Heresies* 3.14.1; Clement of Alexandria, *Stromata* 5.12; Eusebius, *Ecclesiastical History* 3.4.1.

49 Carter and Earle, *Acts*, xi; Dunn, *Beginning from Jerusalem*, 64-5.

50 이 말은 Carter and Earle, *Acts*, xi-xii에 긍정적으로 인용되었다. 이런 입장은 Cadbury에 의해 철저히 반박되었지만, A. Weisserieder, *Image*에 의해 다른 방식으로 재개되었다. Witherington, *Acts*, 51-60; Keener, *Acts* 1:402-22의 논의를 보라.

또 다른 중요한 내적 증거는 사도행전의 "우리-본문"이다.[51] 이들 본문에서 저자는 자신이 바울의 선교여행 동반자임을 보여주며, 사도는 편지에서 누가를 자신의 동료로 언급한다. 누가가 바울이 겪은 일을 분명히 보고 경험할 수 있었을 것이므로, 이는 그가 사도행전의 저자임을 암시한다. 저자는 자신을 목격자로 묘사하며 바울의 삶과 사역에 대해 자신이 기록하는 내용의 진실성을 단언한다. 누가의 이름이 사도행전에 전혀 언급되어 있지 않은 점도 그가 저자임을 암시한다. 바울 서신과 사도행전에는 바울의 선교여행 기간에 함께했던 그의 동역자들의 여러 이름이 중첩된다. 그러나 누가와 디도만은 사도행전에서 언급되지 않는다. 이는 마치 사도 요한이 그의 복음서에서 자신의 이름을 명시하지 않았듯이(요 13:23; 19:26; 20:2; 21:7, 20 참조), 누가도 사도행전의 저자로서 겸손한 마음에서 의도적으로 자신의 이름을 숨겼을 가능성이 크다.

셋째, 사도 바울은 누가가 그의 선교 동반자였음을 증언한다. 누가는 의사로서 바울과 동행했고, 다른 동료들이 여러 가지 이유로 바울을 떠났을 때도 그를 떠나지 않았다(골 4:14; 몬 24; 딤후 4:11). 골로새서 4:10-15에서 누가는 이방인 출신의 동료로 언급된다. 여기서 바울은 누가를 "사랑을 받는 의사 누가"(*Loukas ho iatros ho agapētos*)로 묘사한다. "호 이아트로스"가 의사 누가의 정체성인 것처럼 "호 아가페토스"도 역시 "사랑을 받는 누가"라는 누가의 또 다른 정체성이다. K. S. 붸스트(Wuest)는 다음과 같이 말한다. "누가는 바울의 주치의였다. '사랑을 받는 자'라는 말은 누가의 섬

---

51   자세한 논의는 이 책의 4장을 보라.

김에 대한 바울의 감사의 표현이다."[52] 누가는 바울에게 매우 특별한 동료인 것처럼 보인다. 바울이 신체적 연약함을 갖고 있었기 때문이다.

바울은 갈라디아 성도들에게 이렇게 썼다. "내가 처음에 육체의 약함으로 말미암아[di astheneian tēs sarkos] 너희에게 복음을 전한 것을 너희가 아는 바라. 너희를 시험하는 것이 내 육체에 있으되, 이것을 너희가 업신여기지도 아니하며 버리지도 아니하고"(갈 4:13-14). 바울에게는 선교사역에 걸림돌이 되었을 것이 분명한 건강 문제가 있었다. 따라서 그는 건강한 상태에서 복음 전파에 집중할 수 있도록 돌봐주고 함께 여행해줄 수도 있는 의사가 매우 절실하게 필요했을 것이다. 반(反)마르키온파의 서언과 에우세비오스에 근거한 전승에 따르면 누가는 안디옥 태생이었다.[53] 바울은 건강이 좋지 않았고 갈라디아 지역에서 1차 선교여행 기간에 돌로 심하게 맞았기 때문에(갈 4:13-14; 행 14:19-20)[54] 안디옥으로 돌아온 뒤 건강검진을 받기 위해 누가를 찾아갔을 가능성이 있다. 누가는 그리스도인이자 안디옥 교회의 일원이었을 것이다. 우리는 사도행전의 저자가 바울의 2차 선교여행 기간에 이미 바울과 함께 있었음을 알 수 있다(행 16:10). 따라서 바울이 2차 선교여행을 떠났을 때 누가가 자원해서 바울의 일행에 합류하고 그 이후로 끝까지 바울과 함께 머물렀을 가능성이 크다. 누가의 의술 덕분에 사도가

---

52 Wuest, *Word Studies*, 238.

53 Eusebius, *Ecclesiastical History* 3.4.6.

54 여기서 우리는 남(南)갈라디아 설을 전제한다. 초기에 이 견해를 주장한 가장 주목할 만한 인물은 W. Ramsay다. 예를 들어 그의 *Church in the Roman Empire*; *St Paul the Traveller*; *Galatians*을 보라. 보다 최근에 Keener, *Acts*, 1:582-96은 이 견해를 강하게 주장했다. 북갈라디아 설과 남갈라디아 설에 관한 논쟁의 요약은 Longenecker, *Galatians*, lxiii-lxx; Bruce, *Galatians*, 5-10을 보라.

설교와 목회사역이라는 무거운 짐을 감당할 수 있었을 것이다.

앞에서 살펴본 것처럼 누가가 사도행전의 저자라는 증거는 매우 충분하다. 누가를 사도행전의 저자로 간주하는 견해는 19세기에 튀빙엔 학파의 비평학적 연구가 나올 때까지는 보편적으로 받아들여졌다.[55] 그러나 비평학자들은 사도행전에 대한 어떠한 대안적 저자도 제안하지 않았고,[56] 많은 학자는 사도행전의 저자가 바울을 잘 알고 있었다는 데 동의한다. 예를 들어 S. E. 포터(Porter)는 다음과 같이 조심스럽게 주장했다. "사도행전의 저자는 바울과 그의 신앙을 어떤 형태로든 가까이서 접할 수 있었다."[57] J. 예르벨(Jervell)도 같은 주장을 했다. "필자는 사도행전의 저자가, 혹 개인적으로는 아니었다 할지라도, 바울을 잘 알고 있었다는 점에 대해서는 단 한 순간도 의심하지 않는다."[58] 따라서 R. B. 래컴(Rackham)의 다음과 같은 결론을 받아들이지 말아야 할 이유를 전혀 찾을 수 없다. "그렇다면 우리는 누가복음과 사도행전 모두 성 바울의 동료인 성 누가가 썼다고 주저함 없이 결론지을 수 있다."[59]

사도행전의 저자가 바울의 동료인 누가라는 인식에는 엄청난 의미가 내포되어 있다. 즉 사도행전 자료의 신뢰성이 훨씬 커진다는 것이다. 다른

---

[55] Hemer, *Book of Acts*, 308-9을 보라.

[56] Foakes-Jackson, *Acts*, x.

[57] Porter, *Paul in Acts*, 206.

[58] Jervell, "Paul in the Acts of the Apostles," 302; Jervell은 보다 전통적인 견해를 반박함으로써 누가가 유대 기독교인이었을 가능성이 더 크다고 주장한다.

[59] Rackham, *Acts of the Apostles*, xvii. 이러한 입장을 주장하는 사람들은 다음과 같다. Foakes-Jackson, *Acts*, x; Hengel, *Between Jesus and Paul*, 128; Hengel and Schwemer, *Paul Between Damascus and Antioch*, 7, 9, 18; Wuest, *Word Studies*, 238.

공관복음서와 비교해볼 때 누가복음이 정확한 기록인 것은 증명됐다.[60] 거의 틀림없이 누가가 예루살렘과 가이사랴를 방문한 기간에 조사와 자료 수집을 통해 예수에 대한 정확하고 신뢰할 만한 기록을 남겼다는 점을 주목할 필요가 있다. 한 번도 만난 적이 없는 예수에 대해 그 정도로 신뢰할 만한 기록을 남길 수 있었다면, 사도 자신과 함께 선교사역을 하며 여러 해를 함께 지냈던 누가가 그 바울에 대해 쓴 기록은 얼마나 더욱 신뢰할 만할지 주목해야 한다!

누가가 예루살렘에서부터 로마까지의 복음의 확장에 대해 무언가를 쓰기로 이미 마음먹었다면, 분명 두 번째 책을 위해 열정적으로 자료를 수집했을 것이다. 바울의 사도적인 사역에 대한 많은 정보는, 그가 바울의 여러 메시지를 듣고 또 바울의 기적 및 사건들을 직접 경험한 데서 왔을 것이다. 더 나아가 누가는 바울의 삶과 사역에 대한 정보와 명확한 설명을 위해 그에게 질문도 했을 것이 틀림없다.

또한 두 사람이 함께 있는 동안 바울이 누가에게 여러 이야기를 들려주었을 것이라고 추론할 수 있다(딤후 4:11).[61] 누가는 바울이 가이사랴에서 투옥되었을 때 그를 방문할 수 있었고(행 24:23; 24:27-26:32),[62] 바울에게서 아그립바 왕 앞에서 받은 심문에 대한 이야기도 들었을 것이다. 바울이 그리스도인이 되기 전에 교회를 박해한 일, 스데반의 연설과 순교, 그의 다메섹 체험, 아라비아와 다소와 안디옥에서 보낸 시간, 바나바와 함께한 1차

---

60   Dunn, *Beginning*, 65, 77.
61   디모데후서를 바울이 아닌 다른 사람이 썼더라도, 디모데후서의 저자는 누가가 바울 생애의 거의 마지막까지 바울 가까이에 머물러 있었다고 증언한다.
62   아래 220-28쪽을 보라.

선교여행의 경험, 2차 및 3차 선교여행, 가이사랴에서의 재판 등과 같은 이야기를 들었을 것이다. 누가의 자료의 주요 출처는 다름 아닌 바울 자신이었다. 바울은 그리스도와 잃어버린 영혼들에 대한 자신의 열정과 동료 유대인 및 유대인 신자들과의 갈등에 대해서도 이야기해주거나 보여주었을 것이다.

누가가 안디옥 출신이라면 아마도 바울과 바나바의 1차 선교여행에 관한 보고를 들었을 것이다(행 14:27). 누가는 안디옥 교회가 사도행전 15:1-2에 묘사된 문제를 해결하기 위해 바울과 바나바를 예루살렘에 파송하게 된 계기도 알고 있었을 것이다. 누가는 예루살렘 공회의 토론과 결정에 대한 보고를 들었을 것이다. 누가가 안디옥에서 바울과 함께 많은 시간을 보내지 않았더라도, 여행 동반자로서 바울 사도와 몇 년 동안 함께 지낸 경험은 분명 그가 바울이 다른 지역에서 수행한 사역에 대해서도 충분히 들어 알 수 있었음을 시사한다. 누가가 바울과 함께 여행하는 동안 바울과의 개인적인 대화는 물론, 바울의 설교에서 다양한 정보를 수집했을 가능성도 크다.

누가는 예루살렘에 존재했던 초기 교회 공동체에 대한 자료의 일부를 바울로부터 수집했을 가능성도 있다. 이는 베드로가 바울에게 (함께 지낸 15일 동안) 예수의 생애, 가르침, 사역, 죽음, 부활, 승천, 성령 강림에 대한 이야기들, 수천 명의 사람이 그리스도께 회심하는 것을 본 베드로의 경험, 산헤드린에서 재판받고 투옥된 것, 초창기 예루살렘 교회 등에 대해 말해 주었을 것이라는 추측에 근거한 것이다.

더 나아가 누가는 바울의 3차 선교여행 이후 로마로 가는 길에 가이사랴에 있는 빌립의 집에 바울과 함께 머물렀다(행 21:8). 따라서 바울이 가이

사라에서 옥에 갇혀 있는 동안 누가가 빌립의 집을 다시 방문했다고 가정하는 것은 당연하다. 그때 누가는 일곱 "집사"의 선출, 빌립의 사마리아 사역(행 8:5-25), 에디오피아 내시의 회심(행 8:26-40)과 같은, 나중에 기록할 소중한 자료를 수집할 수 있었을 것이다.[63]

그러므로 F. J. 포크스-잭슨(Foakes-Jackson)의 말은 사실이다.

> [사도행전]을 쓸 수 있는 [누가의] 자격에 대해서는 반론의 여지가 없다.…따라서 누가는…바울의 생애에 관한 사실들을 확인할 수 있는… 위치에 있었다.…누가는 바울의 전기 작가에게 필요한 조건을 충족시킨다.…분명 누가는 기독교 공동체에서 비교적 별로 중요하지 않은 인물이었으므로, 이 두 책의 저자를 누가로 간주하는 것이 별다른 생각없이 순전히 임의로 되었을 리는 없다.[64]

누가가 사도행전에서 바울을 묘사하는 내용은 과거 학계에서 주장되었던 것보다 훨씬 더 신뢰할 만하다. 이후의 여러 장(章)에서 이 논지를 세심하게 입증하고자 한다.

---

63   Dunn, *Beginning*, 75-6에서도 그와 같이 정확하게 지적한다.

64   Foakes-Jackson, *Acts*, x-xi. 필자는 이 책에서 누가가 사도행전의 신뢰할 만한 저자가 될 수 있는 더 많은 이유를 덧붙였다.

1장

필하우어와 사도행전의 "바울 사상"[1]

이제 화제를 돌려 1950년에 나온 필립 필하우어의 극히 영향력 있는 논문을 검토하고자 한다. 그는 "사도행전의 저자가 바울의 신학적 사상을 전수했는지의 여부와 그 정도, 그 사상을 수정했는지의 여부와 그 정도의 문제"를 논의하기 위해 연구를 시작했다고 밝힌다.[2] 그는 바울의 네 가지 신학적 주제, 즉 자연 신학, 율법, 기독론, 종말론에 대해 누가가 묘사한 내용에 특별히 관심을 기울임으로써 이 연구를 진행했다. 그의 결론은 간단명료하다. 사도행전의 바울은 실제 바울과 근본적으로 다르며, 이 주요 주제에 있어서 누가가 구체적으로 바울 신학을 대변하는 것이 아니라 오히려 1세기 후반의 보편 교회의 교리였던 누가 자신의 신학적 교리를 제시한다는 것이다.[3] 이렇게 해서 필하우어는 누가가 그리는 바울과 역사적 바울 사이의 근본적인 차이점을 강조했다.

마르틴 디벨리우스(Martin Dibelius)가 이미 이와 비슷한 주장을 제기한

---

1   이 장의 초고는 영국 더럼 대학교 신약 분과 세미나에서 발표되었다(1997년 6월 9일).

2   Vielhauer, "'Paulinism'," 33. 원래의 논문인 "Zum 'Paulinismus' der Apostelgeschichte'," *EvT* 10 (1950-51), 1-15의 번역은 이전에 *Perkins School of Theology Journal* 17 (Fall, 1963)에서 발표되었다. 본서에서 언급하는 페이지 수는 *SLA*에 실린 논문의 페이지를 나타낸다.

3   Vielhauer, "'Paulinism'," 48.

바 있는데, 그는 사도행전을 쓴 누가의 일차적인 관심사가 초기 교회의 정확한 **역사**를 보존하는 것이 아니라 2세기가 시작될 무렵 교회에 팽배했던 **신학**을 기술하는 것이었다는 입장이었다.[4]

필하우어는 분명 디벨리우스의 저작에 의존하고 있지만,[5] 사도행전에 나오는 몇 가지 구체적인 주제를 바울 서신에 나오는 주제들과 비교하는 방법을 채택함으로써 디벨리우스의 연구를 발전시켰다. 그러한 방법론적인 기여와 더불어 필하우어는 사도행전의 역사적 신뢰성을 부정하는 데 놀라운 영향력을 발휘했다.[6] E. 행헨은 필하우어가 사도행전의 비평적 연구에 새로운 계기를 마련했다고 평가했다.[7] 그 결과 후대의 학자들은 바울과

---

4   Dibelius, *Studies in the Acts*; 특히 그 책 102-8의 "The Acts of the Apostles as an Historical Source." Dibelius는 Ramsay, Harnack, Wikenhauer, Meyer 등이 앞서 이 분야의 연구에 기여한 몇 가지 점을 완전히 무시했다. Dibelius보다 약 한 세기 전에 Baur는 *Paul*에서 누가가 아주 편향적이고 허구적인 역사가이므로 그의 자료는 신뢰할 수 없다며 의문을 제기했다. Dibelius가 그의 책에서 Baur를 단 두 번밖에 언급하지 않고 Baur의 입장에 대해서도 별로 설명하지 않는다는 점은 흥미롭다. Cadbury는 'The Speeches in Acts," 402-27에서 사도행전에 나오는 연설을 그리스-로마 역사가들의 연설과 비교해본 뒤 Dibelius와 비슷한 결론에 도달했다. 보다 최근에 이 입장이 다시 옹호되었다 (Mount, *Pauline Christianity*; Tyson, *Marcion and Luke-Acts*). 그러나 사도행전의 저작 시기에 대한 현재의 합의된 견해는 사도행전이 80년대나 90년대 초에 기록되었다는 것이다(Dunn, *Beginning*, 67; Sanders, *Paul the Apostle's Life*, 13-14).

5   Vielhauer의 책에 있는 미주(endnotes)의 거의 절반이 Dibelius의 저작을 우호적으로 언급한다.

6   Vielhauer를 따르는 이들은 다음과 같다. Käsemann, Lohse, Conzelmann, Haenchen, Harbsmeier, Andersen, Bauernfeind, Marxsen, Klein, Grässer. 자세한 참고 문헌을 보려면 Wilckens, "Interpreting Luke-Acts," in *SLA*, 62-5, 78-9 및 Gasque, *History*, 287 n. 78을 보라. Vielhauer에 대한 비판적 평가를 보려면 Gasque, *History*, 283-91; Buckwalter, *Character*, 231-72; Bovon, "Law in Luke-Acts," 59-73을 보라.

7   Haenchen, *Acts*, 48. Haenchen에 대한 유익한 비판을 보려면 Porter, *Paul in Acts*, 190-99을 보고, Vielhauer에 대한 비판을 보려면 Porter, *Paul in Acts*, 199-205을 보라. 사도행전의 누가 신학을 강조한 주요 인물이 된 Conzelmann은 *Theology of Luke*에서 이렇게 결

바울 신학을 연구하는 데 사도행전의 자료를 사용하기를 주저했다. 이런 주장을 반박하려는 끊임없는 시도가 있었고, 또 일부는 어느 정도 성공적이었지만,[8] 필하우어는 바울을 묘사하는 누가의 신뢰성에 대한 주제에 관해서는 전반적으로 "권위 있는 진술"을 한 것으로 받아들여졌다.[9] 존 렌츠 (John Lentz)의 최근 연구인 『바울에 대한 누가의 묘사』(Luke's Portrait of Paul)에서도 대체로 필하우어의 입장이 긍정적으로 재확인되었다.[10]

1960년대에 W. C. 판 우닉(van Unnik)은 필하우어에 의해 촉발된 이 학문적 논쟁을 "현대 학계의 폭풍의 중심"으로 진단했다. D. P. 뫼스너 (Moesner)와 공동 편집자들은 2012년에 쓴 책에서 이런 의견을 덧붙였다. "바다는 별로 잠잠하지 않다. 바울과 사도행전의 관계는 여전히 불안감을 조성하며 늘 그렇듯이 논쟁의 대상이다." 그래서 그들은 이 주제에 대한 16편의 논문이 실린 책 한 권을 펴내면서, 필하우어의 획기적인 논문을 그

론짓는다. "이것은 실제 연설의 축약된 형태가 아니라 문학적 창작물이다"(*Commentary*, 44). 그러나 Conzelmann의 견해에 대한 비판을 보려면 다음 책들을 보라. Marshall, *Luke: Historian and Theologian*, 77-102; Bovon, *Luke the Theologian*, 13-16.

8 예. Ellis, *Luke*, 45-50; Marshall, *Acts*, 42-4; Hanson, *Acts*, 182-3; Gärtner, *Areopagus Speech*, 248-52; Jervell, *Unknown Paul*; Bruce, 'Real Paul?', 282-305; Gasque, *History*, 283-91.

9 Porter, *Paul in Acts*, 189. 이는 Barrett, *Acts*, ICC, 1:651의 판단이다. 그의 주석은 근래에 나온 사도행전에 대한 가장 자세한 주석 중 하나인 듯하다. Vielhauer의 주장이 Ellis의 여섯 쪽짜리 논증(*Luke*, 45-50)에 의해 "설득력 있게 논파되었다"는 Marshall의 판단 (*Acts*, 42)은 지나치게 낙관적으로 보인다.

10 Lentz, *Luke's Portrait*, 23-61은 시민권, 교육, 직업에 관한 바울의 사회적 지위에 의문을 제기한 뒤 회의적인 입장에 도달한다. 그러나 Lentz의 입장은 Rapske의 최근 연구인 *Roman Custody*, 71-114, 245-6에 비추어 볼 때 성립될 수 없다. Rapske의 서평인 "Review of *Luke's Portrait of Paul*," 347-53과 *NovT* 36 (1994): 408-10에 실린 Ascough의 서평도 함께 보라.

책의 첫 장에 실었다.[11] 그보다 앞서 W. 워드 가스크(Ward Gasque)는 이 논쟁을 사도행전의 학문적 연구에 반드시 포함되어야 할 세 가지 분야 중 하나로 열거했다.[12] 하지만 필하우어의 연구가 발표된 지 약 60년이 지난 현재도 학자들은 여전히 이를 두고 논쟁하고 있다.[13]

최근 15명의 학자들의 글을 모아 출간한 책의 제1장에 필하우어의 논문이 다시 게재된 것은[14] 학계에서 지금까지도 지속되는 그의 저작이 지닌 영향력과 그에 대한 폭넓은 관심을 반영한 것으로 보아야 한다.

이 장에서 우리는 필하우어가 선택한 네 가지 분야에 관한 그의 논지를 평가하려고 한다. 우리가 시도하는 비교 연구를 잘 하려면 먼저 역사적 바울의 신학을 바로 이해해야 하고, 또한 누가가 그것을 어떻게 표현하는가를 제대로 이해하는 것이 필수적이다. 따라서 필하우어의 논지의 신빙성 정도를 알아보기 위해 바울의 신학적 개념들과 누가가 그것을 묘사하는 모습을 주목할 것이다.[15] 그 과정에서 사도행전에 대한 누가의 작업 범위가

11　Moessner, Marguerat, Parsons, Wolter, eds, *Paul and the Heritage*, xvi. Flichy, 'Paul of Luke', 21은 Vielhauer의 명제를 "틀림없는 천둥소리"라고 평가한다.

12　Gasque, *History*, 359.

13　사도행전에 등장하는 바울에 대한 연구는 학자들을 끊임없이 매료시켰다. 세계신약학회(The Society of New Testament Studies)는 2008년에 이 연구를 학회 주제로 삼았고, 그들의 연구 결과를 출판한 책인 Moessner, Marguerat, Parsons, Wolter, eds, *Paul and the Heritage*에서는 Vielhauer의 논문을 책의 첫 장으로 다시 펴냈다. Vielhauer에 대한 비판을 개관한 글을 보려면 Walton, *Leadership*, 6-12 및 Keener, *Acts*, 1:250-52, 특히 158; Porter, *Paul in Acts*, 188-206; Phillips, *Paul, His Letters, and Acts*, 30-49을 보라. Bovon의 책 *Luke the Theologian*은 누가를 신학자로 연구하는 것에 대한 끊임없는 관심을 입증한다. 거의 700쪽에 이르는 이 책에서 Bovon은 누가의 신학, 역사, 문학, 구원사, 종말론에 대한 유익한 요약과 평가 및 매우 광범위한 참고문헌을 제공한다.

14　Moessner, Marguerat, Parsons, Wolter, eds, *Paul and the Heritage*.

15　Longenecker, *Paul, Apostle of Liberty*, 246은 바울의 가르침에 대한 올바른 이해가 사도행

바울 서신에서의 바울의 작업 범위와 다르다는 사실도 유념할 것이다. 그리고 끝부분에서 이 두 사람이 쓴 글의 범위상의 차이점을 식별하거나 고려하지 않고 다른 특성을 지닌 두 저작을 비교한 필하우어의 방법론에 이의를 제기할 것이다. 또한 누가가 바울의 전도 설교를 통해 표현한 바울의 사상을 살펴보면서 필하우어의 논지가 얼마만큼 받아들여질 수 있는지 확인하고자 한다.

자연 신학

필하우어는 디벨리우스에 동조하여, 사도행전 17:22-31을 창조자이며 천지의 주인이신 하나님을 이방인에게 전하는 전형적인 헬레니즘적 메시지로 받아들인다(행 17:24-25; 14:15).[16] 필하우어는 바울이 아레오바고에서 설교하면서 아테네 사람들의 우상숭배를 비판하는 것이 아니라고 지적한다. 그는 우상숭배는 "무지"로 인해 저질러진 일이며 하나님은 무지를 처벌하지 않으시기 때문이라고 한다(행 17:23, 28-30; 참조. 3:17; 13:27; 14:15). 필하우어는 그렇지만 바울이 로마서에서는 사도행전과는 달리 이방인들이 하나님이 지으신 창조세계에서 드러난 것을 통해 하나님이 계심을 알고도 믿지 않고 오히려 불경건과 불의에 빠졌다고 질책한다고 주장한다. 그 결과 이방인들은 변명의 여지가 없다는 것이다(롬 1:19-20). 따라서 필하우어는

전에 나오는 바울에 대한 누가의 묘사를 이해하는 데 필수적이라고 바르게 지적한다.
16   Vielhauer, "'Paulinism'," 34-5; Dibelius, "Paul on the Areopagus," 26-77.

사도행전 17장의 자연 신학이 로마서 1장의 그것과 전혀 다르며, 이것은 누가가 바울을 잘못 표현하고 있기 때문이라고 결론짓는다.[17]

그러나 필하우어의 결론이 받아들여지려면 몇 가지 요소를 먼저 검토할 필요가 있다. 아레오바고의 설교자는 청중들이 하나님을 알지 못한다는 것을 전제하고 설교한다. 그는 청중들이 자신이 말하고 있는 하나님을 아직 알지 못하기 때문에 용서받을 수 있다고 말한다. 그러나 로마서 1:20에서 바울이 고발하는 내용은 불특정한 청중인 "그들"이 **하나님을 알고 있음에도 불구하고** 하나님을 영화롭게 하지 않고 오히려 우상숭배를 한다는 사실에 기반하고 있다(21절의 *gnontes*[이미 알고]라는 중요한 표현에 주목하라). 다시 말해 로마서 1장에서는 "그들이" 하나님을 안다는 사실이 확인되므로 그들의 행동은 용서받을 수 없는 행동으로 선포된다. 필하우어는 두 메시지를 듣는 바울의 청중이 모두 **이방인**이라고 보았다. 그의 관점은 로마서 1:18-32이 이방인에 대한 헬라파 유대인의 특징적인 비판을 담고 있다는 오랜 가설에 근거하고 있다.[18] 그러나 이것이, 바울이 전형적인 유대인적 표현으로 **인류**(즉 이방인과 유대인)를 비난한 것이라고 주장하는 몇몇 학자는 이러한 공감된 견해에 이의를 제기했다.[19] 필자는 다른 글에서 (비록 다른 주제를 다루는 중에 주장한 것이긴 하지만) 바울이 로마서 1:18-32에서 쏟아내는

---

17 Vielhauer, "Paulinism'," 36-7. 이보다 더 짧고 설득력도 부족하기는 하지만 이전에 이와 비슷한 주장이 McNeile, *New Testament Teaching*, 133-4에 의해 독립적으로 제시되었다.

18 서지 정보는 Chae, *Paul*, 73 nn. 2-3(최종상, 『로마서』, 113, nn. 2-3)을 보라.

19 예. Hyldahl, "Reminiscence," 285-8; Hooker, "Adam in Romans 1," 297-306; 같은 저자, "Further Note," 181-3; Barrett, *From First Adam*, 17-19; Dunn, *Romans*, 1:60-61.

비난의 대상에는 유대인도 포함시켰다는 후자의 입장을 지지했다.[20] "그들"
이 하나님과 하나님의 의로운 명령을 알고 있다는 사실(롬 1:21, 32)은 바울
의 비난이 이방인뿐만 아니라 유대인도 겨냥하고 있음을 암시한다(참조. 갈
4:8: "너희[갈라디아 이방인들]가 그때에는 하나님을 알지 못하여…").

또한 필하우어는 바울이 다른 곳에서 하나님이 무지로 인해 저질러
진 죄를 눈감아주셨다고 언급한 사실을 간과한다. 그는 사도행전 17:30과
로마서 3:25 사이에 관계가 있다는 점을 인식하지만, 누가가 사도행전
17:30에서 기록한 내용이 믿을 만한지를 고찰하기 위해 이런 언급들을 검
토하지는 않았다. 바울은 유대교의 제사 용어를 사용하여 예수의 죽음을
언급하면서 하나님이 이 일을 하신 것이 "길이 참으시는 중에 전에 지은 죄
를 간과하심으로 자기의 의로우심을 나타내려" 하셨기 때문이라고 덧붙여
말한다(롬 3:25). 여기서 바울은 하나님의 오래 참으심이 모든 사람(즉 유대인
과 이방인)에게 적용되었음을 보여준다. 모든 사람이 죄를 지었기 때문이다
(롬 3:23). 따라서 바울은 하나님이 예수의 속죄하는 죽음 이전에 저질러진
유대인과 이방인의 죄를 간과하셨다고 말한다. 훗날 바울은 이러한 관점을
자기 자신에게 적용시켰다. "내가 전에는 비방자요 박해자요 폭행자였으
나, 도리어 긍휼을 입은 것은 내가 믿지 아니할 때에 알지 못하고 행하였음
이라"(딤전 1:13).

하나님은 무지한 죄인들을 즉시 벌하시는 것이 아니라 그들이 회개하
기를 인내하며 기다리신다(참조. 롬 11:32; 딤전 2:4). 바울은 종종 하나님의 인
내와 관용을 사람들이 회개하기를 기다리는 하나님의 자비의 표시로 언급

---

20   자세한 논증은 Chae, *Paul*, 73-94(최종상, 『로마서』, 113-37)을 보라.

한다(롬 2:4; 9:22; 10:21). 하나님은 인간들의 죄를 벌하려고 하시는 것이 아니라 인간들을 당신과 화해시키려 하신다(롬 4:7-8; 고후 5:18-19). 그러므로 하나님은 알지 못하고 저지른 죄를 벌하지 않으신다는 개념은 바울 서신에 나타난 역사적 바울과도 일치한다. 따라서 (누가가 실제 바울에 대한 전적으로 모순적인 모습을 제시한다는) 필하우어의 견해에 동의하기 어렵다.

그럼에도 불구하고 필하우어는 이렇게도 주장한다. "변명의 근거로서 '무지'에 대한 강조는 사도행전의 전도 설교에 자주 등장하는 모티프다."[21] 실제로 "무지"라는 모티프는 사도행전에 흔히 등장한다. 베드로는 유대인들이 예수를 십자가에 못 박은 일이 무지한 가운데 저지른 일이라고 말한다(행 3:17; 참조. 눅 23:34). 사도행전의 바울도 비시디아 안디옥에서 유대인들에게(행 13:27), 그리고 루스드라와(14:16) 아테네에서(17:30) 이방인들에게 비슷한 메시지를 전한다. 그러나 누가는 필하우어의 주장처럼 "무지"라는 모티프를 변명거리의 한 유형으로 제시하는 것이 아니라, 베드로와 바울이 무지를 청중의 회개를 촉구하기 위한 디딤돌로 인정하고 있다고 기록한다는 점에 주목하는 것이 중요하다(행 3:17, 19; 13:27; 40-41).[22]

아레오바고의 설교자도 똑같이 말한다. "알지 못하던 시대에는 하나님이 간과하셨거니와 이제는 어디든지 사람에게 다 명하사 회개하라 하셨으니"(행 17:30). 예수 그리스도의 죽음 및 부활과 더불어 새 시대가 밝아왔으므로 회개에 대한 요구는 적절하다. 따라서 아레오바고의 설교자는 "이

---

21 Vielhauer, "Paulinism'," 36.
22 하나님의 인내하심이 모든 인간의 회개를 요구한다는 점은 구약에서도 표현되었다(창 18:32; 느 9:30-31; 욘 3:10; 4:11). Wis 11:23 (RSVA)에서도 마찬가지다. "주님은 사람들이 회개하도록 그들의 죄를 간과하십니다."

제는"(*ta nun*)[23]이라는 강조된 표현으로 새로운 상황을 소개하면서, 이제부터는 하나님이 그들의 무지를 간과하지 않으실 것이며, 그것이 곧 모든 죄인이 회개해야 할 이유라고 제시한다. 아레오바고의 설교자는 아덴 사람들의 우상숭배를 전혀 용납하지 않는다.[24] 마찬가지로 바울도 로마서 3장에서 그런 변화를 소개한다. 하나님의 인내는 "이때에"(롬 3:25-26; 21절의 "이제는", *nuni de*) 나타난 하나님의 의와 관련이 있다. 바울은 회개와 순종과 믿음을 촉구한다(롬 2:4-5; 10:21; 11:23; 고후 7:9-10; 12:21). 따라서 "무지"라는 모티프가 사도행전 17장에서 변명거리로 강조되었다고 말하는 필하우어의 견해는 정확하지 않다. 오히려 아레오바고의 설교자는 이 모티프를 회개의 긴급한 필요성과 직접적으로 연결시킨다(행 17:30). 실제 바울과 사도행전의 바울 모두 하나님이 그리스도 안에서 행하신 일 때문에, 하나님이 믿지 않는 자들을 벌하시더라도 더 이상 불의한 분이 아니시라는 점을 강조한다. 사도행전의 바울은 이 점에서 서신서의 바울과 본질적인 차이를 보이지 않는다.

사도행전 17장을 데살로니가전서 1:9-10과 비교해보면 추가적인 유사점을 발견할 수 있다. 이 두 본문에서 데이비드 웬햄(David Wenham)은 바울 서신에 기록된 바울의 가르침과 사도행전에서 전달된 그의 가르침 사이에 상호일치하는 세 가지 특징을 다음과 같이 언급한다. (1) 우상에서 살아계신 하나님께로 돌아서라는 촉구, (2) 다가올 심판에 대비해야 할 필요성,

---

23   이 그리스어는 "현재의 이 상황에서는"이라는 분명한 전환을 표현한다. Zerwick and Grosvenor, *Grammatical Analysis*, 411을 보라.

24   Gempf, "Athens, Paul in," 52; Caragounis, "L'universalisme moderne," 23-6.

(3) 예수의 부활. 바울과 누가의 기록에는 공히 이방인을 향한 기독교적 설교의 공통된 패턴이 담겨 있다. 따라서 사도행전의 바울과 서신의 바울 사이의 간격이 좁혀진다는 웬햄의 주장은 옳다.[25]

그러나 필하우어는 "죄", "은혜", "십자가"와 같은 바울 서신에 자주 등장하는 가장 친숙한 몇몇 용어들이 아레오바고에서 행한 설교에는 나오지 않는다고 주장함으로써 자신의 논지를 뒷받침하려 한다. 확실히 이런 단어들이 그 설교에는 등장하지 않는 것은 사실이지만, 이 단어들이 전달하는 개념도 여기에 나타나지 않는다는 필하우어의 주장은 옳지 않아 보인다. 설교자가 강력하게 회개를 촉구한 것은 틀림없이 아텐 사람들의 우상숭배 죄와 관련되어 있고 그 죄에 근거한 것이다. 누가가 볼 때 유대인들의 가장 큰 죄는 그들이 하나님이 주와 그리스도로 삼으신 예수를 십자가에 못 박았다는 것이지만(행 2:22-39), 이방인들에게 있어서 가장 큰 죄는 우상숭배였다(행 17:16, 24-31; 19:26; 참조. 20:21). 두 인종 집단 모두 무지한 가운데 죄를 저질렀지만(행 3:17; 17:30), 그럼에도 회개는 두 집단 모두에게 강하게 요구된다(행 2:38; 3:19; 17:30). 세상을 공의로 심판하실 심판자가 세워졌다는 사실은 모든 사람이 자신들이 저지른 죄에 따라 벌을 받을 것이라는 분명한 증거다.

하나님의 은혜라는 개념도 이 설교에서 빠져 있지 않다. 하나님이 이방인이 저지른 우상숭배의 죄를 (그 죄가 무지한 가운데 저질러졌으므로) 간과하셨다는 사실은 하나님의 은혜의 표현이다(행 17:30). 누가는 하나님이 이방

---

25   Wenham, "Paulinism," 54. 다음 글들의 주장도 마찬가지다. Hemer, "Speeches of Acts,"
      85; Barrett, "Paul's Address," 109-10. 행 17:22-31은 바울이 롬 1:18-2:16에서 쓴 글과
      크게 다르지 않다고 말하는 Drane, *Introducing the New Testament*, 241도 보라.

인들에게 물질적인 축복을 베푸심으로써 자비를 베푸셨다는 점을 이미 분명히 밝혔다(행 14:17). 죄인들이 하나님과 친밀한 관계를 맺을 수 있고 또 실제로 맺는다는 점도 하나님의 풍성한 은혜의 표현이다. 무엇보다도 하나님의 은혜는 죄인들이 살아 계신 하나님께로 돌아오도록 한 예수의 죽음과 부활에서 분명하게 나타난다(행 17:31; 14:15). 죄인들은 그리스도를 통해 하나님께 손을 뻗어 그분을 찾을 수 있다.

마찬가지로 십자가의 개념이 없다고도 말할 수 없다.[26] "죽일 죄", "빌라도에게 죽여 달라 하였으니", "성경에 그를 가리켜 기록한 말씀을 다 응하게 한 것이라", "나무에서 내려다가", "무덤에 두었으나"와 같은 표현들은 예수의 십자가 죽음을 충분히 선포한다(행 13:28-29). "그를 **죽은 자** 가운데서 다시 살리신 것으로"라는 누가의 표현은(행 17:31) 로마서 6:4, 8:11, 10:9, 고린도전서 6:14, 15:15, 골로새서 2:12에 나오는 바울 자신의 표현을 거의 정확히 반영하며, 분명 예수의 십자가의 죽음을 전제로 삼는다.[27] "십자가에 대한 말씀"이 요령 있게 생략된 것은 그것이 "이방인에게는 미련한 것"으로 보일 것이기 때문이었던 것 같다(고전 1:23).[28] 누가가 바울의 설교에서 기독론적인 부분을 삭제했다는 필하우어의 주장도 아무 근거가 없다. 필하우어는 누가가 설교 전체를 기록하고 있다고 너무 가볍게 가정한다.

---

26 이는 Maddox, *Purpose*, 68, 83과 다른 견해다. Maddox의 자연 신학에 대한 해석을 논박하는 유용한 논증은 Porter, *Paul in Acts*, 168-70을 보라.

27 롬 6:4, "그리스도를 죽은 자 가운데서 살리심"; 롬 8:11, "그리스도 예수를 죽은 자 가운데서 살리신 이"; 롬 10:9, "하나님께서 그를 죽은 자 가운데서 살리신 것"; 고전 6:14, "하나님이 주를 다시 살리셨고"; 고전 15:15, "하나님이 그리스도를 다시 살리셨다고"; 골 2:12, "죽은 자들 가운데서 그를 일으키신."

28 Bruce, "St Luke's Portrait," 189.

우리는 이 설교가 바울이 예수와 부활을 전파하는 것을 들은 철학자들의 초대에 대한 응답으로 행해진 설교라는 점에 주목해야 한다(행 17:18). 따라서 바울은 자신의 설교가 방해받지 않았다면 필시 기독론을 설명했을 것이다(행 24:25도 함께 보라). 그럼에도 불구하고 누가가 기록하는 바울은 분명 하나님께서 내정된 심판자인 예수 그리스도를 통해 세상을 심판하실 것이며, 하나님이 그리스도의 부활을 통해 그리스도의 자격을 입증하셨다는 점을 분명히 선포한다(행 17:31; 참조. 롬 1:3-4). 더구나 하나님이 그리스도를 통해 심판하실 것이라는 개념은 바로 바울 자신이 로마서 2:16에서 하는 말이다. "하나님이 예수 그리스도로 말미암아 사람들의 은밀한 것을 심판하시는 그날이라"(롬 14:10; 고전 4:3-5; 고후 5:10도 비슷하다. 참조. 행 10:39-42; 딤후 4:1, 8).

지금껏 살펴본 내용은 로마서 1장과 사도행전 17장의 자연 신학이 필하우어가 주장하듯이 "전혀 다른" 것이 아님을 보여준다.[29] 필하우어는 바울 서신의 자료를 제한적으로 사용하여 이를 사도행전 17장과 비교한다. 사도행전 17장에서 누가가 바울의 자연 신학을 기록했다는 그의 인식도 미심쩍다. 오히려 누가는 이방인 청중들은 아직 인식하지 못하고 있는 하나님에 대해 바울이 서두에 연설한 내용에 집중한다. 우리는 바울의 자연 신학에 대한 누가의 묘사가 왜곡된 것이 아니라는 충분한 증거를 제시했다.[30] 오히려 본질적인 면에서 사도행전 17장은 바울 문헌의 주제와 신학을 담고

---

29   Vielhauer, "Paulinism'," 36.

30   Gärtner, *Areopagus Speech*, 248-52; Hanson, *Acts*, 182-3. 바울이 아테네에서 동료 사역자들을 기다리고 있었다는 누가의 묘사는(행 17:13-16) 바울 자신의 글로 뒷받침된다(살전 3:1).

있다.[31]

율법

필하우어는 사도행전의 바울이 실제 바울과 달리 율법과 유대교에 전적으로 충실한 인물로 묘사되고 있다는 여덟 가지 측면을 강조한다. 곧 (1) 유대인들에게 배척을 당한 뒤에야 비로소 이방인에게 복음을 전하기 시작한다. (2) 예루살렘의 사도들에게 복종한다. (3) 디모데에게 할례를 베푼다. (4) 예루살렘 공회의 결정문을 받아들이고 전달한다. (5) 개인적인 서원을 한다. (6) 종교적 절기에 참여하기 위해 예루살렘으로 간다. (7) 다른 이들과 함께 나실인의 서원에 참여한다. (8) 자신의 바리새파 배경을 강조한다.[32]

필하우어는 사도행전에서 바울이 이방인에게 전도하러 가기 전에 먼저 유대인에게 찾아갔다고 기록한 부분이 예루살렘 공회에서 합의된 내용과 모순되지 않는다고 보았다. 유대인과 이방인 사이의 경계는 종교적인 경계가 아니라 영토상의 경계이기 때문이라는 것이다(갈 2:7-9). 회당 지도자들에게 다섯 번 채찍질을 당했다는 바울의 증언(고후 11:24)에 비추어 필하우어는 바울이 더 많은 유대인에게 전도하기 위해 회당 예배에 참여하며 디아스포라에서 유대인으로 살았다는 점도 인정한다(참조. 고전 9:19-23). 또한 필하우어는 바울이 앞에서 언급한 그러한 관행들을 그가 이해하는 자유

---

31 이는 Conzelmann, "Address," 218의 견해와 다르다.

32 Vielhauer, "'Paulinism'," 37-8.

의 관점에서 수용할 수도 있었을 것으로 생각한다.[33] 그러나 필하우어는 사도행전에 나타난 바울이 율법과 할례, 또한 이신칭의의 교리에 대해서만큼은 서신의 바울과 다른 입장을 가진 인물로 제시되었다고 주장한다.

° 율법과 할례에 대한 바울의 태도

필하우어는 이런 자신의 주장에 대해 두 가지 주된 이유를 제시한다. 첫째, 사도행전 21장에서 묘사된 것처럼 바울이 다른 신자들의 서원에 동참하길 **원했을** 리가 없다는 것이다. "모세 율법은 구원의 길이 아니고 할례는 구원의 조건이 아니며 유대인의 '관습'은 구원과 관련해서 의미가 없다는 것이 곧 바울의 교리였다."[34] 그러한 신학적 입장은 이방인뿐만 아니라 유대인에게도 적용되므로, 만일 바울이 야고보의 조언을 따랐다면(행 21:23-24, 26) 자신이 전한 복음을 직접 반박하고 부정하게 되었을 것이다.[35] 더 나아가 바울의 복음과 선교를 알고 있는 야고보가 바울에게 "그와 같은 속임수"를 제안했을 가능성은 극도로 희박하다.

둘째, 필하우어는 유대인들이 바울에게 적대적이었던 이유에 대해 누가가 언급한 내용이 바울 자신이 이해한 바와는 다르다고 말한다. 누가에 따르면 유대인들은 질투와 예수의 메시아 되심에 대한 거부 때문에 바울을 박해했다. 그러나 오히려 바울은 자기가 신자들이 율법과 할례에서

---

33   Vielhauer, "Paulinism'," 38-9.

34   Vielhauer, "Paulinism'," 39.

35   Pervo, *Mystery*, 134의 견해도 이와 유사하다.

벗어났다는 교리를 가르침으로써 유대인의 우월성과 정체성을 무가치하게 만들기 때문에 핍박을 받았다고 말한다. 따라서 바울이 디모데에게 할례를 받도록 했다는 것은 상상할 수 없다. 그런 행동은 바울의 신학과 모순되며 할례가 구원에 중요하다고 인정하도록 하기 때문이다.[36] 바울이 고린도전서 9:19-23에서 쓴 내용을 이런 일화가 마치 역사적 사건이었던 것처럼 합리화하기 위해 인용해서는 안 된다.

위의 논조를 통해 필하우어는 누가가 바울을 왜곡해서 그려냈다는 자신의 주장을 재차 뒷받침하며, 이번에는 율법에 대한 바울 자신의 이해 및 실천과 관련해서 누가가 잘못 썼다고 주장한다. 필하우어는 누가가 무엇보다도 바울을 율법에 충실한 사람으로 묘사할 뿐 아니라, 유대인 신자들도 율법의 완전한 타당성을 인정하는 것으로 제시하려 했다고 주장한다.[37] 따라서 누가가 율법에 관한 논쟁의 중요성을 몰랐거나,[38] 이 문제에 대한 격렬한 논쟁을 숨기려는 의도에서 바울을 잘못 대변하고 있다고 필하우어는 주장한다.

필하우어의 주장에 반대하는 우리의 논증은 그가 사도행전과 서신서의 내용을 비교하는 데 사용한 방법론 문제에 근거를 두고 있다. 누가가 사도행전에서 바울의 사상과 활동에 대해 기록한 내용과 바울이 서신서에 쓴 내용이 서로 다른 관점에서 제시되었다는 점을 인식하는 것은 극히 중요하다. 사도행전은 율법(또한 할례)에 대한 바울의 관점을 주로 **유대인**과 관

---

36   Vielhauer, "Paulinism'," 40-41.

37   Vielhauer, "Paulinism'," 42.

38   Bornkamm, *Paul*, 25의 견해도 이와 비슷하다.

련해서 묘사하지만, 바울은 서신서에서 율법 준수에 대해 논박할 때 오로지 **이방인** 신자들과 관련해서 논박한다. 바울은 서신 어디에서도 **유대인**에게 율법을 지키지 말라거나 유대인 자녀에게 할례를 행해선 안 된다고 명시적으로 주장하지 않았다(참조. 롬 2:13-15, 25-29; 7:12, 13, 14, 16; 빌 3:4-7).[39] 율법과 할례에 대한 바울의 논박은 이방인 신자들이 율법을 지키지 않고도 누리는 구원의 정당성과 충족성을 변호하는 과정에서 비롯된 것이다.[40] 바울의 강력한 논증은 특히 이방인 회심자들에게 그러한 의무를 부과하려는 일부 유대인 신자들의 맹렬한 시도에 대한 역반응에서 나온 것이다.

그러나 사도행전은 율법에 대한 바울의 태도를 주로 유대인과 관련해서 보여준다. 따라서 유대인들 가운데서 유대인으로 행동하는 바울의 행동을 자주 묘사한다. 디모데의 할례, 나실인 서원 참여, 유대인 군중 앞에서 변론한 일 등은 이러한 관점에서 이해해야 한다. 그러나 바울의 편지들은 마치 유대교의 율법에 구원의 효력이 있다는 듯이 그것을 **이방인** 기독교인들에게 강요해서는 안 된다는 신학적 입장을 드러낸다. 사도행전과 바울 서신에서 그려낸 서로 다른 그림은 이 점을 유념하면서 이해해야 한다. 바

---

39 예루살렘 성도들은 바울이 디아스포라에 있는 모든 유대인에게 모세의 율법을 외면하고 자식들에게 할례를 주지 말라고 가르쳤다는 보고를 받았다. 야고보가 바울에게 나실인의 서원을 하라고 조언한 것은 바울에 대한 "이러한 보고는 사실이 아니다"는 점을 입증하기 위함이었다(행 21:21-24). 야고보는 그 소문이 거짓일 뿐 아니라 바울 자신도 (제의[祭儀]에 관한) 율법에 순종하며 살고 있다는 것을 알고 있었다. 따라서 야고보의 조언은 적절했다. 무엇보다도 바울이 유대인 신자들의 의식에 참여하는 것은, Vielhauer가 주장하듯이 이 행동으로 인해 바울이 이러한 관습에 구원과 관련된 중요성이 있음을 입증하는 것이 아니기 때문에 바울의 구원론과 모순되지 않는다.

40 더 자세한 논의는 Chae, *Paul*, 302-7(최종상, 『로마서』, 387-93)을 보라. Bruce, "St Luke's Portrait," 187도 보라.

울 서신에는 바울이 고린도전서 9:20에서 증언하는 내용("유대인들에게 내가 유대인과 같이 된 것은 유대인들을 얻고자 함이요, 율법 아래에 있는 자들에게는 내가… 율법 아래에 있는 자같이 된 것은 율법 아래에 있는 자들을 얻고자 함이요")에 관한 예가 거의 없다. 하지만 사도행전은 그러한 예와 상황을 제시한다.

필하우어는 "디모데의 할례는 [갈라디아서 5:2-5에서 나타나는] 바울의 신학과 직접적으로 모순된다"고 주장한다.[41] 여기서 또다시 필하우어는 일부 유대인 신자들이 이방인 신자들을 유대교화 하려고 시도한 것에 대응하여 바울이 이방인 신자들에게 엄숙하게 경고한 것과, 이미 유대인으로 여겨진 디모데에게 선교 전략적 차원에서 할례를 행하는 것을 그대로 비교하는데, 이는 타당하지 않다.[42] 이 할례 절차는 율법의 의무를 이행함으로써 바른 지위나 완전한 구원을 얻기 위해서가 아니라, 디모데가 실제적·문화적으로 바울과 함께 선교에 참여할 수 있도록 하려고 행해졌기 때문이다 (참조. 고전 10:32-33).[43] 필하우어는 "할례는 [바울에게 있어서] 무관심할 수 있는 문제가 결코 아니다"라고 주장하지만,[44] 바울이 고린도전서 7:17-20과 갈라디아서 5:6, 6:15에서 한 말, 즉 할례가 유대인과 이방인 간의 차이를 초래하는 중대한 문제가 되어선 안 된다는 말에는 주목하지 않는다.[45]

41　Vielhauer, "'Paulinism'," 40-41.

42　Marshall, *Acts,* 259; Keener, *Bible Background Commentary,* 366; Bruce, "St Luke's Portrait," 188.

43　Bruce, "St Luke's Portrait," 187: "이는 바울의 증언과 전혀 모순되지 않는다. 관습을 따르는 일은 그가 보기에 윤리적으로 중립적인 문제였다."

44　Vielhauer, "'Paulinism'," 40-41.

45　그래서 "바울은 갈라디아서를 쓸 때도 할례 그 자체가 종교적으로 대수롭지 않은 것이라고 지적한다"는 Bruce, *Book of the Acts,* 322 n. 7은 더 정확해 보인다.

오직 주께서 각 사람에게 나눠 주신 대로 하나님이 각 사람을 부르신 그대로 행하라. 내가 모든 교회에서 이와 같이 명하노라. 할례자로서 부르심을 받은 자가 있느냐? 무할례자가 되지 말며, 무할례자로 부르심을 받은 자가 있느냐? 할례를 받지 말라. 할례받는 것도 아무것도 아니요, 할례받지 아니하는 것도 아무것도 아니로되, 오직 하나님의 계명을 지킬 따름이니라. 각 사람은 부르심을 받은 그 부르심 그대로 지내라(고전 7:17-20).

또한 주목해야 할 점은, 바울이 율법 준수와 할례에 대한 맹렬한 반론을 논증한 갈라디아서의 마지막 부분에서 자신의 논증의 요점이 사실 할례 그 자체를 공격하는 것이 아니었음을 반복적으로 암시한다는 점이다. "그리스도 예수 안에서는 할례나 무할례나 효력이 없으되 사랑으로써 역사하는 믿음뿐이니라.…할례나 무할례가 아무것도 아니로되 오직 새로 지으심을 받는 것만이 중요하니라"(갈 5:6; 6:15).[46]

더 나아가 바울은 율법과 할례의 가치를 종종 인정하는데, 특히 이방인과 유대인으로 구성된 로마 교회에 보낸 편지에서 그렇게 한다. 바울은 율법이 거룩하고 영적이고 선하며, 자신이 하나님의 법을 즐거워한다고 단언한다(롬 7:12, 14, 16, 22). 그는 율법이 "지식과 진리의 모본"(롬 2:20b)이므로 율법에 복종하고 그것을 이행해야 한다고 주장한다(롬 2:13, 25; 8:7; 13:8, 10). 바울은 할례를 유대인에게 여전히 가치를 지닌 유대인의 이점 중 하나

---

46 마찬가지로 안식일/절기 준수에 관해서도 바울은 "각각 자기 마음으로 확정할지니라"(롬 14:5)라고 조언한다. 따라서 바울은 우상에게 제물로 바쳐진 음식을 먹어야 하는지를 각 신자의 재량에 맡긴다(고전 8장; 롬 14:2-6). 바울의 관용적 방침은 복음 전도로도 확대된다(빌 1:15-18).

로 분명하게 인정한다(롬 2:25; 3:1-2). 이러한 언급을 더 발전시키지는 않지만, 그렇다고 해서 부연 설명이 없다는 점을 바울이 유대인에게 그러한 가치를 부정한 것으로 해석해서는 안 된다.

바울이 갈라디아서에서 맹렬히 반대하는 것은 할례를 율법의 의무이자 구원의 조건으로 특별히 **이방인 신자들**에게 요구하는 일이다. 더 나아가 바울이 안디옥 사건 때 베드로에게 한 말은, 바울이 유대인은 유대인처럼 살아야 한다고 가정하고 있음을 시사한다. 바울이 베드로를 책망하는 이유는 베드로가 사실상 "억지로 이방인을 유대인답게 살도록" 하기 때문이다(갈 2:14). 이것의 함의는 바울이 유대인 신자들이 유대인의 풍습을 따라 유대인처럼 사는 것을 인정한다는 것이다. 바울이 갈라디아에서 1차 선교여행을 마친 뒤에야 비로소 구원에 대한 율법의 역할에 즉시 이의를 제기한다는 점에 주목하는 것도 중요하다(참조. 행 15:1-2). 사도는 몇 년 뒤에 그것이 유대주의자들의 소란으로 인해 문제가 되었을 때에야 비로소 자신의 반론을 설득력 있게 제기한다. 그렇지만 바울은 유대인들에게 할례가 가치가 있다는 것을 부정하지 않는다(롬 3:1-2; 9:4).

이와 관련해서 할례와 율법 준수가 **이방인 신자들**에게 구원의 조건으로 요구된 뒤에야 비로소 바울이 그러한 요구를 맹렬히 반박했다는 누가의 기록에 주목하는 것이 중요하다(행 15:1-2). 바울은 이중적 방침을 암시한다. 전자는 유대인을 위한 방침이며, 후자는 이방인을 위한 방침이다. 또는 전자는 약한 자, 후자는 강한 자를 위한 방침이다(고전 8:4-13; 9:19-23; 10:25-33: "유대인에게나 헬라인에게나 하나님의 교회에나 거치는 자가 되지 말고 나와 같이 모든 일에 모든 사람을 기쁘게 하여"; 고전 10:32-33). "주를 믿는 **이방인**에게는"이라는 야고보의 말도 그와 같은 이중적 관행을 암시한다(행 21:25).

사도행전 21장에 기록된 에피소드는 누가가 만들어낸 것으로 보이지 않는다. 오히려 누가가 여기서 묘사하는 것은 바울이 고린도전서 9:20에서 밝힌 내용을 반영할 수도 있다("율법 아래에 있는 자들에게는 내가 율법 아래에 있지 아니하나 율법 아래에 있는 자 같이 된 것은"). 바울에게 율법과 할례 및 유대인의 관습은 구원에 이르는 길이 아니라는 필하우어의 말은 옳다.[47] 그러나 필하우어가 놓친 것은 바울이 이미 믿음으로 구원받은 **이방인 신자들**에게 율법과 할례를 강요하는 자들을 논박하는 과정에서 그런 유대적인 요소들의 가치를 부정한다는 사실이다. 또한 필하우어는 디모데와 사도행전 21장에 등장하는 결례 참여자들이 **유대인** 신자라는 사실도 간과한다. 바울은 이를 받아들일 수 있었을 것이다. 그러한 의식은 그들의 구원을 위한 것이 아니라, 바울 자신이 유대인으로서 율법에 순종하며 살고 있음을 보여주기 위한 것이었기 때문이다(행 21:24; 고전 9:20). 그렇다면 누가는 이방인 및 유대인과 관련된 율법과 할례에 대한 바울의 관점을 정확히 이해했던 것으로 보인다.

누가와 바울의 차이는, 누가는 바울이 **유대인들**을 만나는 것에 대해 더 많이 기록했지만, 바울은 서신서에서 이런 문제들을 주로 **이방인**과 관련해서 다룬다는 데 있다. 따라서 필하우어의 방법론과 바울에 대한 해석은 설득력이 없다. 필하우어는 서로 다른 일련의 논점을 그것의 맥락과 강조점을 감안하지 않은 채 비교하기 때문이다.

---

47   Vielhauer, "'Paulinism'," 39.

°바울의 이신칭의 교리

또한 필하우어는 누가가 바울의 이신칭의 교리와는 확연히 다른 자기 나름의 구원론을 보여준다고 주장한다.[48] 그는 그 근거가 사도행전 13:38-39에 있다고 주장한다. "그러므로 형제들아! 너희가 알 것은 이 사람을 힘입어 죄 사함을 너희에게 전하는 이것이며 또 모세의 율법으로 너희가 의롭다 하심을 얻지 못하던 모든 일에도 이 사람을 힘입어 믿는 자마다 의롭다 하심을 얻는 이것이라." 더 나아가 필하우어는 자신의 주장을 뒷받침할 더욱 구체적인 근거를 제시한다.

> 무엇보다도 칭의는 죄 사함과 동일시되었고 따라서 전적으로 소극적으로 이해되지만, 바울은 결코 그렇게 이해하지 않는다. 게다가 "죄 사함" 은 바울의 주요 편지에는 등장하지 않는 대신, 골로새서 1:14과 에베소서 1:7에만 등장하며(필하우어는 골로새서와 에베소서를 바울이 쓴 서신으로 인정하지 않는다─역주), 사도행전 13:38에서도 베드로의 설교에서와 같은 의미로 사용된다(행 2:38; 3:19; 5:31; 10:43). 더 나아가 죄 사함은 부활에 바탕을 둔 예수의 메시아 되심과 연결되며(37절), 또한 "이런 면에서 예수의 죽음의 구체적인 의미에 관해서는 아무것도 진술되지 않는다." 마지막으로, 이 문제는 여기서 단지 부분적 칭의의 문제, 즉 오직 믿음에 의한 칭의가 아니라 믿음에 의한 것이기도 한 칭의의 문제다.[49]

---

48 Vielhauer, "'Paulinism'," 41, 42(여기서는 Dibelius의 견해를 따른다; Vielhauer의 미주 30번을 보라).

49 Vielhauer, "'Paulinism'," 41-2; 단락 내의 인용구는 de Wette and Overbeck,

이 주장에는 두 가지 요점이 있다. 첫째, "죄 사함"이라는 누가의 표현은 바울의 표현이 아니라 베드로의 표현이라는 것이다.[50] 둘째, 누가는 이신칭의가 유대인 신자들에게는 단지 보완적인 것에 불과하다고 말하는 반면, 바울은 구원에 있어서 율법의 중요성을 절대적으로 부정한다는 것이다. 이 대목에서 필하우어는 하르나크의 말을 인용한다. "바울에 따르면 율법이 구원을 위해서 아무런 역할을 못한다. [하지만] 누가에 따르면…이신칭의는 유대 기독교인들에게는 말하자면 보완적인 것에 불과하다."[51] 우리는 그의 주장의 타당성을 평가하기 위해 이 요점들을 검토하고자 한다.

"죄 사함"이라는 표현은 바울 서신에 좀처럼 등장하지 않는다. "그가 우리를…그의 사랑의 아들의 나라로 옮기셨으니, 그 아들 안에서 우리가 속량 곧 죄 사함을 얻었도다"(골 1:13-14). "우리는 그리스도 안에서 그의 은혜의 풍성함을 따라 그의 피로 말미암아 속량 곧 죄 사함을 받았느니라"(엡 1:17). 그러나 이런 언급들은 모두 "죄 사함"이 "속량"과 정확하게 일치하기 때문에 의미가 있다.[52] 그리스도가 우리를 속량하셨다는 개념은 바울 서신의 다른 곳에서 충분히 표현된다(롬 3:24; 4:25; 고전 1:30; 고후 5:19; 갈 3:13-14; 참조. 딛 2:14). 로마서 3:23-24에서 바울은 죄 사함을 속량 및 칭의와 관련시킨다. "모든 사람이 죄를 범하였으매 하나님의 영광에 이르지 못하더니, 그리스도 예수 안에 있는 속량으로 말미암아 하나님의 은혜로 값없이 의

Apostelgeschichte, 205에서 인용한 것이다.

50 Conzelmann, *Acts,* 106이 이 견해를 따른다.

51 Vielhauer, "'Paulinism'," 42.

52 에베소서의 저자도 마찬가지다. "우리는…그의 피로 말미암아 속량 곧 죄 사함을 받았느니라"(엡 1:7).

롭다 하심을 얻은 자 되었느니라"(참조. 히 9:12, 15; 10:10-12). 게다가 바울은 "일한 것이 없이 하나님께 의로 여기심[칭의]을 받는 사람의 복"을 강조하면서 그 요점을 뒷받침하려고 다윗이 죄 사함을 경험한 사람의 복에 대해 한 말을 인용한다(롬 4:6-7; 시 32:1-2).

바울이 로마서 3:23-25에서 "죄 사함"이라는 어구를 사용하지는 않지만, 바울의 언어가 죄 사함을 위해 속죄가 이루어짐을 묘사하는 레위기의 표현을 확실히 상기시킨다는 점에 주목해야 한다.[53] 바울과 유대인 신자들은 모두 분명히 레위기를 알고 있었을 것이다. 따라서 바울이 (롬 3장에서처럼) 이방인과 유대인 신자들에게 글을 쓸 때보다 (행 13장에서처럼) 유대인에게 말을 하거나 글을 쓸 때 이 어구를 사용하는 것이 더 적절했을 것이다.

더 나아가 "하나님이 우리의 죄를 용서하셨다"는 개념과 표현은 바울 서신에서 많이 등장한다. 바울은 죄 사함을 칭의와 관련시킨다. 바울은 고린도 성도들에게 그리스도께서 "우리 죄를 위해" 죽으셨다는 사실을 전도 메시지의 가장 중요한 부분 중 하나로 전했다고 상기시킨다. 이는 그들이 그리스도께서 자신들의 죄를 위해 죽으셨다고 믿었고, 따라서 죄 사함을 경험했음을 보여준다(고전 15:3-8; 참조. 고후 5:19). 바울은 갈라디아서에서도 똑같은 말을 한다. "그리스도께서…우리 죄를 대속하기 위하여 자기 몸을 주셨으니"(갈 1:4; 참조. 2:20: "나를 위하여 자기 자신을 버리신"). "하나님이 우리 죄를 용서하셨다"는 표현은 다른 곳에서도 사용된다(골 2:13-14; 3:13; 엡 4:32). 바울은 죄 사함이라는 개념을 자주 전달한다. "그리스도께서 경건하지 않은 자를 위하여 죽으셨도다"(롬 5:6). "우리가 아직 죄인 되었을 때

---

[53]   예. 레 4:20, 26, 31, 35; 5:10, 13, 16, 18; 6:7; 14:19-20; 19:22; 민 15:25, 28.

에 그리스도께서 우리를 위하여 죽으심으로"(롬 5:8; 살전 5:10). 다음으로 바울은 이렇게 덧붙인다. "이제 우리가 그의 피로 말미암아 의롭다 하심을 받았으니"(롬 5:9). 바울은 신자들이 **죄에서 벗어나 의롭다 하심을 얻었다**거나 (롬 6:7)[54] **죄로부터 해방**되었다고 자주 말한다(롬 6:18, 22). 살펴본 바와 같이 바울은 죄 사함을 칭의와 연결시키며, 사도행전의 바울 역시 사도행전 13장과 26:18에서도 그렇게 한다.

누가가 바울과 똑같은 어휘나 표현을 사용하지 않는다고 해서 그가 반드시 바울과 바울의 신학을 잘못 표현하고 있다는 것을 의미하는 것은 아니다. 용어와 표현은 "여기서 거의 구별될 수 없다."[55] 우리가 검토한 바로는 누가는 이 점에서 바울을 타당하게 전달하고 있다. 바울도 칭의, 속량, 죄 사함이라는 개념을 그렇게 날카롭게 구분하지 않고 사용하기 때문이다. 따라서 누가가 자기 나름의 신학을 표현하기 위해 바울을 의도적으로 왜곡했다는 필하우어의 주장은 옳지 않다.

사도행전 13:38-39에 표현된 율법의 역할을 검토해보자. "모세의 율법으로 너희가 의롭다 하심을 얻지 못하던 모든 일에도 이 사람을 힘입어 믿는 자마다 의롭다 하심을 얻는 이것이라." 여기서 사도행전의 바울은 두 가지를 말한다. 첫째, (하나님이 죽은 자들 가운데서 일으키신 분, 곧 그를 통해 죄 사함이 선포되는) **그를 믿는 자마다** 의롭다 하심을 얻는다. 둘째, 그에 대한 믿음이 (유일한) 조건이며 사도행전의 바울은 (유대인이든 이방인이든) **모든 자**

---

54 눅 18:14에서 사용된 바로 그 그리스어 동사가 정확히 "의롭다 하심을 얻었다"는 말로 번역된다(예. KJV, RV, RSV, NRSV, NIV, NASB, NJB, NAB, PHILLIPS). 그리고 이 동사는 종종 "무죄를 선고받다"로 번역되기도 한다는 점에 주목해야 한다(REB, NEB).

55 Haenchen, *Acts*, 412의 견해도 바로 이와 같다.

에게 칭의를 제시한다. 이 주제는 바울이 서신서에서 하는 말과 일맥상통한다(롬 1:16; 3:22; 4:11; 10:4, 11-13).

이보다 더 어려운 부분은 사도행전 13:38b의 모호함이다. 이 구절은 "유대인이 율법을 통해 모든 것이 아니라 단지 어떤 것으로부터 의롭게 **될 수 있다**"[56]는 뜻이거나 "유대인은 율법으로써는 **결코** 모든 것으로부터 의롭게 될 수 없다"는 뜻일 것이다. 필하우어가 주장하는 대로 사도행전의 바울이 "믿음에 의해서 **이루어지기도 하는**…부분적 칭의"에 대해 말하고 있다고는 아무도 확신할 수 없다. 바울이 유대인을 위한 구원과 관련하여 **율법의 무능함**에 대해 말하고 있을 수도 있기 때문이다. 바울과 누가는 공히 율법으로는 구원을 받을 수 없다고 진술한다.[57] 이러한 모호성을 감안하여 사도행전 13:39을 "신학적 현미경 아래" 두지 말라는 바우언파인트(Bauernfeind)의 경고를 받아들일 필요가 있다.[58] 누가는 단순히 바울이 이신칭의를 전파했다는 일반적 사실을 전달한 것일지도 모르기 때문이다.

그럼에도 불구하고 사도행전의 바울이 서신서의 바울보다 율법의 무능함에 대해 훨씬 적게 말하고 있는 것은 사실이다. 이는 누가가 사도행전을 썼을 무렵에는 "율법의 유효성에 관한 격렬한 논쟁이 더 이상 누가의 관

---

56   Haenchen, *Acts*, 412; Conzelmann, *Acts*, 106; Marshall, *Acts*, 228은 이러한 견해를 거부했다. 그러나 바울이 롬 2:6-7에서 쓴 글―"하나님께서 각 사람에게 그 행한 대로 보응하시되, 참고 선을 행하여 영광과 존귀와 썩지 아니함을 구하는 자에게는 영생으로 하시고"―은 바울이 비시디아 안디옥에서 유대인들에게 그러한 사상을 전했을 수도 있음을 암시한다.

57   롬 3:20, 21, 28; 4:14; 10:4; 갈 2:16, 19; 3:10, 11; 5:2-4; 빌 3:9; 행 10:34-35; 13:38-39; 15:9-11.

58   Vielhauer, "'Paulinism'," 50 n. 27에서 인용한 것처럼.

심사가 아니었"거나,[59] 누가의 기록 범위에 속하는 선교 시기에는 율법의
유효성 문제가 바울에게 실제적으로 대두된 이슈가 아니었음을 암시할 수
도 있다. 우리는 후자가 사실이었다고 본다. 누가는 바울이 초기에 전도 설
교를 하면서 이신칭의를 선포했다고 말하는 것처럼 보이지만, 그것을 가르
치면서 강조하는 무게는 훗날 바울이 서신에서 강조하는 것보다 훨씬 약
하다. 필하우어의 주장과는 달리, **율법과 상관없이** 믿음으로 얻는 칭의라는
교리는 바울이 비시디아 안디옥에서 선교활동을 벌인 동안에는 "그 핵심적
의미와 절대적 중요성"[60]이 아직 전면에 드러나지 않았을지도 모른다. 따라
서 이 교리가, 예를 들어 갈라디아서에서 표현된 것처럼 강하게 주장되지
않은 것이다.

그와 달리 바울은 비시디아 안디옥이 포함되는 갈라디아 지역에서 선
교사역을 하는 동안 "**예수의 죽음과 부활**에 대한 믿음을 통한 칭의"를 전
파했다. 그러나 갈라디아 교회에 보내는 편지에서 바울의 강조점은 달라
졌다. 유대주의자들에 대응하는 과정에서 이방인의 구원이 지닌 정당성과
충분성을 변호하면서 "**율법과 상관없이** 믿음으로 얻는 칭의"로 옮겨진 것
이다.[61] 우리의 견해가 옳다면, 바울이 선교사역 초기에 이신칭의를 어느 정
도 강조했는지를 누가가 꽤 적절하게 묘사하고 있을 가능성이 크다.

그러나 비시디아 안디옥에서 바울이 설교한 내용에서 다음 한 가지 점

---

59   Marguerat, "Paul After Paul," 73.

60   이는 Vielhauer, "'Paulinism'," 4의 견해와 다르다.

61   필자는 Chae, *Paul*, 302-7(최종상, 『로마서』, 387-93)에서 또한 1996년 9월 13일 아버
딘에서 열린 영국신약학회의 바울 세미나에서 발표한 미간행 논문인 "From Preaching
the Gospel to Expounding Its Implications: Rediscovering Paul's Missionary Preaching
and Its Development"에서도 이 점을 설명했다.

은 분명하다. 곧 누가가 바울의 설교의 요점으로 기록한 것이 바로 예언을 성취한 다윗의 자손이자 하나님의 아들이신 예수의 죽음과 부활에 관한 것이라는 점이다(행 13:26-37). 누가는 이신칭의에 대한 진술을 바울의 설교에서 가장 결정적인 부분으로 기록하지 않는다. 나중에 유대주의자들로 인해 새로운 상황이 초래된 뒤에야 비로소 바울은 몇몇 편지를 통해 자신이 전파한 복음이 율법과 관련해서는 어떤 의미를 갖는지 이방인 신자들에게 설명했다.

기독론

필하우어는 다윗의 자손인 예수와 성경을 성취하는 예수의 죽음과 부활이라는 두 가지 대목에서, 사도행전과 바울의 기록 사이에 있는 몇 가지 유사점을 인정한다(행 13:34-37; 26:22-23; 롬 1:3-4; 고전 15:3-4). 그러나 필하우어는 "사도행전 13:16-37과 26:22 이하에 서술된 바울의 기독론적 진술이 명확히 바울의 것이나 누가의 것이 아닌 초기 교회가 지녔던 특성"[62]이라고 주장함으로써 그러한 상응 관계를 재빨리 일축한다. 따라서 필하우어는 바울의 설교에 나타난 기독론에 대한 누가의 묘사가 바울 자신의 기독론보다는 예루살렘 교회의 기독론에 더 가깝다고 결론짓는다.

또한 필하우어는 사도행전 13:23의 "구주"라는 칭호가 빌립보서 3:20에 나오는 칭호를 반영하는 것처럼 보이지만, 그 두 구절은 진정한 병

---

62   Vielhauer, "'Paulinism'," 44.

행 본문이 아니라고 주장한다. 누가는 지상의 예수에 대해 그 칭호를 사용하는 반면, 바울은 다시 오실 주님에 대해 그 칭호를 사용한다는 것이다. 필하우어의 방법론에서 한 가지 결정적인 약점은 사도행전의 한 구절을 똑같은 어휘나 표현이 나오는 서신의 한 구절과만 비교하는 것이다. 이 방법은 두 구절 모두 같은 사건에 대해 말하거나 기록하고 있을 때만 받아들일 수 있다(그 경우에도 두 저자는 서로 다른 용어를 사용할 수도 있다). 하지만 사도행전 13장과 빌립보서 3장은 같은 사건에 대해 말하고 있지 않으므로, 제대로 비교를 하려면 더 넓은 문맥을 살펴보아야 한다. 바울은 사도행전 13:23에서 구주가 지상의 예수라고 말하지만, 그는 분명 계속해서 그분이 승천하신 예수라고 말하고 있다(행 13:32-37). 누가는 지상의 예수와 승천하신 주님을 구별하지 않으며(참조. 눅 2:11-12), 이는 바울도 마찬가지다(참조. 빌 2:6-11).

더 나아가 사도행전의 바울과 서신서의 바울은 예수에 대해 "구주"라는 호칭을 사용할 뿐 아니라, 구주 예수로 인해 구원받는 조건에 대해서도 똑같은 메시지를 전달한다. 사도행전의 바울은 빌립보의 간수에게 "주 예수를 믿으라. 그리하면 너와 네 집이 구원을 받으리라"(행 16:31)고 했다. 그런데 실제 바울 역시 로마의 성도들에게 "네가 만일 네 입으로 예수를 주로 시인하며 또 하나님께서 그를 죽은 자 가운데서 살리신 것을 네 마음에 믿으면 구원을 받으리라"(롬 10:9)고 썼다. 두 구절 모두에서 제시된 구원의 조건은 구주 예수에 대한 믿음이다.

또한 필하우어는 사도행전의 바울이 서신서의 바울과 마찬가지로 예수가 다윗의 자손이자 하나님의 아들이라고 단언한다는 점을 인정한다 (행 13:23, 33; 롬 1:3, 4, 9; 5:10; 8:3, 29, 32; 고전 1:9; 15:28; 갈 1:16; 2:20; 4:4, 6; 골

1:13; 살전 1:10). 그러나 필하우어는 서신의 이러한 언급들이 "바울 서신 이전의 문구"를 사용하는 것이라고 자의적으로 주장하면서 양자의 상응 관계를 일축한다. 그렇지만 이 언급들이 서신에 처음 언급된 것인지 또는 서신 이전의 표현을 빌린 것인지가 쟁점이 되어서는 안 된다. 바울이 이 용어들을 이미 있던 자료에서 취했다 할지라도, 그가 이 표현들을 **자신의** 기독론으로 사용한 것은 분명하며, 따라서 누가도 이를 **바울의** 기독론으로 인식했다고 보아야 한다.

필하우어에 따르면 서신서의 바울과 사도행전의 바울 사이의 차이점에 대한 보다 결정적인 증거는 십자가에서 이루신 일이라는 개념에서 발견된다. 필하우어는 바울은 "그리스도의 십자가에서 **[온 인류를 위한] 구원이 전적으로 성취**"되었다고 하지만(갈 1:4), 사도행전 13:37-39에는 "그리스도의 십자가에 담긴 구원의 의미에 대해 아무런 언급이 없고 결과적으로 '그리스도 안에서'라는 실재와 구원 전체의 존재에 대한 언급도 전혀 없다"[63]고 단언한다. 누가가 사도행전 앞부분에서보다 바울의 설교에서 십자가의 구원론적 의미를 덜 강조하는 것은 사실이다(행 2:23; 3:13-15; 4:10-12). 그러나 이 사실 때문에 필하우어의 주장이 옳은 것은 아니다. 같은 설교에서 누가는 바울의 메시지를 이렇게 기록한다. "빌라도에게 죽여 달라 하였으니 성경에 그를 가리켜 기록한 말씀을 다 응하게 한 것이라. 후에 나무에서 내려다가 무덤에 두었으나 하나님이 죽은 자 가운데서 그를 살리신지라"(행 13:28-30). 사도행전의 바울은 **예수가 나무 위에서 처형되었다**고 설교하며, 따라서 예수의 십자가상의 죽음에 대해 분명히 이야기한다. 그는

---

63   Vielhauer, "'Paulinism'," 45. 강조는 원저자의 것임.

십자가를 예수의 부활과 함께 성경의 성취로 언급한다(행 13:27, 29).

더 나아가 사도행전의 바울은 "그리스도가 해를 받고 죽은 자 가운데서 다시 살아나야 할 것"을 입증하며(행 17:3), 예수의 십자가와 부활에 대한 메시지가 유대인과 이방인에게 선포되어야 한다고 말한 것으로 기록된다(행 26:23). 그리고 이는 실제 바울이 고린도전서 15:1-4에서 쓴 내용과 전적으로 일치한다. I. H. 마셜은 사도행전 20:28의 진술("하나님이 자기 피로 사신 교회를 보살피게 하셨느니라")이 마가복음 10:45b과 같은 의미임을 지적함으로써 이 점을 강조한다. 마셜이 바르게 지적한 것처럼, 누가는 희생, 속량, 죄 사함을 십자가의 결과로 생각한다.[64] 누가는 바울이 에베소에서 선교 사역을 하는 동안 예수의 십자가를 전파하고 설명했다는 것을 알고 있다. 이후로 누가는 바울이 십자가를 설교한 내용을 매번 자세히 기록할 필요가 없었다. 대신 그는 교회를 보호해야 할 의무를 진 장로들에게 십자가와 교회를 연결시켰다.

마지막으로, 이상하게도 필하우어는 바울 서신과 사도행전에 자주 등장하는 그리스도나 주(主)와 같은 기독론적 호칭들의 사용방식을 비교하지 않았다. 사도행전은 바울이 예수가 그리스도임을 입증하려 노력했다고 기록한다(행 9:22; 17:3; 18:5, 28). 누가는 바울이 예수를 "주", "그리스도", "예수 그리스도", "그리스도 예수" 또는 "주 예수 그리스도"로 자주 언급했다고 기록한다. 사실 누가는 하나님의 아들, 심판자, 특히 "그리스도", "주" 등 예수에 관한 모든 기독론적 호칭을 바울이 서신서에서 사용하는 것처럼 사용한다. 의문의 여지 없이 이런 호칭들은 바울 서신에서도 가장 많이 사용

---

64   Marshall, "Place of Acts 20,28," 154-70.

된 기독론적 호칭이며, 그 예는 여기서 제시할 수 없을 만큼 많다. 우리는 이 연구를 통해 필하우어가 편향적이고 때로는 선별적으로 자료를 선택했다는 것을 알 수 있었다.

종말론

이 마지막 주제에 대해 필하우어는 실제 바울은 임박한 재림을 기대했지만, 사도행전의 바울은 오히려 "지속적인 구속사의 과정"[65]을 강조함으로써 세상이 지속될 것으로 기대했다고 단언한다. 따라서 필하우어는 누가가 바울 문헌에서 핵심적으로 강조된 종말론을 부수적인 문제로 묘사한다고 주장한다. 지면 제약상 그가 주장하는 것들에 대해 자세히 답변할 수는 없지만 다음 두 가지 점을 평가하는 것으로 범위를 한정하고자 한다. 첫째, 임박한 재림이 바울의 선교적 설교에서뿐만 아니라 서신서에서도 핵심 주제인지에 대한 평가다. 둘째, 누가가 과연 필하우어의 주장대로 "교회 역사를 변증하려는 목적으로 2세기에 기록된 글들이 등장하기도 전에, 그런 글들을 넘어서는 거대한 예기(豫期)적 저작"을 지으려고 구속의 역사를 제시하는지에 대한 평가다.[66]

---

65 Vielhauer, "'Paulinism'," 45-7. 이처럼 그는 누가의 글이 초기 기독교에 속한 것이 아니라고 단언한다. Schoeps, *Paul*, 263도 이를 지지한다.

66 Vielhauer, "'Paulinism'," 47.

°임박한 재림이 서신의 핵심 주제?

필하우어는 바울이 예루살렘의 사도들처럼 "가까운 미래에 그리스도의 재림과 죽은 자들의 부활 및 세상의 종말이 있을 것으로 예상했고", 바울이 이런 확신에 근거하여 이방인 사역에 뛰어들었다고 주장한다.[67] 필하우어는 바울이 그리스도의 구원 행위 속에서 "'때의 충만함'이 이미 성취되었"으므로 새 시대가 도래했다고 믿었다고 주장만 할 뿐, 사실 자신의 주장을 뒷받침할 수 있는 자료를 제시하지 않는다. 필하우어는 바울의 그러한 종말론적 이해의 주된 근거를 고린도전서 15:20, 22-24에서 찾는다("그리스도 안에서 모든 사람이 삶을 얻으리라. 그러나 각각 자기 차례대로 되리니, 먼저는 첫 열매인 그리스도요, 다음에는 그가 강림하실 때에 그리스도에게 속한 자요, 그 후에는 마지막이니"). 필하우어는 여기서 바울이 그리스도의 부활과 신자들의 부활을 단순 불변화사인 "다음에는"으로 연결함으로써 그 둘 사이에 있는 세상의 구속 역사를 무시한다고 주장한다. 필하우어는 임박한 재림이 바울 종말론의 중심 주제라고 주장한다. 다음 세 가지 질문으로 이 주제를 검토해보자.

대명사 "우리"가 임박한 재림을 가리키는가?

고린도전서 15:12-57이나 데살로니가전서 4:13-5:11과 같은 구절들은 바울이 임박한 재림을 예상했다는 증거로 종종 받아들여진다. 바울은 이렇게 썼다. "보라! 내가 너희에게 비밀을 말하노니, **우리가 다 잠잘 것이 아**

---

67   Vielhauer, "'Paulinism'," 45-6.

니요…다 **변화되리니**,[68] 나팔 소리가 나매 죽은 자들이 썩지 아니할 것으로 다시 살아나고 **우리도 변화되리라**"(고전 15:51-52). 데살로니가전서 4:15에서도 마찬가지다. "우리가…너희에게 이것을 말하노니, 주께서 강림하실 때까지 **우리 살아남아 있는 자도** 자는 자보다 결코 앞서지 못하리라." 이곳에 등장하는 대명사 "우리"가 종종 바울과 회심한 성도들을 가리키는 말로 이해되고, 따라서 그들이 살아 있는 동안 그리스도가 재림한다고 기대한 것으로 이해됐다.[69] 그러나 이 구절들이 그러한 해석을 확실하게 지지하는 것처럼 보이지는 않으므로 철저히 주해해볼 필요가 있다.[70]

무엇보다 51절에서 두 번 등장하는 대명사 "우리"는 같은 집단을 가리키지 않는다는 점을 주목해야 한다. "우리가 다 잠잘 것이 아니요"는 "우리 중에 어떤 이들은 잠을 잘 것이고 어떤 이들은 그렇지 않을 것"이라는 뜻이며,[71] "다 변화되리니"에서 "우리"는 재림 때 살아 있는 상태로 변화될 사람들이다.[72] 그들은 데살로니가전서 4:15, 17에서와 같이 "우리 살아 남아 있

---

68   최소한 다섯 개의 이문(異文)의 존재는 이 구절의 복잡성을 입증한다. Fee, *First Corinthians*, 796을 보라. 그러나 UBS 편집 위원회는 *ou koimēthēsometha, pantes de allagēsometha*라는 본문을 사실상 확실한 본문으로 받아들인다. Metzger, *Textual Commentary*, 569을 보라.

69   예. Collins, "First Letter to the Thessalonians," 778.

70   Dick과 Deissmann을 따라 Moulton은 *Grammar of New Testament Greek*, 1:86-7에서 바울의 1인칭 대명사(나/우리) 사용에는 어떤 규칙적인 형식이 없다고 말하면서, 문법적인 쟁점을 특정 구절의 해석자에게 맡긴다.

71   Robertson, *Grammar*, 423: "[고전 15:51은] '우리 중에 아무도 잠을 자지 않을 것'이라는 뜻이 아니라, '우리가 모두 잠을 자지는 않을 것'이라는 뜻이다." 753쪽에서도 마찬가지다.

72   고전 15:49의 첫 번째 "우리"는 "흙에 속한 자의 형상을 입은" 일반적인 인류를 가리키며, 두 번째 "우리"는 "하늘에 속한 이의 형상을" 입을 신자들을 가리킨다.

는 자"와 같은 그룹이다. 그리고 이 "우리"가 반드시 "너희 고린도/데살로니가 사람들과 나 바울"을 가리키는 것은 아니다.[73] 그렇다면 바울은 "우리 중 일부는 변화될 것"이라고 말했어야 할 것이기 때문이다. 따라서 바울이 여기서 전달하는 것은 오히려 "[우리와 같이] 아직 살아 있는 이들"이라는 일반적인 의미다.[74] 이 현재 분사(zōntes)가 반드시 현재 시제의 시간적 의미를 지닌 것은 아니다.[75]

더 나아가 바울은 고린도전서 15:32에서 고린도에서 자신의 편지를 읽을 모든 이들과 함께 살아 있기를 기대한다는 의미를 전달하기 위해서라기보다, 일반적인 "(믿고 죽은) 죽은 자들"과 비교하기 위해 "우리"(hēmeis)라는 말을 사용하고 있음도 알아야 한다.[76] 다시 말해 이 "우리"는 그리스도의 재림 시에 여전히 살아 있고 변화될 사람들을 지칭한다.[77] A. T. 로버트슨(Robertson)이 지적하듯이, 고린도전서 15:49[-52]의 "우리"는 고린도 성도들을 구체적으로 포함시키지 않은 채 단지 고린도 성도들을 바울과 연관시킬 뿐이다. 바울은 여기서 "우리"라는 대명사를 "어떤 부류에 속한 일원을

---

73   이는 Robertson and Plummer, *1 Corinthians*, 377의 견해와 다르다.

74   Ridderbos, *Paul*, 492은 다음과 같이 바르게 말한다. "따라서 이 '우리'는 단지 임의적인 의미를 지닌 일반적인 명칭을 의미할 뿐이다." 이보다 앞서 Lightfoot, *Notes*, 66은 *hoi zōntes hoi perileipomenoi*(살전 4:15)라는 어구를 다음과 같이 의역했다. "내가 '우리'라고 말할 때는 살아 있는 사람들, 그날까지 살아남은 사람들을 말하는 것이다."

75   Porter, *Verbal Aspect*, 377-80; Porter, *Paul in Acts*, 204을 보라.

76   Orr and Walther, *1 Corinthians*, 350.

77   Fee, *First Corinthians*, 802 n. 27의 견해도 이와 비슷하다. 그러나 그가 51절의 두 번째 "우리"를 산 자와 죽은 자로 지칭하는 것은 옳은 견해로 보이지 않는다. 바울은 산 자와 관련해서는 "변화됨"이라는 말을 사용하지만, 죽은 자와 관련해서는 "다시 살아남"이라는 말을 사용한다.

대표하는 방식으로"[78] 사용했을 가능성이 더 크다. "그리스어에서 1인칭 복수형의 사용은 말하는 사람이나 글을 쓰는 사람이 꼭 자신을 포함시킨다는 점을 전혀 보장하지 않기" 때문이다.[79] 고린도전서 15:12-57과 데살로니가전서 4:13-5:11에서 바울의 일차적인 관심사는 그리스도의 재림을 보지 못하고 죽은 신자들의 부활에 대해 무지하거나 심지어 이를 의심하는 성도들에게 죽은 자의 부활이 확실하다는 확신을 주는 데 있다.

임박한 재림이 바울의 중심적 주제인가?

필하우어는 누가가 임박한 재림이라는 바울의 중심 주제를 주변 주제로 제시하고 있다고 비판한다. 그러나 이 주장은 설득력이 없다. 바울이 고린도전서 15:12-52에서 자신이 가르쳤던 내용을 다시 설명하게 된 것은 죽은 자들의 부활이 없다고 주장하는 일부 고린도 성도들이 있었기 때문이었다. 어떤 이들이 "죽은 자 가운데서 부활이 없다"고 주장했다(고전 15:12). 바울은 여기서 "왜 주님은 아직 다시 오시지 않았는가?" 또는 "주님은 언제 다시 오시는가?"와 같은 질문에 대답하는 것이 아니다. 고린도에서 선교사역을 하는 동안 바울은 주님의 부활과 재림을 강조했다. 그래서 고린도 성도들은 재림을 열렬히 기다리고 있었고(고전 1:7-8; 살전 1:10도 마찬가지다), 바울은 그 편지에서 이 점을 재확인한다(고전 4:5). 그러나 고린도 성도들이 죽은 자의 부활에 대해 확신하지 못했다는 사실은, 바울이 신자와 관련해

---

78   Robertson, *Grammar*, 677-8.

79   모국어가 그리스어인 C. C. Caragounis 교수가 한 편지(1998년 3월 22일)에서 이같은 말로 필자의 입장을 지지해준 데 대해 감사드린다.

서 예수의 부활이 지닌 의미를 (최소한 충분히 분명하게는) 가르치지 않았음을 암시하는 것으로 보아야 한다. 그러기에 바울은 이제 그리스도 안에서 죽은 자들의 부활과 주님이 오실 때의 육체에 대한 비밀을 설명하는 것이다.[80] 그는 이 중요한 주제를 설명하면서 재림의 때까지 아직 살아 있을 성도들에 관해 추가적인 가르침을 덧붙인 것이다.

이는 데살로니가 성도들의 관심사 중 하나이기도 했다. 바울은 그들이 그리스도의 재림의 방식과 시기가 갑작스럽고도 예상 밖의 일이 될 것임을 아주 잘 알고 있다고 말한다. 그래서 자신이 선교사역 기간에 가르친 내용만으로도 충분하므로 이에 대해 더 다룰 필요가 없음을 분명히 밝힌다(살전 5:1-3; 참조. 마 24:36). 이곳에서도 바울이 다루는 것은 재림의 임박성보다는 죽은 자들의 부활에 관한 확실성과 관련이 있다. 여기서도 흔히 생각하는 것같이 데살로니가 성도들이 이 문제를 먼저 제기한 것이 아니다. 오히려 바울이 이 "비밀"(즉 "주의 말씀")을 주도적으로 설명한다. 바울의 가장 중요한 관심사는 주 안에서 잠든 이들의 부활에 대한 비밀을 설명하는 것이었다.

그리스도의 재림의 임박함 속에는 아직 살아 있는 성도들의 부활에 대한 부연 설명이 있을 것으로 생각되기도 하지만, 그것이 여기서 바울의 결정적인 주제는 아니다. 데살로니가전서 4:13-5:11과 고린도전서 15:12-57의 주요 관심사는 주의 재림과 그리스도 안에서 자는 자들의 부활이 얼마나 빨리 찾아올지, 또는 왜 재림이 지체되었는지를 설명하는 데 있는 것

---

80   바울이 고린도 성도들에게 그들이 자신이 가르친 모든 내용을 기억하며 고수하고 있음을 칭찬하고 있다는 사실(고전 11:2)은, 바울이 여기서 자신이 이미 가르친 내용에 더하여 새로운 무언가를 설명하는 것처럼 보인다는 우리의 견해를 뒷받침하는 듯하다.

이 아니라, 오히려 그 두 사건의 확실성을 다시 강조하는 데 있다. "우리 살아남아 있는 자"에 관한 언급은 그리스도 안에서 잠든 자들이 부활한 이후에 일어날 사건을 설명하기 위한 것이다. 바울은 재림의 임박함을 설명하려는 것이 아니다. 그가 이 문제를 복음을 전파하던 선교사역 기간에는 설명하지 않고, 이제서야 편지로 설명한다는 사실도, 바울의 선교사역 기간 중에는 그리스도의 임박한 재림이 핵심적인 주제가 아니었음을 암시하는 것이다.

바울은 재림이 지연되었다고 말하는가?

바울이 임박한 재림을 믿었다는 필하우어의 관점은 그가 학문 활동을 하던 시대의 지배적인 견해에 따른 것이었다. 그 견해에 다르면 바울이 처음에는 임박한 재림을 선포했지만, 예를 들어 고린도후서 5:1-10과 빌립보서 1:21-24에 반영된 것처럼 훗날 입장을 바꾸었고, 따라서 주의 날의 지연이 바울뿐 아니라 초기 교회 성도들 사이에서도 문제를 일으켰다는 것이다. 고린도후서 5:1-10에 있는 바울의 말은 보통 고린도전서 15:12-56에서 쓴 글에 대한 대안적인 설명이며, 신자들의 육체적 부활이 이제 불특정한 미래에 발생할 재림 때까지 연기되었다는 바울의 믿음을 나타내는 것으로 간주된다.[81] 그러나 바울은 재림의 연기에 관한 문제 자체를 (간접적으로라도) 설명하기 위해서가 아니라, 지금 고난 받는 성도들에게 하늘의 소망과 확신을 주기 위해 고린도후서 5:1-10을 썼다는 점에 주목해야 한다. 그는

---

[81] 재림의 연기와 바울 사상의 발전에 관한 문제들을 짧게 다룬 글을 보려면 Kreitzer, 'Eschatology', 260-61을 보라.

빌립보서 1:21-24에서는 이 소망과 확신을 자신에게 적용시키기도 한다.

흔히 재림의 지연을 나타내는 것으로 여겨지는 또 다른 본문은 데살로니가후서 2:1-12이다. "먼저 배교하는 일이 있고 저 불법의 사람 곧 멸망의 아들이 나타나기 전에는 그날이 이르지 아니하리니"(3절). "너희는 지금 그로 하여금 그의 때에 나타나게 하려 하여 막는 것이 있는 것을 아나니"(6절). 그러나 바울이 "신속하고 예상치 못한 그리스도의 재림이라는 자신의 가르침을 수정하는" 것이 아니라,[82] 자신이 **데살로니가에서 선교사역을 수행하는 동안** 이미 가르쳤던 것과 똑같은 메시지를 가르치고 있다는 점에 주목하는 것이 중요하다. "내가 너희와 함께 있을 때에 이 일을 너희에게 말한 것을 기억하지 못하느냐"(5절). 바울의 이런 표현은 그가 생각을 바꾸지 않았음을 분명히 암시한다. 단지 이전에 자신이 데살로니가 교회에서 했던 말, 즉 그리스도가 재림하시기 전에 불법의 사람에 의한 배교의 때가 있을 것이라는 점을 다시 강조할 뿐이다(참조. 살후 2:1-5). 데살로니가전서에서도 바울은 재림의 시기와 방식에 대해 글을 쓸 필요가 없는 이유가, 그들이 이미 자신이 선교할 때 전한 설교를 통해 너무 잘 알고 있기 때문이라고 분명히 진술한다(살전 5:1-2).

그러나 데살로니가의 신자들은 이미 잠든 성도들에 관해 혼란스러워했고, 아무런 소망이 없는 자들처럼 죽은 자들에 대해 슬퍼했다(살전 4:13). 또한 그들은 "영으로나 또는 말로나 또는 우리에게서 받았다 하는 편지로나 주의 날이 이르렀다고 해서 쉽게 마음이 흔들리거나 두려워"했다(살후 2:1-2). 데살로니가 신자들이 이렇게 오해한 것은 바울이 종말론의 모든

---

82   Goodspeed, *Paul*, 98과는 견해가 다르다.

중요한 측면을 분명하고 포괄적인 방식으로 가르치지 않았음을 암시할 수 있다. 이는 그가 데살로니가에서 선교하는 동안 자신의 생애 중에 재림이 이루어질 것이라고 중점적으로 가르치지 않았음을 의미할지도 모른다.

바울은 이후의 서신들에서도 재림의 임박함을 강조하지만, 그의 강조점이 그리스도인에게 윤리적 기준에 따라 살고 박해와 고난을 견뎌내라는 권면과 강하게 연결되어 있다는 점에도 주목해야 한다(롬 8:19, 23; 13:11-14; 빌 3:20; 4:5; 참조. 벧후 3:11-14). 재림에 관한 바울의 초기 가르침도 그러한 목회적 관심사와 관련되어 있었다(참조. 살전 5:6-11). 우리의 연구는 바울이 그의 종말론을 바꾸지 않았음을 보여준다.[83] 오히려 그는 다양한 주제가 제기될 때마다 이 비밀의 다양한 측면을 하나씩 **펼쳐 보였을** 가능성이 더 커 보인다(고전 15:12-56; 살전 4:13-5:11; 살후 2:1-12). 따라서 바울이 훗날 전하는 가르침은 이전의 입장과 모순되는 것이 아니라 더 자세한 설명을 제시하는 것으로 보아야 한다.[84]

°바울 서신에 있는 구속사

이제 "최초의 회중이 가졌던 종말론적 기대와 바울의 기독론적 종말론을, 누가는 약속과 성취라는 구속사적 패턴으로 대체하여 종말론 **역시** 그 적절

---

83 Guthrie, *New Testament Theology*, 809-10의 견해도 이와 유사하다. 이 점에서 바울의 가르침이 모순되어 보인다면, 그것은 바울이 종말론적 사건에 대해 체계적으로 해설한 것이 아니기 때문이다(참조. Kümmel, *Theology*, 235).

84 주님이 즉시 재림하지 않으시는 것은 더 많은 사람이 구원을 받게 하기 위해서라고 바울이 그의 편지에서 암시했다고 증언하는 베드로후서의 저자를 참고하라(벧후 3:15-16).

한 위치를 부여받게 했다"[85]라는 필하우어의 주장을 검토할 차례다. 필하우어는 역사를 "지속적인 구속사의 과정"으로 묘사하려는 누가의 의도가 최소한 다음 두 가지 측면에서 나타난다고 주장한다.

첫째, 필하우어는 누가가 복음을 하나님이 유대인 조상들에게 약속하셨고 이제 그리스도 안에서 성취된 것으로 강조하며(행 13:27, 29, 32-36) 또 이방인 선교를 구속 과정의 일부로 보았다고 주장한다(행 13:46-47). 누가가 초기 교회의 "역사"를—그 신뢰성 여부와는 관계없이—집필함으로써 세상이 계속 존재할 것이라는 자신의 예상을 보여주며, 그렇게 선교적 호소를 한다는 것이다. 둘째, 누가는 교회들의 설립을 보고하는데, 이것은 이 교회들이 계속해서 살아남을 뿐만 아니라 선교적 임무까지 수행할 것을 예상한다는 것이다. 누가가 바울에게서 얼마나 벗어났는지를 알아보기 위해, 다음 두 측면에 대한 바울 자신의 견해를 검토하면서 필하우어의 주장을 평가해보고자 한다.

바울 서신에 기록된 약속과 성취의 모티프

바울도 그리스도의 죽음과 부활이 인간을 향한 하나님의 약속의 성취이고, 따라서 이방인 선교가 구속사의 과정임을 강조한다는 점에 주목해야 한다. 바울은 로마서 서두에서 복음을 하나님이 "선지자들을 통하여 그의 아들에 관하여 성경에 미리 약속"하신 것이 이제 예수 그리스도의 죽음과 부활에서 성취된 것이라고 정의한다(롬 1:2-4). 또한 그는 "네 몸에서 날 자"를 통해 "네 자손이 하늘의 별들처럼 많아질" 것이라는 약속이 아브라함에게

---

85 Vielhauer, "'Paulinism'," 47. 강조는 원저자의 것임.

처음 주어졌다고 말한다. 아브라함은 이 약속을 믿었고 하나님은 그의 믿음을 의로 여기셨다(창 15:4-5, 6; 롬 4:5). 로마서에서 바울은 하나님이 (유대인과 이방인 중에서) 아브라함의 믿음에서 난 자들을 구원하심으로써 약속을 성취하셨고(롬 4:9-12), 따라서 아브라함이 많은 민족의 조상이 될 것이라는 약속이 예수의 죽음과 부활로 성취되었다고 주장한다(롬 4:13-16, 23-25; 갈 3:16; 4:28).

또한 그는 고린도 성도들에게 자신이 선교사역을 하는 동안 선포한 복음의 내용은 다름 아니라 예언이 성취되었다는 메시지였다는 점을 상기시킨다. "내가 받은 것을 먼저 너희에게 전하였노니, 이는 **성경대로** 그리스도께서 우리 죄를 위하여 죽으시고 장사 지낸 바 되셨다가 **성경대로** 사흘만에 다시 살아나사"(고전 15:3-4). 바울은 "기록된 대로"라는 표현을 자주 사용하면서 자신의 주장이나 가르침이 성경의 약속이나 예언에 근거한 것이며, 그러한 약속이나 예언이 현재 그리스도 안에서 성취되었다는 사실을 전달하려 한다. 특히 로마서의 주제적 결론에서는 이방인이 하나님의 구원이라는 축복에 똑같이 포함되는 것도 예언자들을 통해 주신 하나님의 약속이 성취된 것임을 보여준다(롬 15:8-12).[86] 이 주제는 사도행전의 바울에게서도 충분히 분명하게 나타난다(행 13:27-37; 참조. 눅 24:44-48).

더 나아가 바울은 구속사를 하나의 과정으로 묘사하기도 한다. 바울은 하나님이 유대인뿐만 아니라 이방인으로부터도 한 백성을 예정하시고 부르셨다고 선언한다(롬 8:28-30; 9:24; 살후 2:13; 참조. 엡 1:4). 하나님은 세상을 향한 당신의 구원 계획의 과정을 실행하셨지만, 그 구원 계획의 참된 의

---

[86]   Chae, *Paul*, 58-68(최종상,『로마서』, 94-104)을 보라.

미는 여러 세대 동안 숨겨진 비밀로 남아 있었다(롬 16:25-27; 골 1:25-27; 참조. 엡 3:7-12). 하나님은 당신의 계획을 따라 때가 이르자 당신의 아들을 유대인에게 보내셨다(갈 4:4; 참조. 막 1:15; 롬 5:6). 하나님의 구원이라는 축복은 먼저는 유대인을 위한 것이었지만, 이방인도 그 속에 함께 포함되었다(롬 1:16). 그러나 유대인이 예수를 메시아로 믿기를 거부했을 때 하나님은 선교의 주된 추진력을 "먼저" 이방인에게로 옮기셨다.[87]

로마서 9:6-29에서 바울은 유대인들이 메시아를 거부하는 배경 속에서 하나님이 이방인들에게 구원을 주시려고 다가가는 이유를 변호한다. 이스라엘의 완악함은 "이방인의 충만한 수가 들어오기까지" 계속될 것이다. 바울은 자신의 사역이 이스라엘 중에서 "얼마를 구원"하는 것임을 알고 있고(롬 11:14을 보라), "온" 이스라엘의 구원에 관한 비밀은 바울 이후에 실현될 것이다. 유대인들 중에서 메시아이신 예수 그리스도께로 집단적으로 회심하는 구원의 드라마가 일어날 것이다(롬 11:25-26). 로마서 11:33-36에 등장하는 바울의 송영(doxology)은 역사 속에서 유대인과 이방인을 구원하고자 하는 하나님의 계획을 이해했기 때문에 터져 나온 찬양이다. 고린도전서 15:23에 등장하는 "다음에는"(epeita)이라는 말에는 분명 시간적 의미가 있다. 그러나 바울은 이 단어를 사용하면서 그리스도의 재림의 임박성을 암시하지도 않고, 필하우어가 주장하는 것처럼 "이 기간에 어떤 더 중요한 일도, 특히 어떤 구속의 **역사**도 발생할 수 없음"을 시사하지도 않는다.[88]

---

87   Chae, *Paul*, 250-53(최종상, 『로마서』, 322-5)을 보라.
88   Vielhauer, "'Paulinism'," 46.

필하우어는 바울이 그리스도의 임박한 재림을 굳게 믿었기 때문에 교회 설립을 지지하는 설교를 한 번도 하지 않았지만, 누가는 신자들의 모임과 교회 설립을 종종 강조하며, 이를 통해 세상과 교회가 계속 존재할 것을 암시한다는 의외의 주장을 한다.[89] 이 점에 대해서는 필하우어가 바울을 대단히 잘못 이해하고 있다. 흔히 누가가 교회의 개척 사실들을 보고하면서 그리스도의 재림이 지연될 것임을 암시하는 반면, 바울은 임박한 재림을 강조한다고 인식되어왔다. 그러나 바울이 바로 이런 교회들을 개척한 장본인이며 또 그 교회들에 편지를 썼다는 사실 자체가, 바울이 그 교회들이 말과 삶으로 드러나는 증언을 통해 그리스도의 공동체로 세워지기를 원했음을 나타낸다.

바울은 교회의 설립을 정당하고 바람직한 일로 인식하면서 교회들에 안부 인사를 전한다(롬 16:4-5, 16; 고전 1:2; 고후 1:1; 갈 1:2; 살전 1:1). 바울은 교회들에 깊은 관심을 가졌는데, 그는 특히 성도의 믿음과 신앙생활의 순수성에 대해서뿐만 아니라 세상에서 강력한 증인들이 되기 위해 교회가 성장해야 한다는 데 대해서도 깊은 관심이 있었다(고전 5:9-13; 6:12-20; 고후 7:12; 11:28; 12:20; 살전 3:10). 바울은 교회 안에서 연합하라면서 종종 윤리적 권면을 한다(예. 롬 12:9-16; 14:1-15:7). 또한 그들이 한 몸이라는 개념을 강조하며(롬 12:4-8; 고전 12:12-26), 교회에 분열이 있으면 안 된다고 경고한다(롬 16:17; 고전 1:11-13; 3:3-4; 6:6; 12:25; 고후 12:20; 빌 4:2).

---

89 Vielhauer, "Paulinism'," 47: "교회의 설립은 결코 설교나 교리문답 교육의 주제가 아니었다."

더 중요한 것은 바울이 고린도전서 3:10-15에서 자신이 전문가로서 지역 교회들의 기초를 놓았다고 선언한다는 점이다. 그리고 다른 이들이 계속해서 교회를 세워가기를 분명하게 기대하고 있다. 바울은 자신이 하나님의 뜻과 은혜에 따라 교회들을 세웠다고 한다(고전 1:2; 참조. 롬 1:7). 하나님이 교회를 시작하실 뿐 아니라 회중들에게 다양한 은사와 지도자들을 주심으로써 교회를 세우신다고 분명히 말한다(고전 12:28).[90] 그는 자신이 겪은 온갖 고난보다도 더 큰 고투는 교회를 성숙하고 강한 공동체로 세우는 일이었다고 말한다(고후 11:28). 따라서 "[누가와 바울] 둘 다 선교적 종말론을 주장한다. 즉 두 사람 모두 종말론을 선교 역사의 영역으로 옮겨놓는다"[91]는 뷔티카(Butticaz)의 주장은 옳다.

우리는 그리스도의 임박한 재림에 관한 종말론이 필하우어의 주장과 달리 바울 사상의 핵심이 아닐 뿐만 아니라, 바울도 그의 서신에서 구속사를 설명한다는 사실을 발견했다. 이런 면에서 누가가 자기 자신의 신학을 전달하기 위해 바울을 왜곡했다는 필하우어의 비난은 충분한 근거가 없다. 필하우어는 바울 서신을 잘못 해석하여 잘못된 가정을 했고, 따라서 사도행전의 신뢰성을 부당하게 부인했다.[92] 우리는 **바울의** 종말론을 적절히 이

---

90   고전 12:28: "하나님이 교회 중에 몇을 세우셨으니, 첫째는 사도요, 둘째는 선지자요, 셋째는 교사요, 그다음은 능력을 행하는 자요, 그다음은 병 고치는 은사와 서로 돕는 것과 다스리는 것과 각종 방언을 말하는 것이라."

91   Butticaz, "Salvation," 161.

92   Wilckens, "Interpreting Luke-Acts," 76-7도 그렇게 말한다. 많은 학자가 주장하는 대로 바울은 임박한 재림을 예상했고 누가는 그렇지 않았다면, 인간의 역사가 종말이 아직 오지 않았음을 보여주기에, 학자들은 누가의 예상은 옳았고 바울의 예상은 틀렸다고 말하고 있는가? 바울도, 누가도 임박한 종말론적 기대는 품지 않았다. 문제는 바울이나 누가에게 있는 것이 아니라, 바울의 종말론을 잘못 해석한 학자들에게 있다.

해한다면, **누가의** 묘사가 충분히 신뢰할 만하다고 결론지을 수 있다.

필하우어의 방법론에 대한 이의 제기

이 연구에서 우리는 필하우어의 명제가 지닌 약점이 대체로 그가 채택한 방법론과 관련되어 있다는 점을 발견했다. 첫 번째 문제는 그의 연구가 대부분 가정에 근거하고 있다는 점이다. 물론 전제가 전혀 없는 논문을 쓸 수 있는 사람은 거의 없지만, 그럼에도 누구나 가정의 타당성부터 먼저 입증해야 한다. 하지만, R. B. 헤이스(Hays)가 지적하듯이 필하우어는 서사비평적 접근법(narrative-critical approach)을 사용하는 데 실패했다.[93] 오히려 필하우어는 사도행전에 있는 바울의 설교가 누가가 지어낸 것이라는 "일반적으로 인정된" 가정으로부터 연구를 시작했다.[94] 그렇게 함으로써 필하우어는 누가가 기록하고 있는 바울이 실제 바울과 매우 다르므로 누가가 바울을 알고 있었을 리가 만무하지만, 투키디데스(Thucydides)와 같은 기록자로서 바울의 설교를 들었든 못 들었든 간에 그것을 바꾸었을 것이라는 논리적 오류를 범한다. 설령 바울의 설교에 대한 필하우어의 견해가 정확하다고 해도, 누가가 바울을 알지 못했음을 입증하기 위해 바울의 설교를 사용할 수는 없다.[95]

---

93   Hays, "Paulinism of Acts," 36.

94   Vielhauer, "'Paulinism'," 33; 그러나 Vielhauer의 가정이 "일반적으로 인정된" 것이 아니라고 이의를 제기한 Gasque, *History*, 284을 보라.

95   필자는 이 점에 대해 C. H. Gempf 박사의 도움을 받았다.

바울 사상에 대한 필하우어의 이해 역시 종종 가정에 바탕을 두고 있다. 예를 들어 필하우어는 로마서 1:18-32이 오로지 이방인에 대한 바울의 비난이라고 가정하고, 이 설명을 사도행전의 바울이 사도행전 17장에서 이방인에게 한 설교와 비교한다. 그러나 그는 로마서 1장에 나오는 논증에서 바울이 유대인과 이방인의 죄악이 동등함을 확증하기 위해 유대인들도 함께 비난한다는 점을 간과한다.[96]

또한 필하우어는 바울이 초기 선교 기간에 갈라디아서와 로마서에서 설파하는 것과 같은 강도와 논조로써 이신칭의 교리를 설파했다고 가정한다. 하지만 필하우어는 바울이 같은 교리를 가르치고 있음에도 불구하고, 바울의 강조점이 '**예수 그리스도의 죽음과 부활을 믿는** 믿음에 의한 칭의'에서 유대주의자들의 가르침을 반박하는 가운데 '**율법과 상관없는** 믿음에 의한 칭의'로 바뀌었다는 점에는 주목하지 않는다.[97] 따라서 사도행전 13:38-39에서 누가가 이 교리를 덜 강조하며 표현한 것은 바울이 1차 선교 여행 중에 고수한 입장을 정확히 묘사한 것으로 보인다. 또한 필하우어는 바울이 그리스도의 재림을 자신의 생애 중에 실현될 임박한 사건으로 선포했다고 주장했다. 필하우어는 이러한 가설을 입증하지 않은 채, 단지 이 가정을 바탕으로 사도행전의 바울은 "종말론을 무시했고" 실제 바울은 구속사를 전혀 언급하지 않는다는 논지를 내세웠다. 우리는 앞에서 그의 주장이 충분한 근거가 없음을 입증하려 했다.[98]

---

96   자세한 논의는 Chae, *Paul*, 73-94(최종상, 『로마서』, 113-37)을 보라.

97   우리는 다른 곳에서 그와 같은 강조점의 변화를 입증했고, 바울 서신으로부터 바울의 전도 설교를 재구성했다. 필자의 미간행 논문인 "From Preaching the Gospel"을 보라.

98   Gasque, *History*, 287에서도 Vielhauer의 논문이 "근거 없는 가정과 논점을 회피하는 해

필하우어의 명제에 있는 두 번째 주요 약점은 서신서의 바울 사상을 사도행전에 제시된 바울 사상과 액면 그대로 비교하는 방법론에 있다. 본질과 범위가 서로 다른 두 문헌을 이렇게 비교하는 것은 아무리 잘 봐주려고 해도 너무 인위적임을 부인할 수 없다. 사도행전을 기록한 누가의 첫 번째 관심사는 사도행전 1:8에 제시된 대로 예루살렘에서 로마까지 초기 교회가 이룬 복음 전도의 진보를 기록하는 것이다. 여기서 바울을 묘사하는 누가의 일차적인 관심사는 바울의 **선교활동**을 기록하는 것인데, 여기에는 그가 이방인을 **회심시키기 위해** 전한 메시지와 **또** 예수가 유대인들이 고대해온 메시아임을 설득시키기 위해 그들에게 선포한 복음의 메시지도 포함된다. 그러나 서신서를 쓰는 바울의 주된 관심사는 이미 **회심한 성도들**에게 해당 교회의 구체적인 상황을 다루기 위해 실제적이고 신학적인 가르침을 제시함으로써 그들을 굳게 세우는 것이다.[99] 이런 측면에서 에베소의 장로들에게 했던 바울의 연설(행 20:17-38)이 방법론적으로 사도행전과 서신서에 표현된 바울의 사상을 서로 비교하는 데 가장 적절한 본문이며, 사실상 그 둘은 많은 측면에서 매우 비슷하다.[100]

따라서 일반적으로 바울을 목회자나 신학자로 묘사하는 것은 사도행전을 기록하는 누가의 주된 범위에 속하지 않는다. 이는 누가가, 예를 들어, 바울이 고린도와 에베소에 오래 머물렀을 때를 언급하면서도 그의 활

석, 잘못된 추론으로 가득하다"고 지적한다.

99   Moule, "Christology of Acts," 173에서 이렇게 올바르게 주장한다.

100   아래 76-77, 138-40을 보라. Walton이 *Leadership*에서 행 20장의 바울의 연설을 데살로니가전서와 비교하기 위해 이러한 방법론을 받아들인 것은 올바르다. 다음 문헌들도 마찬가지다. Marguerat, "Paul After Paul," 72; Bruce, *Speeches*, 26; 참조. Chase, *Credibility*, 234-88.

동이나 가르침의 내용에 대해서는 거의 기록하지 않은 이유일 것이다(행 18:11; 19:10). 반면 서신서의 바울은 주로 신자들이 개인적으로나 교회적으로 성숙한 그리스도인으로 자라도록 하기 위해 실제적·교리적으로 가르치는 데 관심이 있다.[101] 대부분의 서신에서 바울은 자신이 선교사역 기간에 전한 복음의 **실천적 의미**를 설명한다. 때때로 바울은 이전에 정한 메시지와 동일한 내용을 강조점을 바꾸어 전달하거나, 혹은 편지의 수신자들과 함께 있을 동안 충분히 가르치지 않았던 내용을 더 깊이 다룬다.

심지어 바울 문헌에서조차 바울은 자신이 다루고 있는 상황에 따라 때때로 다르게 글을 쓴다는 점에 주목하는 것이 중요하다. 예를 들어 갈라디아서에서는 "자유"를 옹호하지만, 고린도 성도들에게는 자유와 권리의 "제한"을 촉구한다. 그는 갈라디아서와 로마서에서 아브라함 이야기를 다르게 표현하고, 또한 고린도 성도들과(고전 15:12-57) 데살로니가 성도들에게 재림을 다르게 표현한다(살전 4:13-5:11). 이런 점들을 유념한다면 필하우어가, 누가가 바울의 전승과 초점을 유지하는 한, 누가에게 자신의 관점과 관찰을 바탕으로 바울을 표현할 수 있는 여지가 있음을 용납했어야 마땅하다.

바울의 편지들이 단지 교리적 해설이라기보다는 **특정한 상황을 다루는 후속 편지**라는 것은 거의 보편적으로 합의된 견해다. 그러나 디벨리우스와 필하우어, 행헨 및 보다 최근의 학자들은 누가의 기록을 바울 신학에 대한 해설로 간주하는가 하면, 바울 문헌을 지역적 상황과 무관한 신학으로 여긴다. 그러면서도 그들은 이 두 저자의 신학적 입장을 비교하려고

---

101   이 점은 Marshall, *Acts*, 43 n. 4에서 이미 언급되었다. Drane, *Introducing the New Testament*, 241도 이와 비슷하다. 그러나 둘 다 이러한 통찰을 바탕으로 비판적 대안을 제시하지는 않는다.

한다. 그들이 종종 바울 사상과 누가 신학 그리고 바울 사상에 대한 누가의 묘사를 잘못 이해하는 이유가 바로 여기에 있다. 만약 그들이 바울 서신과 사도행전을 보다 적절하게 해석하려면 서신서의 상황 의존성을 이해하고 또 사도행전에 나오는 바울의 설교를 검토할 때 비슷한 정도의 선교적 상황을 참작했어야 한다.

따라서 이러한 외견상의 차이점들이 필하우어가 주장하는 대로 누가의 기록이 비역사적 특성을 가졌다고 시사하는 것은 아니다. 누가에게는 자기 나름의 표현을 사용해서 바울의 설교를 기록할 수 있는 합당한 자유가 있다. 한편 이런 차이점들은, 바울이 설교나 편지에서 그 청중/수신자의 **상황**에 따라 다른 용어를 사용했다는 점에 주목하면 설명될 수 있다. 이런 측면에서 레위기적인 표현인 "죄 사함"이 유대인을 향한 설교에서 발견되는 것은 우연의 일치가 아니다. 또한 "자기 피로 사신" 그리스도인이라는—서신서와 비슷하지만 누가 문헌적이지는 않은—개념이 사도행전에서 신자들에게 주어진 바울의 유일한 설교에서 발견되는 것도 이상한 일이 아니다(행 20:28; 엡 1:7).[102] 역사가로서의 누가에 대한 필하우어의 견해는 이렇게 양자의 서로 다른 **범위**와 **배경**은 고려하지 않으면서도, 동시에 이두 기록을 비교하기 위해 똑같은 어휘와 어구를 찾고 있으므로 성립될 수 없다.[103]

필하우어의 세 번째 단점은 증거를 불균등하게 다루고 있다는 점이다.

---

102   바울은 고전 6:20; 7:23에서 이와 똑같은 표현을 사용하며, 롬 3:24; 5:9; 고전 1:30; 갈 3:13; 골 1:14, 20에서도 비슷한 표현을 사용한다.

103   Vielhauer의 방법론에 대한 다른 비판은 Gasque, *History*, 288-91을 보라.

그의 편향성은 명백하다. 그는 역사적 바울과 사도행전의 바울 사이의 차이점은 강조하면서도 몇 가지 중요한 일치점은 평가 절하한다. 실제 바울과 사도행전의 바울 둘 다 예수는 주, 그리스도, 하나님의 아들, 심판자, 구주라고 주장한다. 둘 다 복음은 하나님이 구약에서 약속하신 것이고, 예수의 죽음과 부활은 성경의 성취이며,[104] 이것이 곧 복음 메시지의 핵심이라고 선언한다.[105] 또한 둘 다 바울이 보다 구체적으로는 이방인을 대상으로 하지만 그럼에도 유대인과 이방인에게 복음을 전하도록 부르심을 받았음을 시사한다.[106] 바울은 복음이 먼저는 유대인을 위한 것이나 그와 똑같이 이방인을 위한 것이기도 하다고 말하며(롬 1:16), 누가는 바울이 유대인에게 먼저 복음을 전함으로써 이를 실천에 옮겼음을 보여준다. 둘 다 주님이 다시 오실 때까지 유대인과 이방인을 향한 선교가 교회의 의무라고 인식하며, 따라서 둘 다 이방인을 하나님의 백성에 포함시키는 것에 대해 근본적인 관심을 보여준다. 둘 다 바울이 주요 사도들과 사귀고 이방인 구원의 타당성이라는 문제를 해결하며, 이방인 신자들에게서 나온 구제 헌금을 전달하기 위해 예루살렘을 방문했다고 전한다고 서술한다.[107] 둘 다 다메섹 도상 체험을 바울의 기독교적인 사상과 생애에 있어서 결정적인 체험으로 언급한다.[108] 둘 다 바울의 복음 전파에 반응하는 일반적 현상으로 유대인들

---

104   롬 1:2; 4:13; 고전 15:3-5; 행 13:27-35; 24:14-15; 28:23b.

105   롬 4:24-25; 8:31-34; 10:9; 14:9; 행 24:21; 25:19; 26:6-8.

106   롬 1:5; 15:15-21; 갈 1:15-16; 행 9:15; 13:2-3, 46-47; 16:6-10; 18:6; 20:20-24; 22:17-21.

107   갈 1:18; 행 9:26-28; 갈 2:1-10; 행 15:1-21; 롬 15:25-31; 행 24:17; 참조. 갈 2:10.

108   고전 9:6; 15:8; 갈 1:11-12, 15-16; 행 9:1-19; 22:6-16; 26:12-23.

은 믿지 않고 이방인들은 믿는 것을 경험한다고 서술한다.[109] 둘 다 바울이 선교적 사도이자 교회 개척자였음을 보여준다. 바울은 자신의 선교사역에 성령의 능력을 통한 기적이 수반되었다고 말하며, 누가는 그러한 몇 가지 세부적 정보를 제공한다.[110]

결론

지금까지 바울 서신에서 필하우어가 선별한 바울의 신학적 주제와 그 주제들에 대한 누가의 기록도 검토해보았다. 우리는 누가가 바울 특유의 어떤 신학을 전달하지 않고 오히려 (기원후 90년 무렵) 초기 교회의 보편적인 신학적 개념을 제시한다는 필하우어의 명제를 평가하기 위해 이러한 작업을 했다.[111] 우리는 앞에서 언급한 연구 결과로 필하우어의 명제가 지탱되기 어렵다는 점을 지적했다. 대부분의 경우에 바울 사상에 대한 필하우어의 해석은 부정확하다.[112] 그의 연구는 바울의 (발전된) 신학이 사도행전에 나

---

109 롬 2:12-15, 25-29; 9:25-33; 10:19-21; 살전 2:14-16; 행 9:29; 13:40-41, 48-50; 14:19; 18:6-17; 28:21-28.

110 롬 15:19; 고전 2:4; 살전 1:5; 행 13:9-12; 14:8-18; 16:23-34.

111 Vielhauer는 우리가 여기서 다루는 논문에서는 사도행전의 집필 시기를 추정하지 않지만, 이후의 저작인 *Geschichte der urchristlichen Literatur* (Berlin, 1975), 407에서는 그 시기를 기원후 90년 무렵으로 추정한다.

112 Keener, *Acts*, 1:251: "필하우어는 전통적인 신학적 가정을 근거로 바울을 잘못 해석했다." Gasque는 *History*, 287-8에서 이보다 먼저 Vielhauer의 입장을 다음과 같이 평가했다. "'실제 바울'에 대한 그의 이해가 실존주의적으로 주도된 주해에 의한 상상의 산물에 불과한 것이 아닌지 의심스럽다."

오는 바울의 전도 설교에 으레 표현되어 있을 것이라는 가정에 근거한다. 필하우어는 사도행전에 나오는 요약된 설교의 특성을 잘못 이해하고, 이로 인해 그 설교들의 신학을 잘못 해석한다. 따라서 "이제 필하우어의 입장은 전체적으로 볼 때 지지할 수 없는 것으로 밝혀졌다"[113]고 한 D. 마르게라(Marguerat)의 전반적인 평가는 옳다.

가정이 아니라 문맥과 수사법에 관한 주의 깊은 고찰에 근거하여 바울 사상을 적절하게 이해하는 일은 필하우어의 연구와 같은 비교 연구에서 매우 중요하다.[114] 바울과 누가 사이에 약간의 차이점이 있는 것으로 보인다는 사실에도 불구하고, 그러한 차이는 누가가 바울에 관한 역사를 쓰고 있다는 구실 아래 자기의 신학을 제시하기 때문이 아니고, 누가가 초기 교회의 보편적인 신학을 대변하기 때문도 아니다.[115] 양자 간에 몇 가지 차이점이 존재하는 까닭은, 누가는 바울 사상을 바울의 선교사역 기간에 나타난 대로 서술하고 있지만, 바울은 이전의 선교적 메시지를 바탕으로 후속 편지를 쓰고 있다는 데 있다. 우리는 앞에서 바울의 편지들이 (간접적이기는 하지만) 사도행전의 기록이 대체로 신뢰할 만하다는 점을 확증한다는 사실을 보았다.[116]

S. 포터(Porter)가 행헨과 필하우어의 주장을 모두 검토한 뒤 내린 다음과 같은 결론은 옳다. "강조와 초점의 차이는 있을 수 있겠지만, 그 증거는

---

113   Marguerat, "Paul After Paul," 72.

114   다음 책들의 견해도 마찬가지다. Ellis, *Luke*, 47; Gasque, *History*, 287-8.

115   Gasque, *History*, 287 n. 78에서 이것은 Vielhauer의 몇몇 옹호자들마저도 거부하는 유일한 주요 영역이라고 지적한다.

116   Munck, *Paul*, 120의 견해도 마찬가지다.

모순을 입증하는 것과는 거리가 멀다."[117] 필하우어는 실제 바울과 사도행전의 바울을 두 문헌의 똑같은 범위로 비교하거나, 바울이 전한 메시지의 맥락들을 비교하려는 충분한 노력을 기울이지 않았다. 필하우어는 사도의 선교적 복음 전파(예. 행 13장)와 그 이후에 저작된 문헌(예. 로마서)에 나오는 복음 전파의 신학적 표현을 비교할 때, 바울이 다른 요점을 강조했을 수도 있고 혹은 복음에 대한 이해에서 발전이 있었을 수도 있다는 여지를 허용하지 않았다. 필하우어는 바울이 세월이 흐르면서 특정한 요점을 새롭게 강조한 것은 자연스러운 일이었다는 점, 또는 바울이 교회들의 필요에 따라 특정한 주제들을 다루었다는 점을 받아들이지 않았다. 이 점에서 필하우어의 논지는 전반적으로 지지할 수 없는 것으로 판단해야 한다.

그러나 바울의 기록과 누가의 기록을 정당하게 비교할 수 있는 대안적 방법론을 제시할 때까지 우리의 주요 임무는 아직 남아 있다. 우리는 서신서에 나타난 바울의 **전도** 메시지의 주된 요점들을 재발견하고, 이를 사도행전에 요약된 바울의 **전도** 설교와 비교해볼 것을 제안한다. 그렇게 되면 사도행전에서 누가가 바울에 대해 묘사한 내용이 얼마나 신뢰할 만한지를 가늠해볼 수 있는 더 나은 위치에 있게 될 것이다. 바울의 **전도** 설교에 대한 이 두 가지 기록의 공통된 본질과 범위를 바탕으로 그 둘을 비교할 수 있기 때문이다. 따라서 먼저 바울 서신에 나타난 바울의 전도 메시지의 핵심을 재구성하는 일에 착수해야 한다.

---

[117]　Porter, *Paul in Acts*, 206.

2장

바울의 전도 설교의 재발견

바울은 자신이 복음을 위해 따로 구별되었다는 것(롬 1:1; 갈 1:15-16; 살전 2:4; 골 1:23; 참조. 행 9:15; 딤전 1:12; 딛 1:3)과 따라서 자신의 가장 중요한 첫 번째 의무가 복음을 전파하는 것임을 철저히 의식하고 있었다. 그래서 그는 이렇게 선언한다. "그리스도께서 나를 보내심은 세례를 베풀게 하려 하심이 아니요, 오직 복음을 전하게 하려 하심이로되"(고전 1:17); "내가 복음을 전할지라도 자랑할 것이 없음은 내가 부득불 할 일임이라. 만일 복음을 전하지 아니하면 내게 화가 있을 것이로다"(고전 9:16). 바울은 복음을 부끄러워하지 않았고(롬 1:16), 그래서 예루살렘에서부터 로마까지 복음을 전파하는 일에 일생을 바쳤다. 그렇다면 교회를 개척하는 선교사역을 하는 동안 그가 전파한 복음과 가르침의 주된 내용은 무엇이었을까? 사도행전에서 바울이 전한 것으로 간주되는 설교는 보통 기껏해야 이차적인 증거로 여겨지는 까닭에,[1] 바울 서신이 그러한 탐구의 일차 자료가 되어야 한다. 그러나 바울 서신에는 바울의 전도 메시지가 담겨 있지 않다. 더 정확히 말하면 바울 서신의 주된 목적은 바울이 과거에 전한 설교를 이미 받아들인 성도들에게 새로이 필요한 구체적인 목회적 가르침을 추가적으로 제시하려는 데

---

1   참조. Mounce, "Preaching, Kerygma," 735; Keck, *Paul*, 33.

있다. 따라서 몇 년 뒤에 복음의 진리를 변호하고 설명하는 과정에서 기록된 서신의 자료에서 바울이 교회 개척 당시 전했던 **선교적 복음 전도** 설교 (missionary preaching)를 재구성하는 것은 다소 복잡해 보일지도 모른다.[2]

그렇기는 하지만 학자들은 바울 서신에서 바울의 전도 설교의 핵심을 재발견하려는 시도를 해왔다. 앞으로 밝혀지겠지만, 일반적으로 그들은 바울의 사상이 훗날 발전했을 수도 있었다는 점을 고려하지 않고 (나중에 기록된) 서신에서 이러한 설교를 재구성하는 경향이 있다. 어떤 이들은 이런 식으로 바울의 **전도** 설교를 재발견하려는 시도가 방법론적으로 부적절하다고 지적하기도 했다.[3] 그러므로 우리는 한 가지 대안적인 방법을 제안하고자 한다. 즉 그의 서신에서 바울이 첫 선교사역 기간에 회심자들에게 전한 설교와 가르침의 내용을 상기시키기 위해 사용한 **상기 형식**(reminder formula)을 특별히 유의하여 살핌으로써 바울의 전도 메시지의 본질적인 부분을 재구성하는 방법이다.

바울의 **전도** 메시지를 재발견하는 일은 여러 가지 이유로 중요해 보인다. 이는 바울 사상의 발전,[4] 사도행전에서 바울의 연설로 간주되는 기

---

2 Dodd, *Apostolic Preaching*, 11과 Caird, *Apostolic Age*, 37은 바울 서신에서 바울의 전도 설교를 재발견하는 일은 어려운 일이라고 인식한다. 그럼에도 둘 다 이 작업에 대해 낙관적이다. 특히 Bussmann, *Themen*을 보라. Jervell, *Unknown Paul*, 52-3은 보다 비판적인 견해를 피력한다: "바울의 전도 설교는…거의 완전히 사라졌다." 따라서 그는 알려지지 않은 바울을 발견하는 데 도움이 될 수 있는 다른 신약 문헌의 사용을 제한해선 안 된다고 주장한다.

3 Walton, *Leadership*, 212: "서신서 전체를 사도행전에 나오는 바울의 설교 전체와 비교하는 것은 잘못이다."

4 Sanders, *Palestinian Judaism*, 444-7은 바울은 인간이 처한 곤경에 대해서가 아니라 하나님이 베푸신 구원에 대해 설파하기 때문에, 바울의 인간론(anthropology)은 바울의 신학과 기독론과 구원론에 내포되어 발전된 내용일 뿐이라면서 그것을 입증하기 위해 바울

록들의 신뢰성,[5] 예루살렘 사도들의 복음 선포와 관련된 바울의 복음 선포의 통일성 및 다양성[6] 등과 같은 다른 논쟁적인 문제들을 조명해줄 수 있기 때문이다. 이런 주제들에 관해 많은 오해가 있었던 까닭은, 바울이 그의 서신에서 표현한 발전된 신학적 사상을 사도행전에 기록된 바울과 예루살렘의 사도들의 초창기 설교와 비교했기 때문이다. 이 장에서 우리는 교회개척 단계에서 바울이 선포한 **전도** 설교의 **내용**[7]을 재발견하고, 그의 전도 설교가 바울 서신에서는 어떻게 발전했고 또 새로운 의미를 갖게 되었는지를 파악하기 위해 노력할 것이다. 이렇게 바울 서신과 사도행전에 나타난 바울의 전도 설교를 비교 연구한다면 바울에 대한 누가의 기록을 얼마나 신뢰할 수 있을지 파악할 수 있을 것이다.[8]

방법론의 문제

바울의 전도 메시지를 재발견하려고 한 최초의 현대 학자 중 한 명은 J. 바이스(Weiss)였다.[9] 바이스는 바울의 편지에 (비록 압축되어 있기는 하지만) 그가

의 전도 메시지를 재발견하려 한다.

5   참조. Vielhauer, "'Paulinism'," 33-50. 그러나 보다 긍정적인 관점을 피력하는 책들은 Longenecker, *Paul, Apostle of Liberty*, 246; Stanton, *Jesus of Nazareth*, 110이다.

6   참조. Dodd, *Apostolic Preaching*, 22-30. 다른 견해를 보려면 Dunn, *Unity*, 11-32을 보라.

7   바울의 전도 설교에 있는 논증적 문체에 대한 양식비평적 설명을 보려면 Porter, *Paul in Acts*, 129-50을 보라.

8   Walton, *Leadership*, 214은 이 두 바울의 전도 설교를 비교하는 것이 누가가 바울을 정확히 묘사하는지 그 신뢰성을 가늠할 수 있는 두 가지 영역 가운데 하나라고 주장한다.

9   Weiss, *Earliest Christianity*, 1:219-57. Oepke의 논문 *Missionspredigt*가 발간된 1920년을

선교사역 기간 중 선포했던 전도 설교와 거의 똑같은 메시지가 담겨 있다고 가정했고, 그래서 바울 서신에 기록된 모든 정보를 사용하자고 제안했다. 또한 바이스는 유대인과 이방인을 향한 바울의 전도 설교의 차이를 파악하는 일에 착수했다. 예를 들어 로마서 2:17-24에 기록된 본문과 로마서 3:10-18에 인용된 구약성경 말씀은 스스로 의롭다고 여기는 유대인들을 고발하기 위해 바울이 선포한 메시지라고 주장했다.[10] 마찬가지로 로마서 1:18-32이나 데살로니가전서 1:9-10과 같은 본문들은 "이방인들에게 전한 전도 메시지의 근본적 특징"을 보여준다는 것이다.[11]

바울 서신에서 전도 설교를 재구성하려는 C. H. 도드(Dodd)의 시도는 상당히 큰 영향을 끼쳤다.[12] 도드의 일차적인 관심사는 사도들이 전파한 복음의 실제 내용을 재발견하는 것이지만, 그는 바울 서신부터 먼저 연구하기 시작한다. 도드의 방법론은 바울의 설교 내용 중에서 (대부분 짧지만) 반복되는 특정 어구들을 따로 떼어내는 것이다. 또 "바울이 선교사로서 익숙하게 전했던 복음의 내용은 그가 신학자로서 지녔던 고차원적인 신학 사상과는 분명히 구분된다"고 주장했다[13] 또한 도드는 "나의 복음"이라는 어

전후로 바울의 전도 설교를 연구한 독일 학자들에 대한 짧은 개관을 보려면 Bussmann, *Themen*, 3-12을 보라.

10 Weiss, *Earliest Christianity*, 1:222-3.

11 Weiss, *Earliest Christianity*, 1:239-40. Elliott, *Rhetoric*, 108도 그와 같이 주장한다.

12 Dodd, *Apostolic Preaching*. Dodd의 저작이 지닌 중요성은 널리 인정된다. Hunter, *Unity*, 22; Dodd의 저작(1936)은 Mounce, *Essential Nature*, 60에 인용된 대로 "우리 세대에 신약학에서 가장 중요하고 긍정적인 공헌 중 하나"다. Mounce 자신도 Dodd의 저작에 대한 검토부터 시작하는 것은 "불가피한 일"이라고 말한다(60쪽).

13 Dodd, *Apostolic Preaching*, 13.

구가 "바울이 복음을 제시하는 데 있어서 수준 높은 독창성"[14]을 포함한다고 생각하여, 이 어구에서 바울의 전도 메시지 내용을 추론하기도 했다.

H. 콘첼만(Conzelmann)은 "믿음은 들음에서 나며"라는 바울의 진술을 유념한 채, "고백하다"와 "믿다"(롬 10:9; 참조. 요일 5:5) 같은 동사의 목적어에서 복음 선포의 내용을 재구성하는 방법을 추천한다.[15] 또한 콘첼만은 예수가 메시아이자 하나님의 아들이며 주님이라는 바울의 신앙고백 및 죽음과 부활이라는 그리스도의 사역에 대한 진술에서 바울이 초기에 선포한 복음의 내용을 재구성할 것을 제안하기도 한다. 콘첼만은 각각의 신앙고백적 어구는 신조 전체를 함축한다는 리츠만의 주장에 동조하기도 했다. 예를 들어 "예수는 주"라는 고백으로 신자들은 분명히 그들의 믿음 전체를 고백한다는 것이다.

J. D. G. 던(Dunn)은 초기 교회에 "복음에 대한 단 하나의 규범적 표현"(*kerygma*)이 존재했는지, 또는 "복음에 대한 많은 다양한 표현"(*kerygmata*)이 존재했는지를 조사하면서 바울의 복음 선포 내용을 검토한다.[16] 던은 "충분히 균형 잡힌 전체적 메시지를 찾으려고 시도하기보다는 선포된 각각의 복음 메시지의 독특한 특징들을 집중적으로 골라내어, 신약에서 가장

---

14 Dodd, *Apostolic Preaching*, 12. 바울의 복음 선포에 대한 Dodd의 요약은 다음과 같다 (21쪽). 1. 예언들은 성취되었고, 그리스도의 오심으로 새 시대가 시작되었다. 2. 그리스도는 다윗의 자손으로 태어나셨다. 3. 그리스도는 성경에 따라 우리를 현재의 악한 시대에서 구원하시기 위해 죽으셨다. 4. 그리스도는 장사되셨다. 5. 그리스도는 성경에 따라 셋째 날에 부활하셨다. 6. 그리스도는 하나님의 우편에 하나님의 아들이자 산 자와 죽은 자의 주님으로 높아지셨다. 7. 그리스도는 사람들[즉 인류]의 심판자이자 구주로 다시 오실 것이다.

15 Conzelmann, *Outline*, 60-71. Bultmann, *Theology*, 1:87-92도 그와 같이 주장한다.

16 Dunn, *Unity*, 11.

중요하게 선포된 복음의 내용"을 조사하는 방법론을 택한다.[17] 그러고는 사
도행전에서 예수와 바울과 요한의 복음 메시지를 검토한 후, 사도행전과
바울 서신과 요한 문헌의 설교 전체에 나타나는 한 가지 공통된 복음 선포
내용이 있다고 결론짓는다.[18] 던은 바울이 선교사로서 선포한 초기의 선교
적 복음 메시지를 재구성하려면 "바울이 보존한 선포적이거나 신앙 고백적
인 형식의 다양한 문구"와 바울 서신에 표현된 "그의 메시지 전체를 아우
르는 큰 특징들"을 살펴야 한다고 제안한다.[19] 던은 임박한 재림(살전 1:10;
살후 2:5)과 더불어 예수의 죽음과 부활이 바울의 복음 메시지에서 가장 두
드러진 특징이라 주장한다.[20] 더 나아가 바울의 복음에서 가장 특징적인 표
현은 기독론적이며, 이러한 그의 메시지의 핵심은 그가 취급하는 상황에
따라 다르게 표현된다고 주장한다. 또한 던은 바울의 메시지(특히 재림)에
대한 표현이 세월이 흐르면서 발전되었고, 따라서 바울이 선포한 내용에는
"어떤 최종적이거나 고정된 형식도" 없었다고 지적한다.[21]

---

17   Dunn, *Unity*, 13.

18   Dunn에 따르면 이러한 복음 선포의 본질적인 구성 요소들은 예수의 부활에 대한 선포,
믿음으로 반응하라는 요구, 구사한 믿음에 대해 주어지는 약속이다. 또한 Dunn은 "서로
다른 복음 메시지들의 상당한 다양성"을 지적하며 이렇게 주장한다. "신약에서 복음 메
시지(*kerygma*)의 통일성을 주장한다면, 신약에서 여러 복음 메시지(*kerygmata*)의 다양성
도 주장해야 한다"(*Unity*, 30, 31). 따라서 Dunn은 신약의 복음 메시지 전체를 관통하는
복음의 독특한 핵심이 존재하지만, 실제로 선포된 복음은 다양한 상황에 따라 달랐고,
심지어 어떤 경우에는 다양한 상황이 복음 메시지의 특성을 바꾸어 놓는 효과를 낳을 정
도였다고 결론짓는다(32쪽).

19   Dunn, *Unity*, 22.

20   롬 1:3-4; 3:24-25; 4:24-25; 8:34; 10:9; 고전 1:23; 2:2; 15:3-11; 고후 5:14-21; 갈
3:1; 살전 1:10.

21   Dunn, *Unity*, 26.

앞에서 언급한 학자들이 제안한 방법을 사용해서 어느 정도까지는 바울의 전도 메시지를 재발견할 수 있을 것이다. 그러나 이런 방법들로는, 재발견된 내용이 교회개척 단계에서 선포된 바울의 핵심 메시지인지, 훗날 그가 앞서 선포한 복음을 변호하고 설명하는 과정에서 전하는 발전된 형식의 메시지인지를 확인하기 어렵다. 이런 측면에서 예루살렘 공회 이전에 바울이 가졌던 사상으로 바울의 전도 메시지를 재구성하자는 바이스의 제안은 그럴듯해 보인다.[22] 그러나 바울의 생각 중에 과연 어느 것이 예루살렘 공회 이전이나 이후에 나왔는지를 파악하는 것은 불가능한 일까지는 아니더라도 불확실한 일이며, 결국 미심쩍은 결과에 이를 수도 있다. 바이스 자신은 바울의 전도 메시지를 그러한 연대기적 관계를 확인하지 않은 채 예루살렘 공회 이후에 기록된 많은 본문으로부터 재구성한다. 로마서 1:18-32, 2:17-24, 3:10-18 같은 본문들은 바울의 **전도** 메시지를 대변하는 것으로 보이지 않는다. 오히려 이 본문들은 유대인과 이방인의 동등함을 입증하기 위해 유대인이 지닌 자기만족의 토대를 무너뜨리도록 수사적으로 구성되어 있다.[23]

C. H. 도드는 바울의 선교적 복음 메시지를 재발견하는 과정에서 불과 몇 안 되는 참고 성구만을 사용하는데(롬 1:1-4; 2:16; 8:34; 10:8-9; 고전 15:1-7; 갈 3:1-4; 4:6; 살전 1:9-10), 이것으로는 충분해 보이지 않는다.[24] 도드가 제안하는 것처럼 **전도** 메시지(*kerygma*)와 **가르침**(*didache*)을 그렇게 엄격하게

---

22 Weiss, *Earliest Christianity*, 1:256.
23 Chae, *Paul*, 여러 곳(최종상, 『로마서』, 여러 곳)을 보라.
24 Dodd, *Apostolic Preaching*, 11-21.

구분할 수 있는지도 질문해보아야 한다.[25] 도드는 "복음을 제시하는 데 있어 고도의 독창성"을 포함하는 "나의 복음"이라는 표현에서 바울의 설교를 재발견할 것을 제안하기도 한다.[26] 그러나 도드는 바울의 복음이 예루살렘 사도들의 복음과 근본적으로 다르지 않으며, 사도들이 선포한 복음의 요소들 가운데 그 기원이 바울에게 있는 것은 거의 없다는 점을 입증하는 데 집착하는 것처럼 보인다. 그래서 도드는 "사실 예루살렘 사도들의 복음 선포에서 실질적으로 바울 서신에서 나타나지 않는 것은 거의 없다"라고 결론을 내린다.[27] 바울이 선교사역 초기 단계에서 "상당히 독창성 있는 내용"(도드)이나 "그의 메시지의 큰 특징들"(던)을 설파했다는 점을 확실하게 입증하기란 더더욱 어렵다. 바울이 말한 "나의 복음"은 이후에 그가 이방인들 사이에서 선포한 복음을 변호하는 과정에서 (공통된 복음과 비교해볼 때[고전 15:11]) 독특해진 것으로 보인다.[28] 콘첼만의 방법론도 만족스럽지 않다. 그의 방법론, 즉 신자들이 예수를 하나님의 아들이라고 고백했으므로 바울이 예수가 하나님의 아들이라고 설파하였음이 분명하다는 것은 일종의 추측이다. 이는 사실일 수도 있지만, 바울이 청중들에게 예수가 진실로 하나님

---

25 Dodd, *Apostolic Preaching*, 10에서 이렇게 주장한다: "가르침(*didaché*)을 통해서가 아니라 복음 메시지 선포(*kerygma*)를 통해 사람들을 구원하시는 것이 하나님의 뜻이었다고 바울은 말한다." Dodd는 그 후의 저작인 *Gospel and Law*, 10에서 이렇게 주장한다: "먼저 복음을 선포하고 다음에 도덕적 가르침을 시작하는, '선 메시지 선포, 후 가르침'이라는 접근 순서는 철저히 기독교 선교의 특징이 된 것으로 보인다. 신약 문헌에서 일반화된 것은 '선 선포, 후 가르침'이라는 바로 이러한 순서다." 그러나 Dodd의 구별은 너무 경직된 것으로 여겨졌다. Mounce, *Essential Nature*, 5의 서문에 실린 Hunter의 글; Worley, *Preaching*; Stanton, *Jesus of Nazareth*, 9을 참조하라.

26 Dodd, *Apostolic Preaching*, 12.

27 Dodd, *Apostolic Preaching*, 20-21, 30-33; 인용구는 32-3쪽에서 발췌함.

28 Chae, *Paul*, 302-7(최종상, 『로마서』, 387-93)을 보라.

의 아들이라는 것을 확신시켜준 그런 종류의 메시지를 적절히 드러내지는 못한다. 그러므로 우리는 이러한 방법들이 바울이 최초에 선포했던 전도 메시지를 재발견하는 데 충분히 만족스럽지는 못하다고 생각한다.

"상기 형식"과 바울의 전도 메시지

바울 서신과 같은 후속 편지를 쓰면서 자신이 이전에 설교했던 전도 메시지를 그대로 반복해서 쓰는 선교사는 아무도 없을 것이다.[29] 후속 편지들은 당연히 수신자들이 이미 알고 있는 내용을 전제로 하며, 이전에 전했던 가르침을 이어가게 되어 있다. 따라서 회심자들이 이전의 가르침을 따르지 않는다면, 선교사는 초기에 전했던 메시지를 처음부터 되풀이하기보다는 이전에 가르친 내용을 요약하여 상기시켜줄 것이다. 또한 이전의 설교를 기반으로 하여 새로운 내용을 추가적으로 가르치고 싶다면, 이전 설교의 의미를 설명하거나 추가적인 가르침을 제시하기 전에 기억에 보탬이 되는 몇 마디 말을 보태면 충분할 것이다. 그래서 몇몇 신약 저자들은 실제로 상기 형식을 사용한다.[30] 이들 중에서 전에 설교하거나 가르친 내용을 **상기**

---

29   Stanton, *Jesus of Nazareth*, 113도 같은 견해다. Dodd, *Apostolic Preaching*, 11-12을 참조하라.

30   예를 들어 목회 서신의 저자는 디모데에게 종종 이전 일을 상기시킨다(딤전 1:18, 4:14; 딤후 1:6, 13; 2:2, 8; 3:10-14). 베드로는 이방인 그리스도인 독자들에게 다음과 같은 사실을 상기시킨다: "너희에게 전한 복음이 곧 이 말씀이니라"(벧전 1:25; 참조. 1:12, 18; 벧후 3:2). 베드로후서의 저자는 전형적인 상기 형식을 사용한다: "그러므로 너희가 이것을 알고…있으나 내가 항상 너희에게 생각나게 하려 하노라. 내가 이 장막에 있을

시키는 형식을 가장 많이 사용하는 저자는 바울이다.[31] 이렇게 상기시키는 말들은 대개는 매우 간략하게 표현되었지만, 바울이 선교활동을 하는 동안 실제로 설교하고 가르친 내용을 **바울 자신의 증언으로 듣는다**는 면에서 아주 중요하다. 또한 바울이 이전에 가르친 것을 상기시키면서 새로운 논지를 구축해 나간다는 것도 주목해야 한다. 이러한 관점에서 우리는 바울이 상기 형식을 사용하는 구절들을 자세히 살펴봄으로써 그가 선교사로서 전했던 전도 설교 내용을 재발견할 것을 제안한다.[32] 이 작업을 통해 선교사 바울이 전했던 복음 메시지의 주된 구성 요소들을 서신 자체로부터 재구성할 수 있을 것이다.

동안에 너희를 일깨워 생각나게 함이 옳은 줄로 여기노니"(벧후 1:12-13. 3:1에서도 반복). 유다도 이와 거의 똑같은 표현을 사용한다(유 5). 요한도 수신자들에게 "[그들이] 처음부터 들은 것"을 바탕으로 서로 사랑해야 함을 상기시킨다(요일 2:24; 3:11). 요한은 자신의 편지들이 이전의 가르침과 매우 깊이 관련되어 있으므로 이렇게 말한다: "이는 새 계명같이 네게 쓰는 것이 아니요, 처음부터 우리가 가진 것이라.…계명은 이것이니 너희가 처음부터 들은 바와 같이 그 가운데서 행하라 하심이라"(요이 5-6; 요일 2:7, 21도 이와 매우 비슷하게 반복적으로 진술함).

31 예. 살전 5:1-2; 살후 2:5; 고후 13:2. 유사한 성구로는 고전 4:17; 5:9-11; 11:2, 23-26; 갈 5:21; 살전 1:4-6; 2:8-9; 4:1-2, 6b, 11; 살후 2:15; 3:4, 6, 10. 이 연구의 전반적인 초점은 누가가 바울을 어떻게 묘사하는가에 대한 것이므로, 누가도 바울이 자신이 이전에 가르친 이들에게 말할 때 상기 형식("여러분도 아는 바니" 또는 "기억하라")을 사용하는 모습을 묘사한다는 점 역시 주목할 만하다(행 20:18, 20, 31, 34).

32 Chae(최종상), "Paul," 276-7과 Chae, *Paul*, 305-6(최종상, 『로마서』, 390-2)에 나오는 필자의 이전 논의를 보라.

°고린도에서 전한 설교를 상기시키는 표현들

하나님과 그리스도에 대한 증언

바울이 "그리스도의 증거가 너희 중에 견고하게 되어"(고전 1:6)라는 말로 고린도 성도들을 칭찬한다는 사실은 분명 그가 개척 사역을 하는 동안 그리스도에 대해 증언했음을 암시한다. 또한 선교사역 기간 중 하나님께 대한 증거를 선포하기로 굳게 결심했다는 점도 상기시킨다. "형제들아, **내가 너희에게 나아가 하나님의 증거를 전할** 때에 말과 지혜의 아름다운 것으로 아니하였나니"(고전 2:1). 이어서 자신의 복음 메시지가 예수가 그리스도이심을 입증하는 것에 집중되었다고 말한다. "내가 너희 중에서 예수 그리스도와 그가 십자가에 못 박히신 것 외에는 아무것도 알지 아니하기로 작정하였음이라"(고전 2:2). 바울은 또 고린도 성도들에게 자신이 예수가 곧 하나님의 아들, 그리스도, 주님이라고 선포했다는 사실을 상기시킨다(고후 1:19; 4:5). 또 "하나님이 그리스도를 다시 살리셨다고 **증언**"했다는 사실도 떠올린다(고전 15:15).

그리스도의 죽음과 부활

가장 확실한 예는 고린도전서 15:1-2a에 나온다. "형제들아, **내가 너희에게 전한 복음을 너희에게 알게**(기억나게[*gnōrizō*]) **하노니,**[33] 이는 너희가 받은 것이요 또 그 가운데 선 것이라.⋯그로 말미암아 구원을 받으리라." 여기서

---

[33] 이 동사를 "상기시키다"(remind)로 번역한 영역본에는 NIV, PHILLIPS, RSV, JB, NEB, TEV 등이 있다.

바울은 개척 사역을 하는 동안 자신이 고린도 성도들에게 선포했던 복음을 상기시킨다. 그는 자신이 받은 복음을 "최고 우선순위로"(en prōtois)[34] 전해 주었다고 회고한다.[35] 바울의 전도 메시지는 성경의 예언대로 성취된 그리스도의 죽음과 장사(葬事)와 부활에 관한 것이었다.[36] 또 그는 성찬에 대한 가르침을 전했다고 말하는데, 성찬은 그 자체가 예수의 죽음을 상기시키는 성례다(고전 11:23).[37]

마찬가지로 바울의 강조점은 분명 부활에 있다. 그는 자신이 선포한 복음 전파의 성공 여부가 부활을 분명히 전했는지에 달려 있다고 말한다(고전 15:12-15). 바울은 예수의 부활이 그의 전도 설교와 신자들의 믿음과 칭의에 있어 가장 본질적인 부분이었다고 강조한다("그리스도께서 만일 다시 살아나지 못하셨으면 우리가 전파하는 것도 헛것이요, 또 너희 믿음도 헛것이며", 고전

---

34 Anchor Bible의 번역이다. 다음과 같은 다양한 번역을 참고하라. "가장 중요한 것(the greatest importance"(TEV); "본질적인 것으로(as essential)"(PHILLIPS); "무엇보다도 먼저(first and foremost)"(NEB); "제일 중요한 것으로(as of first importance)"(NIV, RSV); "먼저 진술할 것 중에서(among the things to be stated first)"(Edwards, *Commentary*).

35 동사 *parelabon*은 그리스도께 받은 직접 계시(갈 1:12)를 가리킬 수도 있지만, 아마도 전승을 가리킬 것이다. Orr and Walther, *1 Corinthians*, 319-20의 견해도 마찬가지다. 이 주제에 대한 논의를 개관한 Schütz, *Paul*, 54ff.을 보라.

36 고전 15:3-8; 참조. 마 26:24; 눅 24:25-27, 45-47; 요 2:21-22; 행 2:25, 30-31; 17:2-3; 26:22-23. Bultmann, *Kerygma and Myth*, 1:112은 복음 선포를 오로지 설교 행위로 간주하고, 그 기준에 따라 고전 15:3-8을 바울의 복음 메시지 내용에서 제외한다. 그러나 Dodd, *Apostolic Preaching*, 11ff.에 나오는 이와 반대되는 견해를 보라. 고전 15:1-11을 바울의 전도 설교로 살펴보는 Pak, *Paul as Missionary*, 115-41을 보라.

37 바울은 이 성례에 대해 세 단계로 가르친다. (1) 선교사역 기간에 가르쳤고, (2) 고린도 전서에서 더 많이 가르치며, (3) 추가적인 지시를 내릴 것을 시사한다(고전 11:34c).

15:14, 17; 롬 4:25).[38] 더 분명하게는 "우리가 하나님이 그리스도를 다시 살리셨다고 증언"하였다고 천명한다(고전 15:15, 20).

편지의 첫머리에서 바울은 자신이 예수가 곧 그리스도라는 사실뿐만 아니라 그의 십자가 죽음을 전하기로 작정했었다고 이미 상기시켰다. "내가 너희 중에서 예수 그리스도와 그가 십자가에 못 박히신 것 외에는 아무것도 알지 아니하기로 작정하였음이라"(고후 2:2). 또 "우리는 십자가에 못 박힌 그리스도를 전하니"라고 단언한다. 그 메시지는 유대인과 이방인 모두에게 구원을 주는 하나님의 능력이기 때문이다(고전 1:21-25). 바울은 이 두 구절에서 십자가만 언급하는데, 이는 "십자가와 부활이 단일한 의미 복합체를 구성"하기 때문이다.[39] 그러나 "그리스도의 십자가 죽음과 부활은 바울 서신에서 두 가지 별개의 사실로 분리될 수 없다. 오히려 바울이 보기에 그 둘은 긴밀히 통합되어 있다."[40] 바울 사도는 그리스도의 죽음과 부활을 전함으로써 고린도에 교회의 기초를 놓았다(고전 3:10-15).

재림

바울은 고린도전서 첫머리에서 "[우리가 전에 전한] 그리스도의 증거가 너희 중에 견고하게 되어"라는 말로 고린도 성도들을 칭찬한다(고전 1:6). 그리고는 이를 성도들이 주 예수 그리스도의 나타나심을 열렬히 기다린다는 사실과 곧바로 연관시키는데, 이는 분명 바울이 고린도에 머무는 동안 재

---

38   참조. Sanders, *Palestinian Judaism*, 444.

39   Keck, *Paul*, 36.

40   Deissmann, *Paul*, 197.

림에 대해 전했음을 암시한다(고전 1:7). 바울이 그들에게 "주께서 오시기까지" 기다리라고 권면하며(고전 4:5) "주의 날"이라는 표현을 설명 없이 사용한다는 사실은 그가 주의 재림에 대해 가르쳤음을 시사한다(고전 1:7-8; 5:5; 고후 1:14). 또 죽은 자의 부활의 확실성을 단언한 뒤 계속해서 "죽은 자들이 어떻게 다시 살아나느냐"는 질문에 대해 길게 대답한다(고전 15:35). 여기서 바울은 주의 재림에 대해 말하지는 않지만, 이 설명 전체는 주님이 오실 때 그 모든 일이 일어날 것이라는 전제에 근거하고 있다. 사도는 고린도 성도들이 주의 재림을 이해하고 있음을 기정사실로 받아들인다. 이미 회심자들에게 재림에 대해 직접 가르친 적이 있기 때문이다.

경건한 삶

바울은 "내가 [질서 있는 신앙생활에 대해] 이미 말하였거니와"라고 분명히 상기시킨 후 추가적인 지시로 이전의 경고를 되풀이한다("지금 떠나 있으나…미리 말하노니", 고후 13:2). 사도는 개척 당시 그리스도인의 생활 방식에 관한 일련의 가르침을 전했고, 이를 "도처의 각 교회에서" 가르쳤다(고전 4:17; 참조. 7:17-19). 이제 그는 자신이 고린도 성도들 가운데서 삶으로 실천했던 그리스도인의 삶의 방식을 상기시키려고 디모데를 보낸다(고전 4:16-17). 바울은 음행은 특별히 피해야 할 일이라고 이전에 썼는데, 이번 편지에서 또다시 몇 가지 추가된 항목을 보태면서 음행을 멀리하라고 반복한다(고전 5:9, 11). "너희 몸은 너희가 하나님께로부터 받은 바 너희 가운데 계신 성령의 전인 줄을 알지 못하느냐?…그런즉 너희 몸으로 하나님께 영광을 돌리라"(고전 6:19-20). 바울은 갈라디아 성도들에게 갈라디아서 5:19-21에 열거된 악한 본성에 속한 15가지 행위를 저지르는 자들이 하나님 나라를 상속받지 못할 것이라는 점을 상기시키며 재차 경고한다("전에 너희에게 경계한 것 같이 경계하노니"). 또한 고린도전서 6:9-10에서 갈라디아서 5:19-21에 언급된 항목과 비슷한 항목들을 열거하는 가운데 "하나님의 나라를 유업으로 받지 못할" 것이라는 똑같은 표현을 두 번이나 사용한다. 이는 그가 고린도에서 선교사역을 하는 동안에도 성도들에게도 비슷한 일련의 가르침을 전달했음을 나타내는 것으로 보인다.

°갈라디아에서 전한 설교를 상기시키는 표현들

예수에 대한 증언

바울은 갈라디아 성도들에게 자신이 단순히 "복음"(갈 2:2; 4:13) 또는 예수 그리스도의 복음(갈 1:7, 11)을 전했다고 간략하게 진술한다. 그는 그리스도를 전했다(갈 1:8). "그의 아들을 이방에 전하기 위하여 그를 내 속에 나타내시기를 기뻐하셨을 때에"(갈 1:15-16). 바울은 예수가 곧 하나님의 아들임을 선포하고 입증했다. 예수가 그리스도이며 하나님의 아들이라는 점은 바울의 선교적 메시지의 핵심 요소였다.

예수의 죽음과 부활

바울은 이전에 갈라디아 지역에서 선포했던 설교의 내용을 자세히 기술하지는 않는다. 그러나 일련의 질문들을 던짐으로써 당시 자신이 무엇을 전했고 그들이 무엇을 어떻게 믿었는지에 관해 갈라디아 성도들의 기억을 새롭게 되살린다.

어리석도다 갈라디아 사람들아! 예수 그리스도께서 십자가에 못 박히신 것이 너희 눈앞에 밝히 보이거늘 누가 너희를 꾀더냐? 내가 너희에게서 다만 이것을 알려 하노니, 너희가 성령을 받은 것이 율법의 행위로냐 혹은 듣고 믿음으로냐? 너희가 이같이 어리석으냐? 성령으로 시작하였다가 이제는 육체로 마치겠느냐? 너희가 이같이 많은 괴로움을 헛되이 받았느냐? 과연 헛되냐? 너희에게 성령을 주시고 너희 가운데서 능력을 행하시는 이의 일이 율법의 행위에서냐 혹은 듣고 믿음에서냐?(갈 3:1-5)

"예수 그리스도께서 십자가에 못 박히신 것이 너희 눈앞에 밝히 보이거늘" 이라는 말로 바울은 자신이 갈라디아 성도들에게 복음을 선포하면서 예수가 십자가에서 죽었다고 전했음을 시사한다. 더 나아가 자신의 유일한 자랑거리가 예수 그리스도의 십자가라는 선언은 그가 갈라디아에서 예수의 죽음에 관한 사실과 의미를 전했다는 점을 재확인시킨다(갈 6:14; 고전 2:2). 그는 갈라디아 성도들에게 그들이 율법을 지켜서가 아니라 십자가의 메시지를 믿음으로써 성령을 받았다는 점을 상기시킨다. 바울이 이 편지를 쓸 때의 전반적인 관심사는 그리스도의 십자가를 옹호하는 것이었다. 그들은 그리스도의 십자가를 통해(그리고 십자가에 대한 믿음을 통해) 그리스도 안에서 새로운 피조물이 되었다(참조. 갈 6:12-15). 바울은 그들이 십자가의 메시지를 처음 믿었을 때 받았던 성령에 대한 체험을 상기시킴으로써 그들이 얻은 구원의 타당함과 충분함을 재확인시킨다.

여기에는 (고전 1:23; 2:2에서와 같이) 예수의 십자가만 언급되어 있지만,

그가 예수의 부활도 언급했다고 가정해도 무방할 것이다.[41] 바울은 갈라디아 성도들에게 과거 유대교에 속했던 자신의 생활 방식을 상기시킨다. 부활하신 그리스도가 그에게 어떻게 나타나셨는지는 그의 인생의 한 부분이었다(갈 1:13-16). "그를 죽은 자 가운데서 살리신 하나님 아버지"(갈 1:1)와 같은 말을 아무런 설명 없이 단순히 언급한다는 사실은 바울이 이전에 예수 그리스도의 부활을 전하고 설명했음을 암시한다.

경건한 삶

바울은 악한 본성에서 비롯된 15가지 행위를 언급한 뒤 엄숙하게 선언한다. "**전에 너희에게 경계한 것 같이** 경계하노니, 이런 일을 하는 자들은 하나님의 나라를 유업으로 받지 못할 것이요"(갈 5:19-21). 여기서 바울은 자신이 갈라디아 성도들에게 그와 같은 악한 행위를 명백히 거부함으로써 경건한 삶을 살아야 함을 교회 개척 당시 구체적으로 또 단호하게 가르쳤다는 사실을 상기시킨다(참조. 빌 3:17-19). 이전에 그가 갈라디아에 있는 동안 경고를 했기 때문에, 이 편지에서는 악한 본성에서 비롯된 각각의 행위를 자세히 설명하지 않고 단순히 열거만 하는 것이다.

---

41   앞의 82-5, 120-21쪽을 보라.

°데살로니가에서 전한 설교를 상기시키는 표현들

살아 계시고 참되신 하나님

바울은 예수를 하늘에서 내려온 하나님의 아들로, 부활하신 주님으로, 다가올 심판에서 구원하실 분으로 선포하였다(살전 1:10). 그는 데살로니가 성도들이 그 메시지를 듣고 "우상을 버리고 하나님께로 돌아와서 살아 계시고 참되신 하나님을" 섬기게 되었다는 점을 상기시킨다(살전 1:9; 2:2).[42] 갈라디아서 5:20-21을 보면 그가 이전에 우상숭배를 경고하는 말씀을 선포했다고 가정해도 무방할 것이다. 여기서 그는 자신이 갈라디아에서 처음 전도 메시지를 전했을 때 (무엇보다) 우상숭배를 경고하는 말씀을 선포했었다고 상기시킨다. 이방인들에게 우상으로부터 참되고 살아 계신 하나님께로 돌아서라고 촉구했던 유대인들의 메시지를 바울은 기독교적 관점에서 전했던 것이다.[43]

예수의 죽음과 부활

바울이 앞서 재림에 대해 가르쳤던 내용은 그가 교회 개척 당시 그리스도의 죽음과 부활을 전했음을 전제한다(참조. 살전 2:15; 4:14). 예수는 신자들이 그와 함께 살 수 있도록 우리를 위해 죽으셨다(살전 5:10). 데살로니가 성도들이 "죽은 자들 가운데서 다시 살리신 그의 아들이 하늘로부터 강림하실 것을" 기다리고 있었다는 진술은 바울이 이전에 그들에게 하나님 아들의

---

42   살전 1:9-10을 바울의 전도 설교로 자세히 연구한 Pak, *Paul as Missionary*, 3-26을 보라.

43   Senior and Stuhlmueller, *Foundations*, 185-6.

죽음과 부활을 선포했음을 시사한다(살전 1:10).

재림

바울은 데살로니가에서 개척 당시 전한 전도 메시지에서 예수의 재림에 대해 선포했다고 분명히 말한다(살전 1:10; 참조. 4:16; 5:2; 살후 1:7). 그는 추가적인 가르침을 주면서도(살후 2:1 이하) "내가 너희와 함께 있을 때에 이 일을 너희에게 말한 것을 기억하지 못하느냐?"(살후 2:5)라는 질문으로 혼란스러워하는 데살로니가 성도들에게 자신이 이전에 재림을 전했음을 분명히 상기시킨다. 이 상기시키는 말은 이전의 가르침을 다시 강조하는 가운데 등장하지만, 그럼에도 혼란스러워하는 신자들에게 "우리의 편지로 [이전에] 가르침을 받은 전통을 지키라"고 권면하기 위한 것이다. 이미 데살로니가전서에서 바울은 재림에 대해 가르쳤던 내용을 상기시켰다. 그 결과 그들은 하늘에서 오는 하나님의 아들을 기다렸고(살전 1:10), 그래서 사도는 "때와 시기에 관하여는 너희에게 쓸 것이 없음은 주의 날이 밤에 도둑같이 이를 줄을 너희 자신이 자세히 앎이라"라고 분명히 말한 것이다(살전 5:1-2; 참조. 4:16; 5:23).

경건한 삶

바울은 "너희가 마땅히 어떻게 행하며 하나님을 기쁘시게 할 수 있는지를 우리에게 배웠으니, 곧 너희가 행하는 바라"고 쓴 다음, "더욱 많이 힘쓰라. 우리가 주 예수로 말미암아 너희에게 무슨 명령으로 준 것을 너희가 아느니라"(살전 4:1-2)는 말로 그들을 독려한다. 그는 "형제 사랑에 관하여는 너희에게 쓸 것이 없음은 **너희들 자신이 하나님의 가르치심을 받아**…권하노니 더욱 그렇게 행하"라고 다시 말한다(살전 4:9-10). 또한 성적인 음행을 피하도록 "우리가 너희에게 미리 말하고 증언한 것과 같이"라고 말하며 이전의 경고를 상기시킨다(살전 4:6b, 11: "너희에게 명한 것 같이"). 또 자신의 생활 방식을 하나의 본보기로 상기시킨다(살전 2:5-12; 살후 3:6-10). 그는 더 나아가 자신이 이미 그리스도인의 생활 규범과 관련해서 직접 가르쳤다는 사실을 두 번 상기시키면서 "누구든지 일하기 싫어하거든 먹지도 말게 하라"는 규범을 강조한다(살후 3:6, 10).

박해

바울은 데살로니가 성도들에게 자신이 복음을 전할 때 강한 반대에 직면했었음을 상기시킨다(살전 1:6; 2:2; 참조. 행 17:1-9). 또 그들에게 다가오는 박해에 대비하도록 경고했었다고 말한다("**우리가 너희와 함께 있을 때에** 장차 받을 환난을 너희에게 미리 말하였는데", 살전 3:4). 그는 이런 경고를 통해 데살로니가 성도들이 같은 동족에게서 받은 모든 박해를 잘 견뎌내도록 확실히 준비시켰던 것이다(살전 2:14; 살후 1:4).

°로마와 골로새 교회를 '상기'시키는 표현들

로마서와 골로새서는 바울이 한 번도 직접 대면하여 복음을 전한 적이 없는 신자들에게 보낸 편지다(참조. 롬 1:9-14; 15:23-24; 골 1:6-9). 그래서 바울이 그들에게 상기시킬 만한 내용이 아무것도 없어 보인다. 그럼에도 불구하고 로마서에는 이진의 전도 메시지와 비슷한 다양한 내용이 담겨 있다. 바울이 직접 선포하기 원했던 복음을 글로 쓰고 있기 때문이다(참조. 롬

1:15). 상기 또는 **전언(傳言)** 형식으로 표현된 몇몇 언급은 바울이 선교사역 기간에 다른 곳에서 선포했던 내용을 반영한다.

그리스도에 대한 증언

로마서와 골로새서에서 바울은 다른 서신에서 했던 것보다 더 자세하게 복음을 설명하는 것처럼 보인다. 독자들이 바울의 말을 처음 "듣고" 있으므로 더 많은 설명이 필요할 것이었기 때문이다. 예를 들어 바울은 그리스도의 우월성에 대해 자세히 쓴다(골 1:15-23). 그리고는 이것이 곧 골로새 성도들이 "우리와 함께 종 된 사랑하는 에바브라"에게서 들은 복음이며 "나 바울은 이 복음의 일꾼이" 되었다고 말한다(골 1:7, 23). 비록 바울의 말은 골로새 성도들에게 글을 쓸 당시의 그 나름의 목적으로 채색되어 있지만, 에바브라와 자신이 모두 같은 복음의 내용을 선포했음을 내비친다. 로마서에서도 마찬가지다. 바울은 로마서 1:3-4에서 예수가 누구인지에 대해, 로마서 5-8장에서는 칭의와 화해의 복음의 내용에 대해 더 자세히 설명한다.

그리스도의 죽음과 부활

바울은 예수의 부활을 믿고 그리스도의 주님 되심을 고백하는 것이 구원을 얻게 하는 두 가지 필수 요소라고 밝힌다. "곧 우리가 전파하는(현재시제 *kēryssomen*을 주목하라) 믿음의 말씀이라. 네가 만일 네 입으로 예수를 주로 시인하며 또 하나님께서 그를 죽은 자 가운데서 살리신 것을 네 마음에 믿으면 구원을 받으리라"(롬 10:8-9).[44] 이는 바울이 그리스도의 주님 되심과 그

44 　참조. Dodd, *Apostolic Preaching*, 14.

분의 부활을 전했음을 보여준다. 부활을 통해 예수는 다윗의 자손, 메시아, 하나님의 아들로 선포되었다(롬 1:3-4). 그는 예수의 죽음도 전했다("이를 위하여 그리스도께서 죽었다가 다시 살아나셨으니 곧 죽은 자와 산 자의 주가 되려 하심이라", 롬 14:9). 바울은 예수의 죽음[45]과 부활[46]을 자주 언급한다. 예수의 죽음과 부활과 높아지심(하늘 보좌에 앉으심)은 바울의 전도 설교에서 필수적인 부분을 구성한다(롬 4:24-25; 8:31-34; 10:9; 14:9). 이런 메시지를 전한 다음, 그는 신앙 고백과 믿음으로 그리스도께 반응할 것을 요구했던 것이다.

바울은 골로새 성도들에게도 같은 사실을 상기시킨다. "전에 악한 행실로 멀리 떠나 마음으로 원수가 되었던 너희를 이제는 **그의 육체의 죽음**으로 말미암아 화목하게 하사…너희가 들은 바…이 복음은 천하 만민에게 전파된 바요, 나 바울은 이 복음의 일꾼이 되었노라"(골 1:21-23). 그는 골로새 성도들이 에바브라에게서 들은 복음이 자신이 온 세상에 전파한 복음과 같은 공통된 복음이었다고 단언한다(골 1:5-7). 복음의 공통 내용은 예수 그리스도의 육체적 희생과 부활을 통해 성취된 하나님과 인류 사이의 화해였다.

경건한 삶

갈라디아서의 경우와 달리 바울은 골로새 성도들에게는 경건한 삶에 대한 지침을 상당히 자세하게 쓴다(골 3:1-17). 그는 로마서에서도 그렇게 한다. 신자들 사이의 사랑의 관계에 대해서는 훨씬 더 자세하게 설명한다(롬

---

45 롬 5:6, 8; 6:10; 14:9, 15; 골 2:12, 20.

46 롬 1:4; 4:24-25; 6:4, 5, 9; 7:4; 8:11, 34; 10:9; 골 1:18; 2:12, 3:1.

12:9-21; 13:8-14; 14:1-23). 이는 십중팔구 그가 이전에 직접 그들을 가르친 적이 없기 때문일 것이다. 이런 내용을 보면 바울이 회심자들을 직접 대면하여 권면했을 때 어떤 종류의 메시지를 전했을지 단서를 잡을 수 있다. 곧 주님을 따르는 제자로서 주님께 합당한 삶을 살며 또한 성도들끼리 서로 사랑하라고 권면했을 것이 분명하다.

°바울의 전도 메시지에 대한 요약

우리는 바울이 자신의 서신에 쓴 상기 형식을 분석함으로써 그의 전도 메시지의 핵심을 재발견하려 했고, 이제 그 연구 결과를 요약해보겠다. 바울이 전한 전도 설교의 주된 핵심은 분명 예수의 죽음과 부활이었다. 예수는 우리의 죄로 인해 십자가에 달리셨고 장사되시고 셋째 날에 다시 살아나셨다. 바울이 이런 사건들이 "성경대로" 성취되었다고 전했다는 사실은 바울이 구약 자체를 근거로 하여 그리스도 사건을 성경의 성취로서 증언했음을 나타낸다. 따라서 바울이 볼 때 그리스도의 십자가 형벌은 오심(誤審) 때문에 생긴 것이 아니라, 하나님의 구원 목적을 성취하기 위함이었다.[47]

십자가에 대한 말씀은 바울이 개척 당시 전한 복음 메시지의 핵심이었다. 바울은 예수가 "이 악한 세대에서 우리를 건지시려고 우리 죄를 대속하기 위하여"[48] 죽으셨다[49]는 점을 강조한다. 그는 구약의 약속들을 설명하

---

47   롬 1:2-3; 고전 15:3-7; 행 13:26-31; 17:2; 18:28; 28:23; 눅 24:44-48.

48   갈 1:4; 고전 15:3; 롬 5:8; 갈 3:13; 엡 5:2; 딛 2:14; 참조. 벧전 2:24.

49   바울이 예수의 생애와 사역을 언급하지 않은 채 예수의 죽음을 전한다는 것은 거의 불가능해 보인다. 따라서 "바울이 서신서보다는 설교에서 십자가형 이전의 사건들과 예

고 많은 증인을 열거함으로써 예수의 부활이 지닌 역사성과 확실성을 강조한다(고전 15:5-8). 그가 예수를 하나님의 아들, 그리스도, 주, 심판자[50]로 선포한 것은 예수의 부활이 지닌 의미를 바탕으로 한 것이었다(고후 1:19; 롬 1:4).[51] 그리스도의 부활에 대한 메시지는 바울과 사도들의 복음 선포에서 핵심적인 부분이었다.[52] 사실 사도행전에 나타난 베드로의 설교[53]와 서신서에 나타난 바울의 설교[54]는 내용이 거의 똑같다. "바울의 복음과 신학은 초기 기독교의 복음 메시지에 대한 해설과 발전"이라는 G. 보른캄(Bornkamm)의 말은 옳으며, 그 선포의 내용은 예수의 죽음과 부활과 재림을 포함한다.[55] 예수의 높아지심과 재림에 대한 바울의 선포 역시 예수의 부활이 지닌 함의에서 비롯되었을 것이다(참조. 빌 2:8-9).

수라는 인물에 더 큰 강조점을 두었을 가능성을 열어두어야 한다"는 Stanton, *Jesus of Nazareth*, 113의 결론은 옳아 보인다. 이 진술은 Mounce, "Preaching," 736에서 긍정적으로 인용되었다. Hengel, *Earliest Christianity*, 83; Kim, 'Jesus, Sayings of', 474-92도 긍정적으로 인용한다. Klausner, *From Jesus to Paul*, 315-16에서 가장 긍정적으로 인용된다. 예수의 제자로서 바울에 대한 자세한 논의는 Wenham, *Paul*을 보라.

50 Bultmann, *Theology*, 1:75-9.

51 Sanders, *Palestinian Judaism*, 447: 예수의 부활은 "그리스도의 주님 되심, 그의 재림, 심판, 믿는 자들의 구원을 내포한다."

52 롬 1:4; 4:25; 8:19ff.; 고전 15:20ff.; 살전 4:14; 행 2:36; 4:12; 10:42; 24:15; Ladd, *Theology*, 317.

53 행 2:14-39; 3:13-26; 4:10-12; 5:30-32; 10:36-43.

54 롬 1:2-4; 2:16; 8:34; 9:5; 10:8-9; 고전 15:3-4; 참조. 행 13:17-41; 17:22-31; 23:6; 24:21; 25:19; 26:6-8.

55 Bornkamm, *Paul*, 110, 114. 그는 113쪽에서 계속해서 이렇게 말한다. "스스로 보기에 바울은 일련의 인물들 가운데 한 명이었고, 따라서 바울이 어떤 구체적인 '독창성'을 발휘했을지도 모른다고 주장해서는 안 된다. 특히 기독론 문제는 더욱 그렇다(물론 그 나름의 특징을 갖고 있기는 하다). 이는 바울을 '종교적 천재'로 간주하고 그의 신학을 단순히 개인적이고 개별적인 경험의 직접적인 결과로만 간주할 때, 이 사도의 신학이 지닌 본질이 완전히 오해된다는 사실을 보여준다."

바울은 "우리 죄를 대속하기 위하여"라는 문구로 그리스도의 죽음이 지닌 의미를 설파하면서 사람들에게 회개로 응답할 것도 촉구했다.[56] "바울의 메시지는 그것을 믿는 사람에게만 복음이자 좋은 소식이었다. 결과적으로 바울은 다른 모든 초기 설교자와 마찬가지로 믿음을 요구했다. 믿음이 없으면 바울의 말은 어떤 구원도 이루지 못했다."[57] 바울의 설교에는 분명 목표가 있었다. 그의 설교는 죄에 대한 회개, 예수의 죽음과 부활에 대한 믿음, 예수는 주님이라는 고백을 통해 청중의 구원을 기대했다. 바울의 청중은 그의 메시지를 믿고 받아들였을 때 성령의 나타나심을 경험했고(고전 2:4-13; 갈 3:1-5; 살전 1:4-6), 이는 구원을 베푸시는 하나님의 은혜에 대한 분명한 증거로 받아들여졌다.[58]

바울은 자신이 전한 선교적 메시지에 그리스도 안에 있는 새 피조물로서 경건한 삶을 살라는 신자들을 향한 권면을 포함시켰다. 또한 새로운 회심자들에게 그리스도 예수를 믿기 때문에 발생하는 박해에 대비하라고 경고했다(살전 3:4). 그는 청중이 처한 서로 다른 배경에 따라 서로 다른 접근법과 강조점을 사용하기도 했다(참조. 고전 9:19-23). 곧 유대인에게는 예수의 죽음과 부활을 구약에 나오는 약속의 성취로 다루었을 것이고, 그 약속을 근거로 예수가 약속된 메시아라고 설명했을 것이다. 또한 이방인에게는 살아 계신 하나님을 아는 참된 지식과 우상의 무용함에 대한 메시지를 포

---

56 회개에 관한 표현이 바울 서신에서 자주 등장하지는 않지만(참조. 롬 2:4; 고후 7:9, 10; 12:21), 바울은 "우상을 버리고"(살전 1:9-10), "마음을 새롭게 함으로"(롬 12:2), "회개하지 아니한 마음"(롬 2:5)과 같은 다른 표현들을 사용하여 이런 의미를 전달하고 있는 것이 분명하다.

57 Keck, *Paul*, 49.

58 Turner, *Holy Spirit*, 135: "그리스도인의 '생명'은 성령으로 시작된다."

함시켰을 것이다(참조. 살전 1:9; 고후 6:16). 바울은 자신이 처음에는 예수와 예수의 제자들에 대해 적대적인 태도를 보였지만 결국 주님을 믿게 되었다는 간증도 종종 포함시켰다(갈 1:13-14; 빌 3:4-11). 무엇보다도 그는 설교할 때마다 십자가와 부활에 대한 메시지를 포함시켰다. 그 메시지가 자기 설교의 핵심이었기 때문이다. 그는 다른 많은 가르침과 교훈도 이 본질적이고 일관된 메시지에 근거해서 설파했다.

앞서 1장에서 우리는 사도행전에서 불신자들을 회심시키려는 목적으로 전한 바울의 전도 설교를, 이미 신자가 된 사람들에게 그들을 믿음 안에서 든든히 세우기 위해 전한 실제 바울의 목회적 메시지와 액면 그대로 비교하는 필하우어의 방법이 타당하지 않다고 지적했다. 너무나 오랫동안 학자들은 사도행전에 기록된 바울의 전도 설교를 바울이 자신의 편지에서 설명하는 복음의 더 발전된 함의와 비교하는 오류를 범해왔다. 그들의 연구가 종종 잘못된 결론에 도달한 것은 바로 그 때문이다. 이 장에서 우리는 바울 서신에 있는 바울의 전도 설교 메시지를 확인했다. 따라서 이제 우리는 사도행전에서 누가가 바울의 전도 설교로 기록해놓은 내용이 어느 정도 신뢰할 만한지 밝힐 수 있는 더 나은 위치에 도달했다.

사도행전의 바울과 실제 바울의 전도 설교 비교

이제 우리가 할 일은 사도행전에 기록된 내용 가운데서 사도행전의 바울이 선포한 전도 메시지의 내용을 찾아내는 것이다. 이렇게 하면 실제 바울과 사도행전에 나타난 바울의 전도 메시지가 어느 정도나 양립 가능한지를 평가할 수 있을 것이다. 그런 다음 바울을 전도 설교자로 묘사하는 누가의 신뢰성을 알아내기 위해 두 가지를 더 검토할 것이다. 먼저, 사도행전과 서신서에 상응하는 전도적 주제가 있는지 검토해볼 것이다. 그다음, 사도행전에 특정하게 묘사된 도시(예. 고린도)에서 바울이 수행했던 첫 선교사역과 그 도시들의 교회에 보낸 후속 편지들(고린도전서와 고린도후서) 사이에 구체적으로 상응하는 요소가 있는지를 연구할 것이다. 이러한 다각적인 검토는 사도 바울을 묘사하는 누가의 신뢰도를 확인하는 데 큰 도움이 될 것이다.

°사도행전에 기록된 바울의 전도 설교

앞의 단락에서는 바울 서신에 나타난 그의 바울의 전도 설교의 핵심을 찾아냈다. 그 설교의 핵심은, 그리스도, 그분의 죽음과 부활, 재림 그리고 마지막으로 경건한 삶에 대한 바울 자신의 권면이다. 이러한 주제를 누가도 다루는데, 특별히 예수가 그리스도라는 것과 그의 죽음과 부활을 가장 중요한 주제로 제시한다는 점을 주목하는 것이 중요하다. 이는 누가가 바울의 사역을 기록할 때 그 초점이 목회자나 신학자로서의 바울이 아니라 선교하는 복음 전도자로서의 바울이었다는 것을 뜻한다. 이제 사도행전에서 바울의 설교로 기록된 전도 설교의 핵심을 수집한 다음, 이를 서신서에서 상기 형식을 사용하여 찾아낸 이 두 가지 주제와 비교할 것이다.

예수는 그리스도

누가는 바울이 회심한 즉시 다메섹 회당에서 예수가 하나님의 아들이심을 전파하고 또한 (구약으로) 예수가 그리스도이심을 입증함으로써 유대인들과 논쟁했다고 기록한다(행 9:20, 22). 자신의 서신에서 바울은 다메섹 체험에 대해 언급하는 과정에서 하나님이 "그의 아들을…내 속에" 나타내셨다고 말한다(갈 1:16을 보라). 비시디아 안디옥에서, 사도행전의 바울은 구약을 통해 예수가 다윗의 자손이자 약속된 구원자 메시아일 뿐만 아니라 부활을 근거로 하나님의 아들이기도 하다는 것을 입증하기 위해 설교한다(행 13:22, 33). 그리고 이는 실제 바울도 로마서 1:2-4에서 하는 말이다. "이 복음은 하나님이 선지자들을 통하여 그의 아들에 관하여 성경에 미리 약속하신 것이라. 그의 아들에 관하여 말하면 육신으로는 다윗의 혈통에서 나셨고 성결의 영으로는 죽은 자들 가운데서 부활하사 능력으로 하나님의 아들로 선포되셨으니." 따라서 바울이 볼 때 복음은 곧 하나님의 아들의 복음이다(롬 1:9). 바울은 고린도 성도들에게 "하나님의 아들 예수 그리스도"가 "나와 실루아노와 디모데로 **말미암아 너희 가운데 전파**되었다는 사실을 더 분명하게 상기시킨다(고후 1:19). 사도행전의 바울은 사도행전에서 예수를 바울 서신에서 친숙하게 볼 수 있는 하나님의 아들이라는 호칭으로 언급하는 유일한 전도자라는 점에 주목해야 한다.

또한 누가는 바울이 데살로니가 회당에서 성경을 통해 그리스도의 죽음과 부활을 쟁론하고 입증하며, "내가 너희에게 전하는 이 예수가 곧 그리스도"라고 선포하는 모습을 묘사한다(행 17:2-3). 더 나아가 누가는 "바울이 하나님의 말씀에 붙잡혀 [고린도 회당의] 유대인들에게 예수는 그리스도라 밝히 증언"했다고 보고한다(행 18:5; 그 이전의 17:3을 참고하라; 베드로와 아볼로도 그랬다: 5:42; 18:28). 마찬가지로 바울도 고린도 성도들에게 "내가 너희 중에서 예수 그리스도와(=예수가 그리스도이신 것과) 그가 십자가에 못박히신 것 외에는 아무것도 알지 아니하기로 작정"했음을 상기시킨다(고전 1:23; 2:2). 사도행전의 바울 역시 아그립바 왕과 유대인 지도자들 앞에서 자신이 "증언하는 것은 선지자들과 모세가 반드시 되리라고 말한 것밖에" 없다고 증언한 다음(행 26:22; 24:14-15; 26:6-7; 참조, 눅 24:27, 44-47) 계속해서 "그리스도가 고난을 받으실 것과 죽은 자 가운데서 먼저 다시" 살아나실 것에 대해 말한다(행 26:23). 예수가 그리스도임을 입증하려는 바울의 시도는 로마에서도 계속된다(행 28:31). 이는 바울이 특히 유대인 청중에게 그리스도의 죽음과 부활이 성경의 성취임을 입증하기 위해 성경을 사용하고 있음을 의미한다(롬 1:2-4; 고전 15:3-4; 갈 1:15-16; 행 28:23). 이렇듯 바울과 누가 모두 비슷한 내용을 전달하는 것이 분명해 보인다. 바울이 전도 설교에서 본질적으로 전하는 내용은 십자가에 달리시고 부활하신 예수가 그리스도이며 하나님의 아들이심을 성경에서 입증하는 것이었다.

그리스도의 죽음과 부활

사도행전에 묘사된 바울은 예수의 죽음과 부활을 일관되게 전파한다. 특히 비시디아 안디옥의 회당에서 전한 설교에서 이를 강조한다(행 13:28-30). 사도행전의 바울이 다음과 같이 말하는 것은 특히 흥미롭다. "하나님이 죽은 자 가운데서 그를 살리신지라. 갈릴리로부터 예루살렘에 함께 올라간 사람들에게 여러 날 보이셨으니, 그들이 이제 백성 앞에서 그의 증인이라"(행 13:30-31). 바울은 고린도전서 15:5-8에서 그리스도의 부활을 목격하고 "지금까지 대다수는 살아 있는" 수많은 증인이 있다는 진술을 통해 누가의 이런 기록을 뒷받침한다. 사도행전의 바울은 비시디아 안디옥에서 설교하면서 부활을 입증할 구약 본문을 인용하여 예수의 부활을 강조한다(행 13:30-

37).[59] 그는 아테네에서도 그랬다. 그곳에 모였던 철학자들이 바울을 초대하여 연설하게 한 것은 "그가 **예수와 부활**을 전하기 때문"이었다(행 17:18). 만약 중간에 방해받지만 않았다면 그는 예수의 부활에 대해 계속 이야기했을 것으로 보인다(행 17:31-32). 사도행전의 바울은 예수 그리스도의 부활이 하나님께서 그를 세상의 심판자로 세우셨다는 증거라고 주장한다(행 17:31). 이것은 로마서 1:4에서 하나님이 예수를 죽은 자들 가운데서 살리셔서 그를 하나님의 아들로 선포하고 입증하셨다는 바울의 말과 같다.

나중에 사도행전의 바울은 자신이 (예수의) 부활을 설교했기 때문에 재판을 받게 되었다고 반복적으로 주장한다(행 23:6; 24:15, 21; 26:6-8, 22-23). 사실 부활은 사도행전에 나오는 설교의 중심 주제다.[60] 베스도 총독 역시 바울이 예수가 죽은 자들 가운데서 부활하여 살아 계신다고 주장했다고 그가 전한 내용을 요약한다(행 25:19). 바울의 전도 설교에서 예수의 부활이 차지하는 중심적 위치는 고린도전서 15:12-15에서도 분명하게 강조된다.

> 그리스도께서 죽은 자 가운데서 다시 살아나셨다 전파되었거늘, 너희 중에서 어떤 사람들은 어찌하여 죽은 자 가운데서 부활이 없다 하느냐?…그리스도께서 만일 다시 살아나지 못하셨으면, 우리가 전파하는 것도 헛것이요, 또 너희 믿음도 헛것이며, 또 우리가 하나님의 거짓 증인으로 발견되리니, 우리가 하나님이 그리스도를 다시 살리셨다고 증언하였음이라.

---

59 Steyn, *Septuagint Quotations*, 169-94을 보라.

60 Ladd, *Theology*, 317: "부활": 1:22; 2:31; 4:2; 17:18, 32; 23:6; 24:21; "살리셨으니": 2:24, 30; 3:15, 26; 4:10; 5:30; 10:40; 13:30, 33, 34, 37; 17:3, 31; 25:19, 26:8, 23.

바울의 설교와 신자들의 믿음에서 가장 결정적인 내용은 예수의 부활이었다.[61]

서신서의 바울이 예수의 죽음과 부활이라는 복음을 어떻게 성경의 성취로 설파했는지를 요약하는 것처럼(고전 15:3-4; 롬 1:2-4), 사도행전의 바울도 그렇게 한다. 그는 비시디아 안디옥의 회당에서 설교하면서 유대인 관원들이 예수에게 유죄 선고를 한 것이 성경의 성취였다고 주장한다. 더구나 그는 예수의 하나님 아들 되심, 메시아 되심, 죽음과 부활을 입증하기 위해 구약의 성구들을 증거로 인용한다(행 13:23-37). 그는 데살로니가에서 또다시 "성경을 가지고 [유대인들에게] 강론하며 뜻을 풀어 그리스도가 해를 받고 죽은 자 가운데서 다시 살아나야 할 것을 증언하고", "내가 너희에게 전하는 이 예수가 곧 그리스도라"고 말했다(행 17:2-3). 고린도에서도 똑같이 한다. "안식일마다 바울이 회당에서 [성경을 가지고] 강론하고 [예수 그리스도와 그의 죽음과 부활에 대해] 유대인과 헬라인을 권면하니라"(행 18:4, 19).

사도행전의 바울은 훗날 자신을 변호하는 과정에서 그의 설교가 성경에 근거한 것이라고 반복적으로 말한다. 벨릭스 총독 앞에서 바울은 이렇게 증언한다. "[나는] 율법과 선지자들의 글에 기록된 것을 다 믿으며 그들이 기다리는 바 하나님께 향한 소망을 나도 가졌으니 곧 의인과 악인의 부활이 있으리라 함이니이다"(행 24:14-15). 그는 아그립바 왕에게도 "선지자들과 모세가 반드시 되리라고 말한 것밖에 없으니, 곧 그리스도가 고난을

---

61 롬 1:4; 4:25; 6:4; 8:11; 10:9; 고전 6:14; 15:4, 15; 갈 1:1; 엡 1:20; 골 2:12; 살전 4:14 등. Sanders, *Palestinian Judaism*, 444도 바른 견해를 피력했다.

받으실 것과 죽은 자 가운데서 먼저 다시" 살아나실 것을 말했을 뿐이라고 강변한다(행 26:22b-23). 누가는 바울이 다메섹에서 시작하여 로마에서 끝 맺을 때까지 일관되게 구약을 근거로 복음을 제시했다고 기록한다(행 9:22; 28:23). 실제 바울이 고린도전서 15:3-4에서 정확히 증언하듯이, 사도행전의 바울도 예수의 죽음과 부활을 성경을 통해 쟁론하고 입증함으로써 전파하고 있다.

사도행전의 바울은 경건한 삶을 사는 일에 대해서는 회심자들에게 많은 말을 한 것처럼 보이지 않는다. 그러나 아그립바 왕 앞에서 하나님의 부르심에 순종한 자신의 선교적인 삶 전체를 어떻게 요약하는지에 주목하는 것이 중요하다. 그는 자신이 "회개하고 하나님께로 돌아와서 **회개에 합당한 일을 하라** 전하"였다고 종합한다(행 26:20; 갈 6:10; 골 3:1-17; 딤전 6:18). 따라서 우리는 바울에 대해 누가가 묘사한 내용이 실제 바울이 전한 내용, 즉 예수는 인류의 죄를 위해 십자가에 달리셨고 죽은 자들 가운데서 부활하셨으며, 따라서 그리스도이자 하나님의 아들이라는 내용과 일치할 확률이 매우 크다고 결론지을 수 있다.

그리스도의 재림

바울은 고린도 성도들에게 "너희가…우리 주 예수 그리스도의 나타나심을 기다림이라"고 썼고(고전 1:7; 4:5; 6:5), 데살로니가 성도들에게도 "그가 강림하실 때 우리 주 예수 앞에" 그들을 "자랑"하겠다고 확언한다(살전 2:19; 3:13; 4:15-16; 5:23; 살후 1:7-10). 사도행전의 바울과 실제 바울은 모두 재림하시는 예수를 산 자와 죽은 자의 심판자로 표현한다.[62] 누가는 또 그리스도의 승천을 기록하면서 예수의 재림을 증언한다. "너희 가운데서 하늘로 올려지신 이 예수는 하늘로 가심을 본 그대로 오시리라"(행 1:11). 더 나아가 바울이 고린도 교회에 죽은 자들의 부활에 대해 그토록 자세하게 써 보냈다는 사실은, 바울이 고린도에서 선교사역을 했던 시기에 이 문제에 대해 자세하게 가르치지 않았음을 시사한다(고전 15:20-28). 이런 면에서 볼 때 사도행전의 바울도 선교사역의 후기 단계에 가서야 죽은 자의 부활에 대해 말한다는 점은 흥미롭다(행 26:6-8).

°사도행전과 바울 서신에서 상응하는 복음적 주제들

하나님 나라

하나님 나라는 바울 서신에서 눈에 띄는 주제다. 그러나 바울은 이 중요한 주제를 설명하거나 해설하지 않는다. 그 이유는 그가 선교여행 기간에 이미 이에 대해 가르친 적이 있었기 때문일 것이다. 서신서 여러 곳에서 바울이 하나님 나라의 **상속**에 대해 말한다는 사실이 우리의 관점을 뒷받침해 준다(예. 롬 14:27; 고전 4:20).[63] 누가도 하나님 나라가 바울 설교의 전반적인 주제였던 것으로 암시한다. 그는 바울이 에베소에서 석 달 동안 담대히 말하며 하나님 나라에 대해 설득력 있게 강론했다고 썼다(행 19:8). 사도행전

---

62   롬 2:16; 14:9-12; 고전 4:5; 고후 5:10; 살후 1:8-10; 딤후 4:1; 행 17:31.
63   또한 고전 4:20; 6:9-10; 15:24, 50; 갈 5:21; 엡 2:2; 5:5; 골 1:12-13; 4:11; 살전 2:12; 살후 1:5; 딤후 4:1, 18.

의 바울은 에베소 장로들에게 그가 과거에 에베소에서 하나님 나라를 전파했고 이는 "하나님의 뜻"과 관련이 있다는 사실을 상기시켰다(행 20:25, 27). 바울은 훗날 로마에 있는 유대인들에게 성경을 가지고 예수를 설명할 때에도 하나님 나라에 대해 가르쳤다(행 28:23, 31). 실제 바울은 예수의 왕 되심에 대해 가르치며(고전 15:22-25; 참조, 엡 5:5; 딤전 6:15), 마찬가지로 사도행전의 바울도 예수의 왕 되심을 전파한다고 고발당했다(행 17:7).

우상을 버리라는 촉구

바울은 데살로니가 성도들에게 그들이 과거에 "하나님을 모르는 이방인"(살전 4:5)과 같았지만 자신이 우상숭배에 대해 경고한 설교를 들은 후 "우상을 버리고 하나님께로 돌아와서 살아 계시고 참되신 하나님을" 섬긴다는 사실을 상기시킨다(살전 1:9; 2:2). 그는 고린도 성도들에게도 우상을 숭배하던 그들의 과거에 대해 말한다. "너희도 알거니와 너희가 이방인으로 있을 때에 말 못하는 우상에게로 끄는 그대로 끌려갔느니라"(고전 12:2). 그는 그들이 이제 우상에게서 돌아섰는데, 또다시 우상숭배자가 되거나 우상숭배자들과 사귀지 말라고 거듭 충고한다(고전 5:10-11; 6:9; 10:7, 14; 고후 6:16). 이렇듯 바울은 우상과 관련된 이전의 가르침을 철저히 재확인한다. "[너희가] 우상은 세상에 아무것도 아니며 또한 하나님은 한 분밖에 없는 줄 아노라"(고전 8:4; 또한 10:19-20). 그는 로마 성도들에게도 우상숭배를 강하게 정죄한다(롬 1:22-25; 2:22).

더 나아가 바울이 갈라디아 성도들에게 쓴 글은 가장 주목할 만하다. 이는 사도행전에 나오는 기록과 비교될 수 있기 때문이다. 바울은 갈라디아 성도들이 그가 전한 복음을 믿고 우상숭배를 버리고 하나님께로 돌아섰다고 회상한다. "너희가 그때에는 하나님을 알지 못하여 본질상 하나님이 아닌 자들에게 종노릇하였더니"(갈 4:8). 바울은 과거 교회 개척 당시에 악한 본성에서 나오는 다른 14가지 악한 행위를 멀리하라고 경고한 것처럼("전에 너희에게 경계한 것 같이 경계하노니": 갈 5:19-21) 우상숭배를 피하라고 권면한다. 이는 바울이 갈라디아에 있었을 때 우상숭배를 경고하는 설교를 했다는 것을 분명히 시사한다.

누가는 바울이 갈라디아 지방에 있는 루스드라의 이방인들에게 우상에서 돌아서라고 강력히 권고했다고 기록한다. "여러분에게 복음을 전하는 것은 이런 헛된 일을 버리고 천지와 바다와 그 가운데 만물을 지으시고 살아 계신 하나님께로 돌아오게 함이라"(행 14:15). 누가는 또 아테네에서 바울이 그 성에 우상이 가득한 것을 보고 격분했다고 기록한다. 바울은 아레오바고에서 자신에게 연설할 기회가 주어지자 우상숭배라는 주제로 연설을 시작했고 다음과 같이 끝맺었다. "하나님을 금이나 은이나 돌에다 사람의 기술과 고안으로 새긴 것들과 같이 여길 것이 아니니라. 알지 못하던 시대에는 하나님이 간과하셨거니와, 이제는 어디든지 사람에게 다 명하사 회개하라 하셨으니"(행 17:29-30). 또 누가는 에베소에서 우상을 만드는 은 세공사가 바울을 고발한 것은 바울이 아데미 여신을 포함하여 "사람의 손으로 만든 것들은 신이 아니라"며 많은 사람을 설득시켰기 때문이었다고 기록한다(행 19:26-27).

회개 촉구

"회개하다/회개"라는 말은 바울 서신에 자주 등장하지 않는다. 아마도 편지의 수신자들이 이미 신자가 된 상태였으므로 굳이 **구원받기 위한** 회개를 촉구할 필요는 없었을 것이다. 바울은 "회개"라는 말을 오히려 그리스도인의 삶의 문제를 다루면서 사용하고 있다. 바울은 고린도 성도들을 근심케 한 그의 단호한 편지를 언급하면서 그들이 바르게 회개했다고 지적한다. "너희가 근심함으로 회개함에 이른 까닭이라.…하나님의 뜻대로 하는 근심은…구원에 이르게 하는 회개를 이루는 것이요"(고후 7:9-10). 그러나 바울은 불신자들을 염두에 둘 때는 회개를 강하게 요구한다. "혹 네가 하나님의 인자하심이 너를 인도하여 회개하게 하심을 알지 못하여 그의 인자하심과 용납하심과 길이 참으심이 풍성함을 멸시하느냐? 다만 네 고집과 회개하지 아니한 마음을 따라 진노의 날 곧 하나님의 의로우신 심판이 나타나는 그날에 임할 진노를 네게 쌓는도다"(롬 2:4-5).

사도행전의 바울은 에베소 교회의 장로들을 향해 자신이 "유대인과 헬라인들에게 하나님께 대한 회개와 우리 주 예수 그리스도께 대한 믿음을 증언"했다고 상기시킨다(행 20:21).[64] 여기서 바울은 회개하여 구원을 얻으라고 촉구했던 자신의 설교를 떠올리는 것이지, 장로들에게 회개하라고 요구하는 것은 아니다. 훗날 그는 자신의 선교사역 전체를 이렇게 요약한다. "이제는 [하나님이] 어디든지 사람에게 다 명하사 회개하라 하셨으니"(행 17:30). 그 이전에 루스드라에서 바울은 이방인에게 회개하여 우상을 떠나 살아 계신 하나님께로 돌아오라고 촉구하기도 했다(행 14:15; 참조. 살전 1:9-10).

---

64   Walton, *Leadership*, 161-2; 살전 1:9의 *epistrephō*는 행 20:21의 *metanoia*에 상응한다.

바울의 설교에 대한 반응

바울은 유대인과 이방인 모두에게 복음을 선포했다. 복음이 먼저는 유대인에게, 그리고 이방인에게도 똑같이 구원을 주시는 하나님의 능력이라고 믿었기 때문이다(롬 1:16). 바울과 누가는 모두 이 두 종족 그룹이 바울의 설교에 같은 반응을 보였다고 기록한다. 전반적으로 이방인은 복음의 메시지를 환영했으나 유대인은 이를 거부했다는 것이다.[65] 누가는 특히 갈라디아에서 바울의 사역에 좋은 열매가 있었음을 언급하는데, 바울 자신도 그의 서신에서 갈라디아에 도착했을 때 받은 환대를 넌지시 언급한다(행 13:43, 49; 14:1, 21; 갈 4:12-15). 사도행전에 따르면 바울은 평소 습관대로 회당에 들어간다.[66] 어떤 학자들은 바울이 유대인과 유대교 율법에 반대했다고 이해하여 바울이 유대인들에게 접근했을 리가 없다고 주장한다. 그러나 바울이 회당 지도자들에게 다섯 번 징계를 당했다는 사실은 그가 유대인들에게 복음을 전하려고 시도하다가 그런 일이 발생했을 것이라는 점을 암시한다(고후 11:24). 더 나아가 바울은 동족 유대인들에게 복음을 선포하려는 열정으로 가득함을 증언하며(고전 9:19-20; 롬 9:1-4; 11:14) 그러한 열정에 이끌려 회당에 들어가 복음을 전하게 되었을 것이다.

바울이 개척한 모든 교회가 주로 이방인으로 구성되었다는 사실은 누가가 기술하듯이 바울이 전한 복음의 메시지를 받아들인 이들이 주로 이방인이었음을 나타낸다. 바울은 에베소와 드로아의 이방 지역에서 복음의 문이 활짝 열렸다는 소식을 알려준다. "내가⋯에베소에 머물려 함은 내게

---

65 롬 9:27-33; 10:21; 11:7-8, 17-24; 행 13:44-47; 14:19; 18:6, 12; 19:9-10; 28:28.

66 행 9:20; 13:5, 14; 14:1; 17:2, 10, 17; 18:4, 18; 19:8; 28:17-29.

광대하고 유효한 문이 열렸으나"(고전 16:9). "내가 그리스도의 복음을 위하여 드로아에 이르매 주 안에서 문이 내게 열렸으되"(고후 2:12). 이는 바울이 드로아와 빌립보를 방문했을 때 이방인들이 복음을 잘 받아들이는 것을 경험했다는 말이다(행 16:8, 11-15). 그는 로마서에서도 이방인들이 그리스도를 잘 믿고 있다고 긍정적으로 묘사한다(롬 2:14-15, 26-29; 9:25-26; 10:20; 11:20).

그런가 하면 감람나무의 이미지를 예로 들면서 유대인들은 불신앙 때문에 가지에서 꺾여 나갔다고 설명한다(롬 11:20, 25). 로마서에서 바울은 유대인의 불신앙을 거듭 고발하고(롬 9:30-33; 10:21; 11:7-10, 25) 이방인의 믿음을 칭찬한다. 그는 신명기 32:21을 인용하면서 이방인이 과거에는 하나님의 축복 안에 들지 못했었지만, 이제는 구원의 축복을 누리게 되어 오히려 유대인들로부터 시기를 받게 되었다고 설명한다(롬 10:19; 11:11, 14).

사도행전의 기록도 이와 비슷한 상황을 전달한다. 누가도 이방인의 믿음과 유대인의 불신앙을 대조한다(행 13:44-50; 14:2, 14-19; 17:4, 12; 18:8, 16; 19:9). 사도행전의 바울도 로마서의 바울과 마찬가지로(롬 2:17-29; 9:27-29; 10:21; 11:7-9) 성경을 통해 유대인의 불신앙을 입증하고 혹평을 쏟아낸다(행 13:41, 46, 51; 18:6; 28:25-29). 바울이 로마서에서 말한 것같이 누가도 유대인들이 시기심을 품게 되었다고 말한다. "유대인들이 그 [이방인의] 무리를 보고 시기가 가득하여 바울이 말한 것을 반박하고 비방하거늘"(행 13:45; 롬 10:19; 11:14). 데살로니가에서 많은 수의 이방인들이 바울이 전한 복음을 믿었을 때(살전 1:6) 유대인들은 또다시 시기가 가득해져서 데살로니가뿐만 아니라 베뢰아까지 원정을 가서 군중을 선동했다(행 17:4-5, 13). 유대인들이 바울의 메시지를 배척한 사건은 사도행전에 자주 기록되었는데, 바울은 보통 이런 상황을 이방인에게로 돌아서는 계기로 삼았다(행 13:46-48; 16:6-10; 18:6; 22:21; 26:20; 28:28). 반면 사도행전에서 이방인들은 바울의 메시지를 환영했고, 그는 이방인의 회심이 매우 특별한 하나님의 역사라고 간증한다(행 14:27; 15:3; 21:19; 서신에서도 그렇다: 고전 16:9; 고후 2:12; 골 4:3). 마찬가지로 실제 바울도 사역에 있어서 구원론적 방향의 우선순위가 뒤바뀌었으므로, "온 이스라엘"이 구원받기 전에 이방인의 충만한 수가 성취될 것이라고 단언한다(롬 11장).[67]

°복음 전도자 바울

이제 복음 전도자 바울을 표현하는 바울과 누가의 서술을 비교할 차례다. 바울이 자신의 소명을 확신했고 또 이방인을 향한 부르심을 매우 분명하게 의식했음에도 불구하고 그가 유대인에게 선교한 것을 포함하여 다른 몇 가지 작은 주제를 살펴보고자 한다.

복음 전파의 소명에 대한 확신

바울은 자신이 복음을 전하라고 특별히 보내심을 받았다는 사실을 잘 알고 있었다. "그리스도께서 나를 보내심은 세례를 베풀게 하려 하심이 아니요, 오직 복음을 전하게 하려 하심이로되"(고전 1:17). "내가 복음을 전할지라도 자랑할 것이 없음은 내가 부득불 할 일임이라. 만일 복음을 전하지[*euangelizomai*] 아니하면 내게 화가 있을 것이로다"(고전 9:16; 또한 갈

---

67 더 자세한 설명은 Chae, *Paul*, 251-3(최종상, 『로마서』, 322-5)을 보라.

1:16). 따라서 바울은 어느 곳에 가든지 복음을 전하는 일에 전념했고(고전 15:1-2; 갈 1:6-9, 11, 23) 또 여전히 복음을 전하려고 했다(롬 1:15; 15:23-24; 고후 10:16). 누가도 바울의 선교사역을 묘사하기 위해 "유앙겔리조마이"(*euangelizomai*)란 동사를 자주 사용한다.[68] 바울과 누가는 모두 바울의 전도사역을 묘사하기 위해 "케뤼소"(*kēryssō*)란 동사를 사용한다.[69] 바울과 누가에게 공통으로 나타나는 또 다른 단어는 "카탕겔로"(*katangellō*)이다.[70] 누가는 이 세 동사를 사용하는데, 이는 바울이 자신의 사도 사역을 묘사할 때 사용하는 가장 중요한 동사들이다.

또한 누가는 바울을 복음을 전해야 한다는 자기 소명을 분명히 의식한 사람으로 묘사한다. "내가 달려갈 길과 주 예수께 받은 사명 곧 하나님의 은혜의 복음을 증언하는 일을 마치려 함에는 나의 생명조차 조금도 귀한 것으로 여기지 아니하노라"(행 20:24; 참조. 9:15; 22:15; 26:16-18). 하나님의 은혜의 복음은 로마서의 주요 주제다.[71] 사도행전의 바울은 자기가 본 마게도냐 사람에 관한 환상을 마게도냐 사람들에게 복음을 전하라는 하나님의 인도로 깨닫고, 그 지역으로 가서 주의 말씀을 전했다(행 16:10, 13, 32).

68　롬 1:15; 10:15; 15:20; 고전 1:17; 9:16, 18; 15:1, 2; 고후 10:16; 11:7; 갈 1:8, 9, 11, 16, 23; 4:13; 행 14:7, 15, 21; 15:35; 16:10; 17:18.

69　롬 16:25; 고전 1:23; 9:27; 15:11-12; 고후 1:19; 4:5; 11:4; 갈 2:2; 5:11; 골 1:23; 살전 2:9; 행 9:20; 20:25; 28:31.

70　고전 2:1; 9:14; 빌 1:17-18; 골 1:28; 행 15:36; 16:17; 17:3, 13; 26:23.

71　Wright, *Was Paul of Tarsus*, 110도 이렇게 주장한다.

유대인 출신의 이방인의 사도

바울은 이방인에게 복음을 전하는 것이 자신에게 주어진 구체적인 사명이라는 것을 잘 알고 있었다. 그는 이방인의 사도였다.[72] 동시에 바울은 동족에 대한 근본적인 관심을 가지고 있었고(롬 9:1-5; 10:1; 11:14), 유대인에게 복음을 전하기 위해 유대인처럼 되려고 열심히 노력했다(고전 9:19-23). 그는 유대인과 이방인이 서로 동등함을 주장하지만,[73] 복음이 "**특별히** 유대인에게, 그러나 헬라인에게도 **동등하게**"(롬 1:16, JNT) 적용되는 것임을 알고 있었다.[74] 그는 이스라엘 백성이 감람나무의 첫 열매이자 뿌리였다고 단언하고(롬 11:16, 17-20, 24), 그들의 특권을 인정한다(롬 3:1-2; 9:1-5). 또한 종종 자신이 유대인임을 강조하며(고후 11:22; 빌 3:6) 유대인을 "내 백성", "나의 형제", "우리 조상", "우리 민족", "내 친척"이라고 부르고, "우리 조상" 아브라함/이삭을 언급한다(롬 4:1; 9:3, 10; 11:1; 16:7, 11, 21; 갈 1:14).

사도행전의 바울도 자신의 유대인 뿌리를 강조하며 유대인을 "내 형제", "우리 조상", "우리 민족"이라고 부른다.[75] 누가는 바울이 도시를 방문하면 제일 먼저 회당을 찾아가 성경을 설명하면서 복음을 전하는 습관을 가지고 있었다고 기록한다.[76] 또한 실제 바울은 복음이 성경의 성취라는 점을 강조한다(롬 1:1-4; 고전 15:1-4; 갈 3:8). 따라서 그가 성경을 알고 있는 유

---

72 갈 1:15-16; 2:7-8; 롬 1:5; 11:13; 15:15-16; 고전 1:17; 9:16; 참조. 행 9:15; 13:46-47; 18:6; 22:17-21; 26:16-18; 28:28; 딤전 2:7.

73 롬 3:9-20, 22; 10:12-13; 고전 12:13; 갈 3:28; 골 3:11.

74 롬 1:16; 2:9, 10; 행 13:26, 46; 참조. 행 3:26. 롬 1:16에 대한 이러한 번역을 뒷받침할 근거는 Chae, *Paul*, 46-51(최종상, 『로마서』, 78-85)을 보라.

75 행 13:26, 31, 32, 38; 22:1; 23:1, 6; 26:4, 17; 28:17, 19.

76 행 13:5, 14; 14:1; 17:1-3, 10, 17; 18:4, 19; 19:8; 28:17, 23.

대인들에게 먼저 가고, 메시아가 오셨다는 좋은 소식을 메시아가 오기를 기다렸던 이들에게 먼저 선포해야 하는 것은 명백해 보인다. 바울은 유대인과 이방인 모두를 설득하기 위해 로마서에서만 구약을 53회나 인용한다. 당연히 이로 인해 성경의 권위를 알고 받아들였던 유대인들이 가장 깊은 인상을 받았을 것이다.

따라서 이방인의 사도인 바울이 (항상) 제일 먼저 회당에 찾아갔다고 묘사하는 누가의 기록이 부정확하다고 단정해서는 안 된다. "모든 신약 저자 중에서 '먼저는(prōton) 유대인에게요 그리고 헬라인에게로다'라는 바울 서신의 어구와 가장 비슷한 문구를 사용하는 저자가 바로 누가다."[77] 사도행전 3:16과 13:46의 "프로톤"(prōton)은 흔히 유대인에게 복음을 전파하는 일의 우선성과 이방인보다 유대인에게 먼저 다가간다는 바울의 선교 원칙을 가리키는 것으로 이해된다.[78] 물론 바울은 구약을 통해, 특히 아브라함의 칭의에 대한 이해를 통해(롬 1:16-17; 4:1-25; 9:15, 25-26; 10:11-13, 20; 갈 3:15-25) 자신이 이방인에게로 향하는 것이 정당한 일임을 알고 있었다. 그래서 바울은 이렇게 썼다. "그런즉 믿음으로 말미암은 자들은 아브라함의 자손인 줄 알지어다. 또 하나님이 이방을 믿음으로 말미암아 의로 정하실 것을 성경이 미리 알고 먼저 아브라함에게 복음을 전하되, '모든 이방인이 너로 말미암아 복을 받으리라' 하였느니라"(갈 3:7-8). 바울 자신은 유대인들에게 하나님의 말씀을 먼저 전해야 마땅하다고 생각하고 전했으나, 그들이 말씀을 거부하자 이방인에게로 돌아섰다고 주장하는 것이 거의 확실

---

77 Butticaz, "Salvation," 160.

78 Butticaz, "Salvation," 160.

하다(행 13:46-47; 18:6; 28:23-28; 사 49:6; 참조. 엡 3:6).

그렇지만 바울은 유대인의 불신을 용납하거나 합리화하지 않는다. 어떤 학자들은 바울이 보기에 유대인의 완악함이 무익한 것만은 아니라고 주장했다. 오히려 그것이 구원의 축복이 이방인에게 이르도록 하려는 하나님의 구원 계획에 이바지했다는 것이다. "이스라엘의 무지는 무익한 것이 아니라, 신적인 영광의 풍성함을 보편적으로 나타내려는 하나님의 계획에 동참하는 것이다(참조. [롬] 9:23).…이스라엘이 일시적으로 '순종하지 아니하고 반역했다면'(10:20) 그것은 이방인의 유익을 위해서였다."[79]

구약 사용

바울은 고린도 성도들에게 "성경대로 그리스도께서 우리 죄를 위하여 죽으시고 장사 지낸 바 되셨다가 성경대로 사흘 만에 다시 살아나셨다"는 복음을 전했다고 상기시킨다(고전 15:3-4). 사도행전의 바울도 이렇게 설교한다.

예루살렘에 사는 자들과 그들 관리들이 예수와 및 안식일마다 외우는 바 선지자들의 말을 알지 못하므로 예수를 정죄하여 **선지자들의 말을 응하게 하였도다.** 죽일 죄를 하나도 찾지 못하였으나 빌라도에게 죽여 달라 하였으니, 성경에 그를 가리켜 기록한 말씀을 다 응하게 한 것이라. 후에 나무에서 내려다가 무덤에 두었으나 하나님이 죽은 자 가운데서 그를 살리신지라.…우리도 조상들에게 주신 약속을 너희에게 전파하노니, 곧 **하나님**

---

79 Butticaz, "Salvation," 160-61. 또한 Wright, *Messiah*, 173, 308 n. 21; Watson, *Paul*, 169도 같은 의견이다. Chae, *Paul*, 260-62(최종상, 『로마서』, 335-7)에 실린 필자의 비판을 보라.

이 예수를 일으키사 **우리 자녀들에게 이 약속을 이루게 하셨다** 함이라(행 13:27-30, 32-33).

그러고는 예수 그리스도의 부활을 입증하고 단언하기 위해 시편 2:7, 이사야 55:3, 시편 16:10을 인용한다.

또한 누가는 바울이 로마에 도착한 뒤 "[유대인들에게] 강론하여 하나님의 나라를 증언하고 **모세의 율법과 선지자의 말을 가지고** 예수에 대하여" 권면했다고 기록한다. 그는 바울이 유대인 청중에게 복음을 설명하기 위해 성경을 인용하고 있음을 보여준다. 바울이 회당에서 구약을 가지고 설교하는 상황을 누가는 짧게 언급한다. "바울이…성경을 가지고 강론하며 뜻을 풀어 그리스도가 해를 받고 죽은 자 가운데서 다시 살아나야 할 것을 증언하고"(행 17:2-3, 10, 17; 18:4-5; 19:8). 이런 측면에서 실제 바울도 로마서에서 일차적으로 유대인들을 염두에 두고 논지를 전개하면서 성경을 가장 많이 인용하는 것을 주목해야 한다.[80]

이와 관련하여 사도행전의 바울과 서신서의 바울은 복음을 배척한 유대인과 복음을 환영한 이방인을 묘사하기 위해서도 공히 구약을 사용한다. 사도행전의 바울은 유대인들이 자신의 메시지를 거부하는 모습을 본 뒤 이사야 6:9-10을 인용하면서 유대인의 불신앙을 정죄한다. 그런 다음 "그런즉 하나님의 이 구원이 이방인에게로 보내어진 줄 알라. 그들은 그것을 들으리라"라고 선언한다(행 28:28). 유대인의 거부와 이방인의 환영은 사도

---

80 바울의 88개의 구약 인용구 중에서 로마서에서만 53개가 인용되었다. Chae, *Paul*, 13-14, 30-32(최종상, 『로마서』, 38-40, 54-62)과 다른 여러 참고문헌을 보라.

행전에서도 바울이 복음을 전할 때 드러나는 일반적인 패턴으로 묘사된다 (행 13:40-41, 48-49; 14:2, 19; 17:5, 12; 18:6; 19:9). 바울은 이런 현상을 성경의 성취로 이해한다(행 13:46-47; 18:6; 28:28). 그는 사도행전의 처음과 마지막에 기록된 유대인을 향한 설교에서 복음을 설명하기 위해 구약의 네 구절을 인용하는데, 자신의 이방인 선교를 정당화하기 위해 한 개의 인용구를 더 사용한다(행 13:33-47; 28:26-28). 바울의 구약 사용은 "이방인 선교를 정당화하려는 관심사를 고려해야만 이해가 된다."[81] 그는 자신이 전하는 복음의 내용과 이방인 선교가 철저히 성경의 예언에 따른 것이라고 확신한다 (행 24:14-15; 26:22-23; 28:23).

실제 바울도 특히 로마서에서 많은 구약 본문을 인용하면서 같은 내용을 설명한다.[82] 또한 자신이 전하는 복음이 하나님이 "선지자들을 통하여 그의 아들에 관하여 성경에 미리 약속하신" 좋은 소식이라고 선언한다(롬 1:2-3; 참조. 눅 24:44-47).

그런 다음 바울은 이방인이 복음의 메시지를 환영할 때 그들이 하나님의 구원에 포함된다는 점을 호의적으로 확언하는 구절들을 인용한다(롬 9:25-26; 10:20). 또한 유대인의 거부가 성경의 성취라고 설명하기 위해 구약을 사용한다(롬 9:27-29; 10:21). 그는 로마서 11:8에서 유대인의 불신을 확증하기 위해 신명기 29:4과 이사야 29:10을 가져오는데, 사도행전의 바울도 이사야 6:9-10에 나오는 매우 비슷한 비난을 인용한다(행 28:25-27). 바울은 유대인이 복음을 거부하는 범죄로 인해 구원이 이방인에게 이르렀다

---

[81]   Bock, "Use of the Old Testament," 510.

[82]   Chae, *Paul,* 여러 곳(최종상, 『로마서』, 여러 곳).

고 말하기도 한다(롬 11:11). 그는 이방인이 하나님의 구원에 이르는 축복에 포함된 것을 성경의 성취라고 확신한다(롬 15:9-12). 이 네 개의 인용구 모두에 등장하는 한 단어가 "이방인"(*ethnē*)이라는 점에 주목해야 한다.[83] 로마서의 바울과 사도행전의 바울은 모두 복음이 유대인에게 먼저 전해져야 하지만, 유대인이 복음을 거부했을 때 복음이 이방인에게 이르렀다는 데 동의한다(롬 11:25-26). 이런 측면에서 바울이 구약을 사용하는 내용을 묘사한 누가의 기록은 매우 신뢰할 만하다.

R. B. 헤이스(Hays)도 같은 결론에 도달한다. 헤이스는 "**해석학적** 비교"라는 방법을 택하여 사도행전의 바울과 실제 바울이 구약 본문을 비슷하게 인용하는지, 또는 다르게 인용하는지 알아보기 위해 사도행전에 인용된 본문들을 서로 비교해가며 연구했다. 헤이스는 본문들을 서로 비교하지 않고, 이 두 저자가 구약을 해석하는 방식을 비교한다. 헤이스는 몇 가지 핵심 본문을 연구한 뒤 이렇게 결론짓는다. "사도행전의 신학은 최소한 바울의 몇 가지 특징적인 주제와 관심사에 여전히 그 뿌리를 두고 있는 바울 전승의 유기적 결과물로 볼 수 있다."[84]

바울의 선교사역은 하나님의 역사

누가는 종종 바울의 선교사역이 하나님 또는 성령이 하시는 일이라고 기록한다.[85] 그의 회심과 선교사역에 대한 소명은 분명 주 예수가 주신 것이다

---

83   추가로 Chae, *Paul*, 58-66(최종상, 『로마서』, 94-104)을 보라.

84   Hays, "Paulinism of Acts," 36, 37, 47.

85   Walton, "The Acts — of God?," 291-306; Turner, *Holy Spirit*, 38, 172-174, 204.

(행 9:3-16). 또한 안디옥 교회에 "내가 불러 시키는 일을 위하여 바나바와 사울을 따로 세우라"(행 13:2)고 말씀하시고 계속해서 바울의 발걸음을 인도하신 분이 바로 성령이었다고 누가는 기록한다(행 22:17-21). 사도행전의 바울은 성령의 능력으로 기적을 행했고, 성령이 사람들의 마음을 열어 믿게 하셨다(행 13:9-12; 14:8-18). 그의 메시지도 하나님이 그리스도 예수 안에서 행하신 일에 대한 것이다. "하나님이 약속하신 대로 이 사람의 후손에서 이스라엘을 위하여 구주를 세우셨으니 곧 예수라"(행 13:23). 유대인들과 로마인들이 예수를 십자가에 못 박았지만 "하나님이 죽은 자 가운데서 그를" 살리셨다(행 13:30, 32, 34, 37). "조상들에게 주신 약속을…하나님이…이루게 하셨다"(행 13:32-33). 누가는 바울의 선교사역이 "하나님이 함께 행하신 모든 일과 이방인들에게 믿음의 문을 여신 것"이라고 말한다(행 14:27; 15:4, 12). 누가는 바울의 선교사역이 하나님이 선교사들을 통해 행하신 일이라고 인식한다.

더 나아가 누가는 2차 선교여행 기간 중에 성령이 사역의 문을 닫으면서 바울을 인도하시기 위해 적극적으로 개입하셨고, 마침내 환상을 통해 바울 일행을 마게도냐로 인도하셨다고 기록한다(행 16:6-10). 그는 또 "주께서 그[루디아의] 마음을 열어 바울의 말을 따르게 하신지라"라고 썼다(행 16:14). 주님은 바울에게 고린도와 로마에서 계속 복음을 전하도록 격려하시기 위해 환상 중에 나타나셨다(행 18:9-10; 23:11; 27:23-24). 사도행전의 바울은 성령에 매여 예루살렘으로 간다고 말한다(행 20:22).

역사적 바울도 자신의 선교활동에서 실제로 역사하시는 분이 바로 하나님이라고 말한다. 그는 자신을 사도로 부르신 분이 곧 하나님이고 자신이 전하는 어리석은 것을 통해 사람들을 구원하시는 분도 하나님이시므로,

어떤 자랑도 주님 안에서, 주님이 허락하신 한계 안에서만 할 수 있다는 점을 잘 알고 있다(고전 1:1, 21, 31; 고후 10:13). 복음은 "하나님이 선지자들을 통하여 그의 아들에 관하여 성경에 미리 약속하신 것"이다(롬 1:2). 이제 하나님은 율법과 선지자들이 증언하는 대로 율법과 별도로 한 의(義)를 나타내셨다(롬 3:21-22). 성령으로 말미암아 자신의 사랑을 우리 마음에 부으신 분이 곧 하나님이다(롬 5:5). "의롭다 하신 이는 하나님"이시며, 어떤 사람들을 완악하게 만드시거나 어떤 사람들에게 자비를 베푸시는 분도 하나님이시다(롬 8:33; 9:10-29; 11:8-10). 하나님은 바울을 부르셔서 이방인에게 복음을 전하는 사명을 주셨다(롬 15:15-16; 고전 3:10). 그래서 바울은 "그리스도께서 이방인들을 순종하게 하기 위하여 나를 통하여 역사하신 것 외에는 내가 감히 말하지 아니하노라"라고 증언한다(롬 15:18; 참조. 행 14:27).

따라서 바울은 하나님을 자신의 선교사역의 주체로 인정한다. 하나님만이 씨를 자라게 만드시며, "우리는 하나님의 동역자들이요 너희는 하나님의 밭이요 하나님의 집"이다(고전 3:5-9, 16; 고후 6:1; 살전 3:2을 보라). 하나님은 그리스도를 계시하셔서 바울을 부르셨고 나중에 더 많은 "주의 환상과 계시"를 주셨다(갈 1:15-16; 고전 9:1; 고후 12:1-4; 행 9:1-9; 16:6-10; 18:9-10; 22:6-11, 17-21). 하나님은 그분을 믿는 이들 안에서 선한 일을 시작하신다(빌 1:3-6). 바울은 새 신자들이 복음을 믿을 때 하나님이 그들에게 성령을 내려주시고 기적을 일으키시는 것을 경험했다(갈 3:5). 이렇듯 바울의 선교사역을 하나님의 활동으로 묘사하는 것을 간략하게만 검토해 보아도 누가가 바울의 기록과 모순되지 않게 서술한다는 사실이 분명히 드러난다.

바울의 설교에 수반된 기적

바울의 설교에 기적이 수반되었다는 사실은 두 기록 모두에서 충분히 나타
난다.[86] E. 행헨(Haenchen)은 사도행전에 나오는 기록의 신빙성을 일축하면
서 그 이유로 열거한 세 가지 항목 중 첫 번째로 이 기적들을 열거한다. 행
헨은 실제 바울은 그렇지 않은데도 불구하고 누가는 바울을 기적을 행하는
자로 묘사한다[87]고 주장하며, 고린도후서 12:12을 유일한 관련 성구로 제
시한다. 행헨은 표적과 기적이 동반된 사역에 대한 바울의 요약적 진술을
부당하게 무시한다. 바울은 고린도 성도들에게 "내 말과 내 전도함이 설득
력 있는 지혜의 말로 하지 아니하고 다만 성령의 나타나심과 능력으로 하
여"라고 상기시킨다(고전 2:4; 또한 고후 12:12). 그는 데살로니가 교회에도 같
은 말을 한다. "이는 우리 복음이 너희에게 말로만 이른 것이 아니라 또한
능력과 성령과 큰 확신으로 된 것임이라"(살전 1:5). 갈라디아에서도 하나님
은 갈라디아 사람들이 자신들이 들은 것을 믿었을 때 기적을 일으키셨다
(갈 3:1-5). 그래서 바울은 로마 성도들에게 자신의 선교사역이 "표적과 기
사의 능력으로, 성령의 능력으로" 이루어졌다고 요약한다(롬 15:18-19). 이
처럼 바울은 자신을 기적을 행하는 전도자로 묘사한다.

　　누가도 사도 바울을 사도를 같은 방식으로 묘사하며, 바울의 선교사역
기간에 나타난 기적에 대한 몇 가지 구체적인 이야기를 제시하기도 한다.
바울은 1차 선교여행을 시작하자마자 바로 마술사 엘루마를 눈이 멀게 만
들었다(행 13:9-11). 그는 주님이 바울에게 초자연적인 표적과 기사를 행할

86　　Haenchen, *Acts*, 113-14과는 의견이 다르다.
87　　행 13:6-12, 14; 14:8-10, 19-20; 19:12; 20:7-12; 28:3-6, 7-9.

수 있도록 하셔서 바울의 메시지를 확증하셨다고 기록한다(행 14:3, 8-10). 따라서 사도행전의 바울은 예루살렘 공회에서 하나님이 이방인들 가운데서 행하신 기적을 보고한다(행 15:12). 바울은 빌립보에서 한 노예 소녀를 지배했던 악한 영을 쫓아냈으며, 그와 실라는 격렬한 지진으로 감옥에서 풀려나기도 한다(행 16:16-18, 25-36). 에베소에 대한 누가의 기록은 하나님이 바울을 통해 놀라운 기적을 행하셨다고 간단하게 요약된다(행 19:11-12).

°특정 지역에서 전한 전도 메시지 비교

마지막으로 사도행전 13-20장에 기록된 고린도, 데살로니가, 갈라디아에서 바울이 선포한 전도 메시지를, 그 지역의 교회에 보낸 편지에 기록된 자료와 비교해보면서 누가의 기록이 신뢰할만한 것인지를 검토해보자. 누가는 이런 지역에서 바울이 전한 전도 메시지를 묘사하는 반면, 바울은 추가적 가르침을 제시하거나 특정한 문제를 해결하기 위해 이 지역의 교회들에 편지를 보냈다. 따라서 각각의 편지와 사도행전에 기록된 바울의 설교를 비교해봄으로써 이 둘이 서로 양립 가능한지 판단해볼 수 있을 것이다. 그런 후에 사도행전의 바울이 에베소 교회 장로들에게 한 연설과 바울이 서신서에서 쓴 내용도 비교해볼 것이다.

고린도에서 전한 바울의 설교

바울이 고린도 성도들에게 보낸 편지에서 그리스도의 죽음과 부활이 그의 설교의 주된 주제였다는 점은 이미 앞에서 지적했다. "형제들아! 내가 너희에게 전한 복음을 너희에게 알게 하노니…먼저…성경대로 그리스도께서 우리 죄를 위하여 죽으시고 장사 지낸 바 되셨다가 성경대로 사흘만에 다시 살아나사"(고전 15:1-4). 바울은 그리스도의 죽음과 부활을 전하면서 이 내용을 모든 메시지 가운데 가장 중요한 메시지로서 최우선으로 전했다고 말한다. 그는 그리스도의 죽음, 장사, 부활에 관한 사실과 의미를 성경의 성취로 설명한다(고전 15:3-8). 또한 자신이 고린도에서 선교사역을 하는 동안 하나님께서 그리스도를 죽은 자들 가운데서 살리셨다고 증언했다는 점도 상기시킨다(고전 15:15, 20). 그러나 그가 메시지를 전할 때 그리스도의 죽음과 부활을 **성경을 가지고** 어떻게 전달했는지에 대해서는 어떤 설명도 요약도 하지 않는다. 사도행전의 바울이 비시디아 안디옥에서 설교한 것도 이와 매우 비슷하다. 여기서 바울은 구약의 관련 구절들을 인용하면서 예수의 죽음과 장사와 부활이 성경의 성취임을 설파하고 입증한다(행 13:27-36).

사도행전의 바울은 고린도에서 종종 유대인들과 변론하면서 예수가 곧 그리스도이심을 설득시키려 애쓴다(행 18:4-5, 19). 실제 바울 역시 십자가에 못 박히신 그리스도가 곧 하나님의 지혜와 능력(고전 1:23-25)이며 하나님의 아들이자 주님(고후 1:19; 4:5)이라고 (이전에) 설파했었다고 상기시킨다. 바울은 이 복음을 유대인에게 먼저 전했고 또한 이방인에게도 전했다(고전 1:23-25; 9:19-23). 누가는 바울이 고린도에서 1년 반 동안 행한 사역을 이렇게 짧게 요약한다. "바울이 하나님의 말씀에 붙잡혀 유대인들에게 예수는 그리스도라 밝히 증언하니"(행 18:5-6). 실제 바울도 자신은 "너희 중에서 예수 그리스도와 그가 십자가에 못 박히신 것 외에는 아무것도 알지 아니하기로 작정"했다고 증언한다(고전 2:1-2).

누가는 "[바울이] 율법을 어기면서 하나님을 경외하라고 사람들을 권한다"는 이유로 유대인들이 그를 대적했다고 기록한다(행 18:13). 바울이 고린도 교회에 보낸 편지들을 보면 그가 고린도에서 유대인들 사이에 분쟁을 일으켰을지도 모른다는 암시가 발견된다. 예를 들어 바울은 율법 아래 있는 자들에게는 율법 아래 있는 자와 같이 되었지만, 스스로는 율법 아래 있지 않다는 점을 분명히 밝힌다. 오히려 이방인들을 얻기 위해 율법 없는 자와 같이 되었다고 한다(고전 9:20-21). 더 나아가 이 원리를 모든 교회에 적용시켰다. 즉 이방인 회심자들은 할례를 받아서는 안 되었다고 못박았다. 무할례가 아무것도 아닌 것처럼 할례 역시 아무것도 아니기 때문이다(고전 7:17-19). 만약 율법을 지키는 유대인이 이런 태도와 관행을 보았다면 여지없이 바울을 비판했을 것이다.

데살로니가에서 전한 바울의 설교

바울이 데살로니가에서 행한 선교사역을 누가는 매우 짧게 기록하지만, 그 가운데서도 바울이 회당에서 "성경을 가지고 강론하며 뜻을 풀어 그리스도가 해를 받고 죽은 자 가운데서 다시 살아나야 할 것을 증언"했다고 요약한다(행 17:3). 구약성경을 가지고 예수의 죽음과 부활을 설명하는 것이야말로 바울이 복음을 설명하는 가장 중요한 방법이었으므로(고전 15:1-8) 바울은 데살로니가에서 선교사역을 수행하는 동안 누가가 요약한 것처럼 복음을 전했을 가능성이 매우 커 보인다. 그는 훗날 고린도에서 그랬듯이 예수 그리스도와 그가 십자가에 못 박히신 것 외에는 아무것도 알지 않기로 작정했을 것이다(고전 2:1-2). 기독론적 호칭인 "그리스도"는 데살로니가에 보낸 편지에 19회 등장한다. 바울이 데살로니가에 보낸 편지에서 이 호칭을 별다는 설명 없이 사용한다는 사실은 그가 선교사역을 수행하는 동안 이 호칭을 충분히 설명했음을 암시한다. 사도행전의 바울은 데살로니가에서 이렇게 선언한다. "내가 너희에게 전하는 이 예수가 곧 그리스도라"(행 17:3). 따라서 바울이 데살로니가에서 전한 바울의 설교를 요약한 누가의 기록을 믿을 만한 것으로, 혹은 적어도 바울의 진술과 양립 가능한 것으로 받아들일 수 있다.

바울과 누가는 둘 다 바울 사도가 데살로니가에서 심한 박해를 받았다고 전한다. 바울은 회심자들에게 "우리 하나님을 힘입어 많은 싸움 중에 하나님의 복음을 너희에게 전했"다고 말하며(살전 2:2, 8, 9), 복음은 "우리 주 예수 그리스도로 말미암아 구원을" 받도록 "예수께서 우리를 위하여 죽으셨다"는 내용이었다는 점을 상기시킨다(살전 5:9-10). 또 그는 데살로니가 성도들에게 자신이 복음을 전할 때 강한 반대에 직면했다는 사실을 상기시키는데(살전 1:6; 2:2), 누가도 바울이 데살로니가에서 유사한 성격의 저항에 부딪혔다고 기록하고 있다(행 17:1-9).[88]

갈라디아에서 전한 바울의 설교

갈라디아서에서 바울은 예수 그리스도나 그리스도 또는 하나님의 아들이신 그리스도의 복음을 전했다고 짧게 진술한다(갈 1:7, 8, 11, 16, 20). 갈라디아서 3:1-5에서는 자신이 전한 내용을 상기시킨다("예수 그리스도께서 십자가에 못 박히신 것이 너희 눈앞에 밝히 보이거늘", 갈 3:1). 더 나아가 그리스도의 십자가 외에는 아무것도 자랑하지 않을 것이라고 분명히 말한다(갈 6:14; 또한 고전 2:2). 이런 진술들은 바울이 고린도에서와 마찬가지로 갈라디아에서도

---

88 데살로니가 교회의 설립에 대한 누가의 기록의 신빙성에 대해 탁월하게 논의한 Riesner, *Paul's Early Period*, 337-51을 보라.

예수 그리스도와 그가 십자가에 못 박히신 일 외에는 아무것도 전하지 않기로 작정했었음을 분명히 보여준다.

우리는 바울이 갈라디아서에서 율법과 상관없는 복음의 의미에 대해 그토록 힘있게 글을 썼다는 사실이 그가 갈라디아에 있는 동안 복음과 율법이 갖는 관계의 의미를 분명하게 설명하지 않았음을 암시한다고 이미 주장했다. 이것이 성도들이 선동자들에게 그토록 빨리 설득을 당했던 이유 중 하나였다(참조. 갈 1:6). 그는 갈라디아에 있는 동안 예수 그리스도의 죽음과 부활을 믿음으로써 의롭게 되는 복음을 전했지만(참조. 고전 6:11), 훗날 성도들이 설득당한 상황을 알고 편지를 쓰면서 강조점을 **율법과 상관없이** 믿음으로써 의롭게 되는 복음으로 옮기고 있다(참조. 갈 2:16; 3:11).

바울이 1차 선교여행 기간 중 했던 전도 사역에 대한 누가의 기록도 바울 자신의 보고와 양립 가능해 보인다.[89] 누가도 바울이 하나님의 말씀을 선포했다고 썼다(행 13:5, 8; 15:35, 36). 사도행전의 바울은 성경을 가지고 예수의 죽음과 부활을 설명하면서 유대인들을 설득했다. "예수를 정죄하여 선지자들의 말을 응하게 하였도다." "성경에 그를 가리켜 기록한 말씀을 다 응하게 한 것이라. 후에 나무에서 내려다가 무덤에 두었으나, 하나님이 죽은 자 가운데서 그를 살리신지라"(행 13:27, 29-30). 사도행전의 바울은 예수의 부활을 입증하기 위해 성경을 인용한다(행 13:33-35). 그리고 나서 이렇게 결론짓는다. "그러므로 형제들아! 너희가 알 것은 이 사람을 힘입어 죄 사함을 너희에게 전하는 이것이며, 또 모세의 율법으로 너희가 의롭다 하심을 얻지 못하던 모든 일에도 이 사람을 힘입어 믿는 자마다 의롭다 하심

---

89   여기서 필자는 남(南)갈라디아 설을 따른다. 아래 253-62쪽을 보라.

을 얻는 이것이라"(행 13:38-39).

사도행전의 바울은 분명 여기서 믿음으로 말미암아 의롭게 된다고 하면서, 율법은 죄 사함을 가져다줄 능력이 없다고 천명한다. 하지만 여기서 율법과 무관한 칭의를 강조하지는 않는다. 오히려 이 설교 전체에서 강조되는 것은 **예수의 죽음과 부활에 대한** 믿음을 통해 의롭게 된다는 것이다. 앞에서 언급한 대로, 이러한 누가의 기록은 바울이 1차 선교여행 중에 안디옥, 이고니온, 루스드라, 더베에서 전했던 복음 설교의 어조와 성격을 진실하게 전달하느라 죽음과 부활을 강조하는지도 모른다.[90] 훗날 쓴 편지에서 실제 바울은 그리스도 안에서 모든 사람이 동등하다는 점을 강조한다. 칭의는 종족적이거나 사회적인 배경과 무관하게 모두에게 열려 있기 때문이다(갈 3:26-29; 롬 1:16-17). 사도행전의 바울이 사도행전 13:38-39에서 쓰는 어휘는 바울이 로마서 3:20-26과 갈라디아서 2:15-16에서 사용하는 어휘와 매우 비슷하다.[91] 사도행전의 바울도 똑같은 내용을 전한다. "이 사람을 힘입어 믿는 **자마다** 의롭다 하심을 얻는 이것이라"(행 13:39; 16:31). 그래서 바울은 사도행전에 기록된 대로 유대인과 이방인 모두에게 복음을 전했던 것이다. 예수를 믿는 믿음을 통한 칭의는 분명 바울의 설교에서 핵심적인 내용이었다.[92]

앞에서의 짧은 고찰은 다음과 같은 사실을 보여준다. (1) 바울과 누가 모두 사도 바울을 분명한 소명 의식과 사명을 성취하겠다는 결심을 품은

---

90   Schweizer, "Concerning the Speeches," 214과는 견해가 다르다. 그는 행 13:38-39에 묘사된 칭의에 대한 발언이 "매우 바울답지 않은 방식으로" 전달되어 있다고 주장한다.

91   Bruce, "St Luke's Portrait," 189.

92   롬 3:20-21, 28; 5:1; 9:33; 10:9, 13; 고전 6:11; 갈 2:16; 3:11; 엡 2:8-9; 빌 3:9.

탁월한 복음 전도자로 묘사하며, (2) 고린도, 데살로니가, 갈라디아 지역에서 선교사역을 하는 동안 바울의 가장 중요한 메시지가 예수의 죽음과 부활이었고, 바울은 이 복음을 유대인과 이방인에게 담대하게 전했던 것이다. 더 나아가 바울의 설교의 핵심은 모든 이방인이 그리스도 예수를 믿고 순종하게 될 것이라는 오랫동안 감춰진 비밀을 드러내는 것이다(롬 16:25-26). 바울은 다양한 교회에 편지를 써 보내며 이방인의 구원이 이 비밀의 본질이라고 선포한다(엡 3:5-12; 골 1:25-27). 이 비밀은 그에게 지식을 통해서만이 아니라, 이방인들에게 예수를 믿게 하고 그에게 순종하도록 가르친 자신의 경험을 통해서도 드러났다. 따라서 누가는 바울이 사역하면서 가장 보람을 느끼게 된 원천이 이방인의 구원이었다고 정확히 밝힌다. 누가는 바울이 "[하나님이] 이방인들에게 믿음의 문을 여신 것을 보고"했다고 반복해서 언급한다(행 14:27; 또한 15:3, 12). 이것은 실제 바울이 한 말과도 일치한다. "그리스도께서 이방인들을 순종하게 하기 위하여 나를 통하여 역사하신 것 외에는 내가 감히 말하지 아니하노라. 그 일은 말과 행위로 표적과 기사의 능력으로 성령의 능력으로 이루어졌으며"(롬 15:18-19).

에베소 장로들에게 전한 추가 연설

마지막으로 사도행전의 바울이 사도행전 20:17-38에서 에베소 장로들에게 한 연설을 바울 서신과 비교해보려고 한다. 이 연설은 사도행전에 기록된 바울의 설교 중 분명히 그의 서신들과 같은 특성 및 내용을 지닌 유일한 연설이다. 이 연설은 서신서와 마찬가지로 그리스도인들에게 주어진 한 편의 목회적인 추가 가르침의 형태를 띠고 있다.[93] 이런 측면에서 이 구절에는 바울 서신의 몇 가지 특징이 담겨 있을지도 모르며, 만약 그것이 사실로 확인된다면 그런 특징들이 누가의 기록의 신뢰성을 확인시켜줄 수도 있을 것이다. 따라서 사도행전의 바울이 사도행전 20:18-36에서 에베소 장로들에게 행한 연설을 바울의 편지들과 비교하려는 S. 월튼(Walton)의 시도는 방법론적으로 옳다. 이 연설은 믿는 **성도들에게 후속적인 가르침**을 주려고 보낸 바울 서신과 동일한 한목적을 지니고 있기 때문이다.[94]

사도행전의 바울은 장로들에게 자신의 생활 방식을 상기시킴으로써 연설을 시작한다. "내가 항상 여러분 가운데서 어떻게 행하였는지를 여러분도 아는 바니"(행 20:18). 이렇게 상기시키는 문체는 서신서에서 바울이 이전에 가르친 이들에게 말할 때 사용하는 그의 전형적인 문체다.[95] 따라서 그는 여기서 자신을 예로 사용하여 간접적으로 권면하는 것이다. 바울 서신에는 이것과 관련된 수많은 구절이 있다. 바울은 자신의 겸손, 눈물, 유대인의 박해, 고된 일을 상기시킨다.[96] 더 나아가 자신의 인생 목표와(행 20:24;

---

93   이 연설은 종종 실제로 있었던 연설이라고 주장된다. Gardner의 주장(1909)은 다음 책에서 긍정적으로 인용된다. Bruce, *Acts: Greek*, 437: "밀레도"에서의 연설은 "모든 연설 중에서도 가장 사실성이 있는 연설이라고 주장할 만하다." 같은 견해를 피력한 Marshall, *Acts*, 330; Barrett, "Paul's Address," 111을 보라. 이 연설의 장르와 목적에 관해서는 Dibelius, *Studies in the Acts,* 155-8을 보라. 그러나 그와 반대되는 견해는 Hemer, 'Speeches of Acts', 78-82을 보라. 이 연설에서 바울의 언어적, 자전적, 신학적 특징들에 대한 논의는 Hemer, *Book of Acts*, 425-6도 함께 보라.

94   Walton, *Leadership,* 1, 140-85; 또한 Hemer, "Speeches of Acts," 77; Marshall, "Luke's View of Paul," 47; Keener, *Acts*, 1:313-16.

95   앞의 116-33쪽을 보라.

96   **겸손**: 행 20:19; 고전 2:3; 고후 10:1; 11:7; 빌 2:3; 골 3:12; 살전 2:6-9; 엡 4:2; **눈물**: 행 20:19, 31; 롬 9:2; 고후 2:4; 빌 3:18; **박해**: 행 20:19b; 고전 16:9; 고후 11:24-26; 살전

고후 5:14-15; 갈 2:20) 자신이 계획한 예루살렘 방문을 언급한다(행 20:22-23; 21:4, 11; 롬 15:30-32; 고전 16:4). 무엇보다 사도행전의 바울은 자신이 하나님의 은혜의 복음을 전하며(행 20:24; 롬 3:24; 4:16; 5:15-21; 엡 2:4-9) 유대인과 이방인들에게 열정적으로 전도한 사실을 청중에게 상기시킨다(행 20:20-21; 고전 9:19-23; 10:32).[97]

이어서 바울은 목회적 돌봄에 대한 직접적인 권면으로 화제를 바꾸는데, 여기서 그는 회중을 양 무리로(행 20:28-29; 고전 9:7), 예수의 피로 값 주고 산(행 20:28; 롬 3:25; 5:9; 고전 6:20; 엡 1:7) 하나님의 교회로 묘사한다(행 20:28; 고전 1:2; 10:32; 11:16, 22; 15:9; 갈 1:13).[98] 또한 그들 가운데서도 나올 사나운 이리에 대해 경고하고(행 20:29; 고후 10-13장), 그들을 조심하라고 엄숙하게 명령한다(행 20:30-31; 고전 10:12; 16:13; 살전 5:6). 이 연설에서 우리는 바울 서신의 많은 주제, 언어, 어조를 발견할 수 있고, 이는 결과적으로 누가가 이 연설의 기록을 통해 자신이 전달하는 내용이 고도로 정확하다는 것을 보여주고 있음을 시사한다.[99]

2:14-16; **고된 일:** 행 20:33-34; 고전 4:12; 9:6; 고후 2:17; 11:7-11; 12:13-17; 살전 2:9; 살후 3:7-10.

97 Wright, *Was Paul of Tarsus*, 110의 견해도 이와 같다. Wright는 하나님의 은혜의 복음을 로마서의 주요 주제로 이해한다.

98 Conzelmann, *Theology of Luke*, 201은 이 어구가 "이 연설에 서신의 특징을 부여"하려는 누가의 노력을 나타낸다는 견해를 피력한다. 그러나 이와 반대되는 견해로는 Moule, "Christology of Acts," 171; Bruce, *Acts: Greek*, 434을 보라.

99 Witherington, *Acts*, 610-11; Barrett, "Paul's Address," 116-17. Witherington과 Barrett는 둘 다 바울 서신과 밀레도 연설의 여러 유사점을 그들 나름대로 목록으로 작성했고, 둘 다 이 두 기록 사이에서 고도의 양립성을 발견한다. 그러나 Witherington은 이 연설에 바울의 전형적인 목회적 연설이 들어 있다고 옳게 인식하는 반면, Barrett는 이 연설을 후대의 바울주의자가 지어냈다고 주장한다.

결론

사도행전과 바울 서신의 서로 다른 본질과 범위에도 불구하고 이 두 기록에 나타난 바울의 전도 메시지들을 비교해보면 서로 일치하는 부분이 압도적으로 많다. 바울이 유대인과 이방인 모두에게 그리스도의 복음을 전하는 자로서 자신의 역할을 깊이 자각했다는 점은 서신과 사도행전에서 매우 분명히 드러난다. 실제 바울과 사도행전의 바울은 모두 똑같은 복음의 내용을 전한 것으로 보이며, 특히 고린도와 데살로니가와 갈라디아에서 했던 바울의 설교 내용은 물론 유대인과 이방인이 보인 반응에 대한 세부적인 내용도 두 기록 모두에서 상당한 조화를 이룬다.

그러므로 양자의 내용이 서로 일치하는 자료가 수없이 넘쳐나는데도 이를 과소평가하고, 서신서에서 특정 문제에 대해 바울이 주로 다루지 않는 내용을 추론하여 그 기록 사이의 "차이점"을 강조함으로써 누가가 기록한 내용의 신뢰성을 부정하는 것은 타당하지 않다. 다시 말거니와 대부분의 바울 서신은 시간대적으로 바울이 가르친 내용 전체를 놓고 볼 때 두 번째 시기에 속한다는 점을 기억해야 한다. 첫 번째 시기의 가르침은 이 도시들을 다니며 선교사역을 수행할 때 말로 전달되었다. 우리는 바울이 청중을 회심시키려고 복음을 전했던 이 첫 번째 선교사역 시기를 누가가 다루고 있다는 점을 유념해야 한다. 반면 서신서를 쓰는 바울의 관심사는 이미 회심한 이들에게 **목회적인 가르침을** 주는 것이기 때문에 그가 개척 당시 가르친 내용 중 대부분을 되풀이하지 않는다는 점도 인식해야 한다. 이렇게 서로 다른 성격적 요소에도 불구하고 이 두 기록의 양립 가능성은 현대의 몇몇 회의적인 학자들이 인정하는 것보다 훨씬 더 정당화된다. 이 연구에서 우리는 이 두 기록이 상응하는 정도를 감안할 때 사도 바울을 묘사하는 누가의 기록이 매우 신뢰할 만하다는 점을 논증해 보였다.[100] 우리의 고찰은 결과적으로 사도행전에 나타난 누가의 기록이 바울 서신에 있는 공백을 메우는 데 사용될 수 있다는 것과,[101] 바울이 기술한 내용이 수사적이고 회고적임에도 불구하고 바울의 기록 역시 신뢰할 만하다고 누가가 증언한다는 것이다.[102]

---

100 Witherington, *Acts*, 430-438도 이렇게 주장한다. Goodenough, "Perspective," 58과는 견해가 다르다. 그는 "바울이 복음 전하는 것을 들었거나 바울의 편지를 읽은 갈라디아 교회나 고린도 교회의 어떤 사람도 사도행전에서 등장하는 바울을 알아보지 못했을 것이다"라고 주장한다.

101 예를 들어 행 10-11장은 베드로가 어떻게 애초에 "이방인과 함께" 먹는 일에 익숙해졌는지에 대해 설명한다(갈 2:12).

102 때때로 목격자의 증언은 당사자 본인의 증언보다 더 큰 무게감을 지닌다. 바울 서신의 회고적이고 수사적인 성격은 바울의 생애와 사역을 재구성하는 데 별로 도움이 되지 않는다고 주장하는 학자들도 있다: Gager, "Some Notes," 699; Watson, *Paul*, 53-6; Taylor, *Paul*, 62; Betz, *Galatians*, 81; Räisänen, *Paul and the Law*, 232.

3장

차이점 이해하기

이제 바울이 그의 편지에서 표현한 자신과 누가가 사도행전에서 묘사한 바울 사이의 동질성을 약화시키는 것처럼 보이는 차이점들을 살펴보고자 한다. 어떤 학자들은 신학적 접근법으로 바울 서신과 사도행전의 내용을 비교한 반면, 다른 학자들은 문헌적 접근법을 택하기도 했다. 하지만 어떤 접근 방법을 선택했든지 간에 양자 모두 기록상 차이점이 존재한다고 결론 지었다. 그들은 바울이 서신서에서 제공하는 정보가 바울에 대해 정확하게 묘사하는 것이 분명하다고 주장하는 한편 누가가 사도행전에서 제시하는 기록의 정확성에 의문을 제기했다.

첫 번째 차이는 누가와 바울이 각각 침묵하는 주제에 대한 것이다. 누가는 바울의 아라비아 방문에 대해 침묵하며, 바울이 편지를 썼다는 사실도 언급하지 않는다. 예루살렘 성도들을 위한 헌금 모금에 대해 길게 글을 쓴 바울과 달리 누가는 이것을 거의 다루지 않는다.[1] 누가는 바울이 부활하신 예수를 만났을 때 주님을 보았다고 말하지 않고 음성을 들었다고 말한다. 반면 실제 바울은 자신이 주님을 **보았다**고 반복적으로 주장한다. 마찬가지로 바울도 몇 가지 주제에 대해 침묵한다. 바울은 자신이 쓴 편지

---

1   Johnson, *Acts*, 6.

에서 예루살렘 공회의 법령을 언급하지 않지만, 누가는 그것의 전문과 배경을 기록하면서 바울이 자신의 대의를 뒷받침하기 위해 예루살렘 법령을 적극적으로 사용했다고 진술한다. 더 나아가 사도행전의 바울(행 16:37; 22:25-29; 23:27; 25:10)과 달리 실제 바울은 자신이 로마 시민권을 가지고 있었는지에 대해 언급하지 않는다.

두 번째 차이는 유대인으로서 바울의 정체성과 관련되어 있다. 누가는 바울을 율법을 준수하는 유대인으로 묘사하며, 그가 이방인 세계에서 선교하는 동안에도 유대인에게 먼저 복음을 전하는 것으로 기록한다. 그러나 서신서의 바울은 이방인 선교에 대해 분명히 의식하고 있으므로 스스로를 율법에서 자유로운 복음을 옹호하는 것으로 표현한다. 세 번째 차이는 연대기와 관련이 있다. 누가는 바울이 사도 공회가 열릴 때까지 예루살렘을 세 번 방문했다고 기록하지만, 바울은 두 차례의 방문만 언급한다. 네 번째 차이는 바울과 예루살렘 사도들의 관계에 대한 것이다. 누가의 기록은 신뢰할 수 없다는 녹스(Knox)의 비판적 평가는 대체로 바울과 사도들 간의 관계에 대해 서신과 사도행전의 차이가 현저하다고 보기 때문이다. 따라서 제기된 차이점들을 하나씩 조사해볼 필요가 있다.

누가와 바울이 침묵하는 주제들

갈라디아서에서 바울은 자신이 회심한 뒤 즉시 아라비아로 갔다가 훗날 다메섹으로 돌아왔다고 말한다(갈 1:17). 그는 이 여행을 한 이유나 아라비아에서 보낸 기간에 대해 아무 말도 하지 않고 간단히 이렇게 기록했다. "다

시 다메섹으로 돌아갔노라. 그 후 삼 년 만에…예루살렘에 올라가서"(갈
1:17-18). 여기서 그가 3년 동안 아라비아에 머물렀다는 뜻으로 이 말을 했
는지는 분명치 않으나 흔히 그런 식으로 이해된다. 그러나 누가는 바울의
아라비아 체류에 대해 완전히 침묵한다. 1세기 "아라비아"의 정확한 위치
는 불분명하지만, 일반적으로 다메섹 남동쪽의 나바테아 땅으로 여겨진다.[2]
바울이 그곳에 자신이 새로이 발견한 복음을 전하러 갔다면 아마 나바테아
왕국의 수도인 페트라로 갔을 것이고, 부활하신 그리스도로부터 받은 계시
의 의미에 대해 묵상하러 갔다면 광야로 갔을 것이다.[3] 바울이 아라비아에
서 무엇을 했는지에 관해 바울과 누가가 전적으로 침묵하고 있다는 점으
로 미루어볼 때, 바울이 그곳에서 주로 한 일이 복음 전파가 아니었을 것으
로 유추할 수 있다.[4] 누가가 "아라비아"에 대해 침묵한다고 해서 그가 저자
로서 신뢰성이 없다는 것을 분명하게 입증하는 것은 아니다. 이는 누가가
사도행전에서 디도를 전혀 언급하지 않기 때문에 누가의 기록을 신뢰할 수
없다고 주장할 수는 없는 것과 마찬가지다. 일부 정보의 누락은 어떤 전기
(傳記)에서든 일반적인 일이다.[5]

　　부활하신 그리스도를 만났다는 전혀 예상하지 못했던 경험에 근거하
여 인간의 구속을 위한 하나님의 계획에 대해 홀로 묵상하고 연구하며 오

2　　Murphy-O'Connor, *Paul*, 81; Kuntz, "Arabia/Arabians," 63; Wessel, "Arabia," 86; 참조.
　　　Riesner, *Paul's Early Period*, 256-9.

3　　Longenecker, *Galatians*, 34; Taylor, *Paul*, 73; Deissmann, *Paul*, 247.

4　　Riesner, *Paul's Early Period*, 260, 263을 보라. 그는 예루살렘이 바울의 이방인 선교의 출
　　　발점이라고 주장한다(롬 15:19; 행 22:17-21).

5　　Hengel and Schwemer, *Paul Between Damascus and Antioch*, 106.

랜 시간을 보냈다고 추론하는 것이 더 신빙성이 있어 보인다.[6] 바울은 그리스도의 생애에서 발생한 사건들, 특히 그리스도의 죽음과 부활에서 얻은 새로운 시각으로 이스라엘의 역사를 개관하는 스데반의 연설을 들은 적이 있었고, 이 연설은 바울로 하여금 구약을 다시 읽도록 자극했을 것이다. 그러나 다메섹에 있던 나바테아의 관리들이 바울을 체포하기를 원했다는 사실(고후 11:32)은 바울이 거기서 일정한 소동을 일으켰고, 이 소동은 복음 전파 과정에서 생긴 것으로 생각된다. 누가가 침묵한다고 해서, 바울을 묘사하는 그의 신뢰성을 약화시키는 부정적 증거가 하나 더 생긴 것은 아니다. 바울도 자신이 아라비아에서 지낸 시절에 대해 아무 말도 하지 않기 때문이다(참조. 갈 4:25). 더 나아가 예루살렘이 바울의 이방인 선교의 시작점이라면(롬 15:19), 예루살렘 성전에서 바울이 본 환상에 대한 누가의 묘사는 그의 신뢰성을 크게 뒷받침해 준다(행 22:17-21).[7]

누가는 바울이 편지를 쓴 것에 대해서도 침묵한다. 바울은 고대의 기준으로 보면 편지를 많이 쓴 사람이었다. 13편 이상의 편지가 바울의 이름을 지니고 있지만, 누가는 이 편지들을 전혀 언급하지 않는다. 누가는 이 편지들의 존재를 알지 못했을까? F. F. 브루스(Bruce)는 이 편지들이 양피지에 쓴 것이기 때문에 바울의 동료들을 위해 쉽게 필사될 수 없었으며, 따라서 누가에게 이 편지들의 사본이 없었고 그가 사도행전을 쓸 때 이 편지들을 읽어본 적이 없었다는 견해를 피력한다. 바울의 편지들은 훨씬 훗날에

---

6   Bowers, "Studies," 33 n. 1; Riesner, *Paul's Early Period*, 260; Robinson, *Life of Paul*, 59; Burton, *Galatians*, 55-7.

7   Hengel의 견해를 따른 Riesner, *Paul's Early Period*, 260, 263.

이르러서야 비로소 수집되고 필사되고 정경이 되었다는 것이다.[8] 다른 학자들은 누가가 바울의 동료로서 2차 선교여행부터 시작하여 로마에서 보낸 시간이 거의 끝나갈 때까지 바울이 편지를 썼다는 사실을 알고 있었거나 편지를 쓰는 모습을 본 것이 분명하다고 주장한다. 이런 견해를 취하는 학자들은 이 문제에 대한 누가의 침묵에 대해 최소한 네 가지 설명을 제시한다. 첫째, 튀빙엔 학파는 누가가 바울의 편지들을 알고 있었으나 이 편지들이 누가 자신의 신학 및 동기와 맞지 않는 내용을 반박하거나 상쇄시킬 때만 이를 자기 내러티브의 근거로 사용했다고 주장했다. 둘째, R. I. 페르보(Pervo)는 누가가 바울의 편지들을 알고 있었고 사도행전에서 바울의 특정 단어와 어구 및 개념을 여럿 사용했지만, 특정 집단 안에서 이 편지들이 잠재적으로 지닌 분열적 성격 때문에 바울을 편지의 저자로 언급하기를 거부했다고 주장한다.[9] 셋째, 누가는 이 편지들이 다양한 도시에서 복음을 전하는 바울의 첫 선교사역을 묘사하는 사도행전의 범위에 속하지 않기 때문에 의도적으로 이 편지들을 언급하거나 사용하지 않았다는 것이다. 서신서에서 바울은 신학적이고 목회적인 주제들을 다루면서 교회들에게 새로운 가르침을 주고 훈계와 권면의 말을 하는 반면, 누가는 예루살렘에서 이방인 지역까지를 포괄하는 초기 교회의 탄생과 확장과 발전에 초점을 맞추기 때문에, 바울과 베드로 사이에 신학적 논쟁이 있었던 안디옥 사건 같은 내용을 언급할 필요가 없었다는 것이다. 넷째, 누가는 바울 서신들을 사용할 필요를 인식하지 못했을지도 모른다. 왜냐하면 그는 선교여행에 동행한 동

---

8   Bruce, "St Luke's Portrait," 186; 또한 Knox, *Chapters*, 23.
9   Pervo, *Dating Acts*, 51-147, 특히 55, 58; 및 Pervo, *Mystery*, 36, 125, 162.

료로서 사도행전을 집필하기에 충분한 자료를 갖고 있었기 때문이다.[10]

이 네 가지 제안 중에서 첫 번째 제안은 가장 가능성이 희박해 보인다. 누가의 침묵에서 바울을 실제 그의 모습과 다르게 묘사하려는 의도를 추론하는 것은 확실히 옳지 않다. 두 번째 제안도 가능성이 있어 보이지만, 세 번째와 네 번째 제안이 더 타당성이 있어 보인다. 누가는 자신이 바울의 전도 설교에 관한 이야기를 집필할 만한 충분한 자료를 얻었다고 생각했을지도 모른다. 누가는 바울과 함께 여행하고 사역할 때 사도 자신에게서, 그리고 디모데나 실라 같은 바울의 동료들에게서도 이러한 자료를 수집했을 것이다.[11] 바울이 서신에서 자신의 자화상을 표현할 의향이 없었던 것처럼, 누가도 바울의 전기를 쓰고 있었던 것이 아니었다.

바울이 예루살렘으로 가져온 헌금에 대해 누가가 상대적으로 침묵하는 것은 실제 바울이 이를 매우 강조하는 것과 더불어 주목받고 비교되어 왔다(고전 16:1-4; 고후 8-10장). F. F. 브루스는 누가가 이를 간략하게 언급하는 이유를 제시한다. "누가는 과거를 회상하다가 예루살렘에서 바울이 이 헌금을 그리로 가져간 목적을 성취하는 데 처참하게 실패했음을 깨달았고, 이 헌금에 대해 가능한 한 적게 말하는 것이 제일 지혜롭다고 생각했다"는 것이다[12] 그러나 누가는 예루살렘의 사도들이 바울을 환대했고 조언했으며 바울은 그들의 권고를 받아들였다고 기록하고 있으므로, 브루스의 설명

---

10   Keener, *Acts*, 1:235.

11   1세기의 편지 관례에서 긴 편지의 공적 특성에 관해 Richards의 매우 유용한 두 권의 저작인 *Paul*과 *Secretary*를 보라. Richards는 서신들이 바울의 동료들이 있는 곳에서 "공개석으로" 기록되었을 것이라고 주장한다.

12   Bruce, *Acts: Greek*, 52.

은 신빙성이 없어 보인다(행 21:17, 20a, 26). L. T. 존슨(Johnson)은 야고보에게서 아무런 감사의 말이 없다는 점을 지적한다.[13] 그러나 누가가 사도들이 기근 구제 헌금을 처음 받은 뒤에 보인 반응에 대해서도 언급하지 않는다는 점에 주목할 필요가 있다(행 11:30; 12:25). 누가로서는 야고보가 그 당시 바울에 대해 떠돌고 있던 심각한 소문들을 잠재우기 위해 애썼다는 사실을 기록함으로써, 사도들이 이 헌금을 잘 받았다는 점을 독자들에게 알려주고 싶어 했을 가능성은 매우 커 보인다. 야고보는 바울에게 결례에 참여하도록 조언함으로써 소문을 잠재우려 했고 바울은 야고보의 권고를 따랐다. 어쨌든 우리의 당면 목적을 위해서는 바울과 누가가 모두 예루살렘에 전달된 헌금을 언급한다는 점에 주목해야 한다(롬 15:31; 행 24:17).

누가는 바울의 다메섹 도상 체험에 대한 세 번의 기록에서 모두 그가 음성을 **들었다**고 기록하지만(행 9:4; 22:7; 26:14), 실제 바울은 주 예수를 **보았다**고 주장한다(고전 9:1; 15:8; 참조. 갈 1:12, 16; 고후 12:1-5). M. S. 엔슬린(Enslin)는 이것이 "사도행전에서 묘사된 바울의 모습을 바울의 친구이자 동료가 그려낸 것으로 믿는 데 있어 가장 심각한 어려움"이라고 한다.[14] 그러나 사도행전에 나오는 바울도 **빛을 보았다**고 말하는 점을 주목할 필요가 있다. "홀연히 하늘로부터 빛이 그를 둘러 비추는지라"(행 9:3; 22:6; 26:13). 하늘에서 온 이 밝은 빛으로 인해 바울은 땅에 엎드러졌고 앞이 안 보이게 되었다(행 9:8, 12, 17-18; 22:11, 13). 성경에서 빛은 흔히 거룩하신 하나님의 임재를 나타낸다(시 4:6; 27:1; 89:15; 사 9:2). 예를 들어 하나님의 얼굴에서는

---

13   Johnson, *Acts*, 6.

14   Enslin, *Literature*, 418.

빛이 비치고(시 44:3; 104:1-2), 하나님은 사방으로 빛나는 광채에 둘러싸여 계시며(겔 1:27-28), 하나님이 곧 빛이시다(요일 1:5). 하나님은 "가까이 가지 못할 빛에" 거하신다(딤전 6:16). 바울은 하나님의 빛과 영광이 "그리스도의 얼굴에" 있다고 기록했다(고후 4:6; 참조. 요 1:4).

바울의 관점에서는 그가 하늘에서 온 빛을 보았을 때, 특히 그 빛에 예수의 확인된 음성이 수반되었을 때, 자신이 부활하신 주 예수를 보았음을 깨닫는다. 바울과 함께 여행하던 사람들은 아무것도 보지 못했다고 누가가 언급한다는 사실은 바울이 누군가를 실제로 보았음을 암시한다(행 9:7). 어쨌든 사도행전의 바울은 다른 곳에서 자기가 주님을 **보았으며** 주님이 이렇게 말씀하셨다고 증언한다. "내가 네게 나타난 것은 곧 네가 나를 **본** 일과 장차 내가 네게 나타날 일에 너로 종과 증인을 삼으려 함이니"(행 26:16; 참조. 22:14). 바울이 그리스도 현현(顯現)을 체험한 것을 누가가 약간 다른 측면에서 묘사한다고 해서, 그것을 사도행전의 신뢰성을 부정하는 데 사용해서는 안 된다. 오히려 이것은 사도행전의 기록과 바울 서신의 기록이 양립할 수 있음을 보여준다. 다른 학자들은 음성과 환상의 차이를 지나치게 과장했다. 사실 그 둘의 차이는 그들이 주장하는 것처럼 그렇게 뚜렷하지 않다. 바울은 자신이 유대교에 속해 있었던 이전의 삶과 다메섹 도상에서의 체험에 대해 종종 말했고(갈 1:13-16; 행 22:2-16; 26:4-23; 참조. 빌 3:4-11; 딤전 1:12-14), 따라서 누가는 십중팔구 다메섹 도상에 대한 바울의 경험을 사도 자신에게서 들었을 것이다. 사도행전 안에 있는 기록들 사이의 일치점들 및 사도행전과 서신서에 담긴 정보 간에 일치하는 부분은 서로의 차이점을 능가한다.

또한 바울은 예루살렘 공회의 법령에 대해 침묵하지만, 누가는 이것을 상당히 자세하게 기록한다(행 15:30; 16:4). 누가는 바울이 이 법령을 열심히 전달하는 모습을 묘사한다(행 15:30; 16:4). 바울이 유대주의자들을 반격하고 침묵시킬 수 있는 가장 좋은 방법은 예루살렘 법령을 보여주거나 최소한 이를 언급하는 것이었다는 주장이 자주 제기된다. 법령에는 이방인 신자들이 유대교의 율법을 지키고 할례를 받아야 한다고 요구하지 않기 때문이다. 그렇다면 왜 바울은 이 법령에 대해 말하지 않는가? F. F. 브루스는 바울이 네 가지 조건 중 하나, 즉 "우상의 제물…을 멀리할지니라"라는 조건을 지킬 수 없었기 때문에 이 법령을 사용할 수 없었다는 입장이다(행 15:29; 그러나 고전 8:1-13; 10:14-30; 롬 14:14, 20을 보라).[15] 브루스의 두 번째 추론은 더 그럴듯해 보인다. 즉 바울은 유대주의자들이 그가 세운 교회들에서 큰 소동을 일으키고 있을 때 편지를 쓰고 있었으므로 사도의 권위에 호소하면 오히려 역효과가 발생할 것으로 생각했을 수도 있다는 것이다.[16] 갈라디아서 2:7-9에 묘사된 바와 같은 예루살렘 공회의 결정에도 불구하고 할례파는 활동을 계속 이어나갔다. 예루살렘 법령은 사도 회의가 열렸을 때 바울과 유대인 신자들에게 좋은 타협점이었다. 그러나 이 법령에는 회의가 소집된 원래 이유인 실제적인 문제에 대한 구체적인 결정이 담겨 있지 않았다. 이방인 신자들이 할례를 받아야 하는지 그렇지 않은지에 대한 결정이 법령 안에 분명하게 명시되어 있지 않았다.[17] 이것이 나중에 실제로 문

---

15 Bruce, "St Luke's Portrait," 184; 같은 저자, *Acts: Greek*, 50 n. 17.

16 Bruce, "St Luke's Portrait," 184.

17 Wilson, *Our Father Abraham*, 50과는 견해가 다르다. 그는 이 공회가 제기된 문제에 대해 분명하고 명확한 해답을 주었다고 주장한다. 그러나 Williams, *Acts*, 29에 나오는 Manson의 다음과 같은 말을 보라. "이 법령은 갈 2:14에서 제기된 문제들에 대한 대답이다. 이것은 행 15:1에서 제기된 문제에 대한 대답이 아니며 그럴 수도 없다."

제가 된 것으로 보인다.

따라서 예루살렘 법령은 양쪽 진영에서 각자에게 유리한 방식으로 해석될 여지가 있었다. 틀림없이 바울은 이 법령이 이방인 신자들에게 율법을 지키고 할례를 받으라고 요구하지 않았다는 점을 틀림없이 지적했을 것이다. 그러나 유대주의자들은 예루살렘 공회가 이방인 신자들에게 할례의 조건을 명시적으로 배제하지는 않았다고 주장했을 것이다. 따라서 바울이 그 법령을 근거로 주장을 펼치는 것은 무의미했다. 우리는 이것이 바울이 이 법령을 언급하거나 사용하지 않는 이유일 가능성이 크다고 주장하는 바다. 예루살렘 법령에 대한 바울의 침묵은 그 법령이 훗날에 작성되었거나, 바울이 참석하지 않은 두 번째 공회에서 작성되었거나,[18] 바울이 그 법령을 알지 못했거나 받아들이기를 거부했음을 의미하지 않는다.[19] A. 루아지(Loisy)는 스스로 예루살렘의 권위 아래 있지 않다고 그토록 강하게 주장하는 바울이 사도들의 판결의 전형인 그 법령을 받아들이기는 불가능했을 것이라고 추론했다.[20] 그러나 바울은 예루살렘의 지도자들과 좋은 관계를 맺었음을 보여준다(갈 1:18-19; 2:1-2, 7-9). 특히 사역 초기에 바울은 사도들과 가까운 관계를 유지했다. 따라서 바울이 사도 법령을 거부했다고 가정해야 할 이유는 없다. 그와 동시에 바울이 이 법령에 대해 침묵한다는 사실을 가지고 누가가 예루살렘 법령을 마음대로 지어낸 것으로 추측하는 것도 옳지 않다.

---

18   Wilson, *Gentiles*, 186; Conzelmann, *Acts*, 119; Lüdemann, *Paul*, 72-4과는 견해가 다르다.

19   Longenecker, *Paul, Apostle of Liberty*, 258.

20   Lake, "Apostolic Council of Jerusalem," 211에서 언급되었다.

사도행전의 바울은 채찍질을 맞기 전에 자신이 로마 시민권을 가지고 있다고 주장하지만(행 16:37-38; 22:23-29), 서신서의 바울은 자신이 로마 시민권을 가지고 있는지에 관해 말하지 않는다. 바울이 심하게 채찍질을 당했다는 사실을 시민권을 소유하지 못했음을 암시하는 것으로 해석할 수는 없다(고후 6:4-5; 11:23-25).[21] M. E. 스롤(Thrall)은 이 문제에 대해 다음 세 가지 가능성을 제시한다. (1) 바울은 로마 시민권이 없었고, 따라서 누가의 말은 정확하지 않았다. (2) 로마 시민권이 있었지만, 상황에 가로막혀 항소권을 행사할 수 없었다. (3) 로마 시민권이 있었으나, 자신의 법적 권리를 사용하지 않기로 작정했다.[22] 바울은 채찍질을 당하게 된 상황을 설명하지 않는다. 누가는 바울을 대항하는 대규모 군중 때문에 바울이 체포되었다고 말한다(행 16:19-23; 19:28-34; 21:30-36). 사도행전의 바울은 사도행전 16장에서 이미 체포와 구타 및 채찍질을 경험했고, 그 이후에야 비로소 로마 시민권을 사용하며 항의했다. 따라서 사도행전 21장의 경우 바울이 이미 구타를 당한 상태였다. 여기서 바울은 로마 시민권을 갖고 있었다 할지라도,[23] 아마도 성난 군중이 그렇게 대항하는 와중에 항의할 수는 없었을 것이다. 어쩌면 그가 로마 시민이라는 사실을 달갑게 여기지 않을지도 모르는 회심자들의 의심을 피하려고, 또는 긴 법적 절차에 휘말리면 선교사역을 계속

---

21 바울의 로마 시민권은 문학적 기획으로 구성된 것이라는 Pervo, *Mystery*, 130, 148과는 견해가 다르다.

22 Thrall, *2 Corinthians 8-13*, 740-42.

23 Thrall, *2 Corinthians 8-13*, 740-42; Lentz, *Luke's Portrait*, 59-60. 이 두 학자 모두 바울이 로마 시민권을 소유했을 가능성을 배제하지 않는다. Riesner, *Paul's Early Period*, 147-56을 보라: "사도는 어떤 지위로 인한 특권보다도 교회를 위해 자신이 그리스도 안에서 받는 고난을 묘사하는 쪽을 선호했다."

수행하는 데 방해가 될 것으로 생각하여 의도적으로 항소권을 주장하지 않았을 수도 있다.[24]

벨릭스 앞에서 열린 재판에서 바울을 고발한 자들은 정치적·종교적·물질적으로 유력한 사람들이었다. 바울 같은 사람이 그들의 고발에 맞서 자신을 변호하기란 일반적으로 매우 어려운 일이었을 것이다. 로마 총독들은 분명 유대인 종교 지도자들에게 호의를 베풀었을 것이다(행 24:27; 25:9, 25). 그럼에도 불구하고 바울이 소송에 패하지 않았다는 사실은 바울의 유일한 이점인 로마 시민권 덕분이었을 것으로 보인다.[25] 더 나아가 바울이 로마 황제에게 항소하고 그 항소가 받아들여질 수 있었던 것도 시민권 덕분이었을 것이다(행 25:10-12, 21, 25; 26:32; 28:19). 유대인 공동체의 구성원들이 안토니우스의 편에 섬으로써 로마 시민권을 얻었을 때 바울의 아버지도 로마 시민권을 받은 것 같다.[26] 그러나 바울과 누가 모두 바울이 로마 시민이라는 명백한 지위에도 불구하고 구타와 채찍질을 당했다고 기록한다는 점에도 주목해야 한다(고후 11:23-25; 행 16:22-23).

침묵을 근거로 논조를 전개할 수는 없다. 침묵은 바울과 누가 양쪽 모두에 존재하지만, 이 두 기록은 서로 직접적으로 모순되지는 않는다. 따라서 어느 특정한 주제에 대한 한쪽의 침묵이 다른 한쪽을 불신하게 하는 역할을 해서는 안 된다. "어쨌든 모든 역사적 기록은 선별과 자료의 창조적 구성을 요구한다."[27] 누가가 자료를 특정한 방식으로 선별하여 구성했다고

---

24   Thrall, *2 Corinthians 8-13*, 742.
25   Rapske, *Book of Acts*, 158-9이 이를 타당하게 주장한다.
26   Murphy-O'Connor, *Paul*, 39-41.
27   Johnson, *Acts*, 7.

해서 그의 이야기들이 날조되었다고 해석하는 것은 옳지 않다.

바울의 유대인적인 특성 묘사

누가는 바울을 율법을 준수하는 유대인으로 묘사했다는 이유로 종종 비판을 받아왔다. 특히 바울이 디모데에게 할례를 행하고, 자신이 했던 서원 때문에 머리를 자르며, 예루살렘 성전에서 유대인 신자들의 결례에 비용을 내며 동참했다고 묘사했기 때문이다(행 16:1-3; 18:18; 21:24-26). 누가는 바울이 이방인 가운데서 선교하는 동안에도 새로운 마을과 도시에 도착하자마자 먼저 "습관대로" 회당에 들어가 주로 유대인 회중에게 복음을 전했다고 기록한다(행 13:5, 14; 14:1; 17:1-3, 10, 17; 18:4, 19; 19:8; 28:17; 참조. 9:20). 사도행전의 바울은 첫 번째 선교여행부터 로마에서의 마지막 선교여행까지 이 습관을 일관되게 유지한다. 그런데 실제 바울은 자신을 율법 없는 복음을 전하는 자로 묘사했고 이방인 선교에 대한 소명을 충분히 잘 알고 있었다.[28] 그렇기에 만일 바울이 회당에 갔다면 그것은 하나님을 경외하는 이방인들에게 말씀을 전하기 위해 회당에 간 것으로 인식되기도 했다.[29]

그러나 누가가 회당에 먼저 찾아가는 바울의 모습을 묘사하면서도 바

---

28   Marshall, *Luke: Historian and Theologian*, 184: "[이러한 차이는] 사도행전에 관한 오늘날의 연구에서 시급한 문제 가운데 하나이며, 특히 여기서는 누가가 발생한 사건을 이상적으로 묘사하거나, 그 사건을 완전히 오해하여 잘못 표현했다는 주장이 종종 제기된다."

29   예. Kim, *Origin*, 60-66.

울이 이방인 선교를 위해 부르심을 받았다는 점을 분명히 밝힌다는 사실에 주목할 필요가 있다(행 9:15; 22:21; 26:17, 20, 23). 사도행전에 묘사된 바울이 선교 보고를 할 때 **이방인** 선교를 지목해서 언급한다는 점도 주목해야 한다(행 14:27; 15:3, 12; 21:19). 마찬가지로 실제 바울은 자신이 이방인을 위하여 소명을 받은 것을 깊이 인식하고 있으면서도 동족의 구원을 바라는 근본적인 관심을 표현한다(롬 9:1-5; 10:1; 11:14).

해석자들이 종종 바울이 쓴 글의 배경을 충분히 고려하지 않음으로써 바울을 오해하기도 한다. 갈라디아 사람들이 그렇게 빨리 유대주의자들에게 설득당한 이유는 바울이 갈라디아에서 교회를 개척하면서 갈라디아서에 제시된 바와 같은, 율법에서 자유로운 복음에 관해 그들을 준비시키지 않았기 때문임을 인식할 필요가 있다.[30] 바울이 이신칭의 메시지를 강조하면서 그 강조점을 변화시키는 것을 주목해야 한다. 갈라디아에서 선교사역을 수행하는 동안 바울은 **그리스도의 죽음과 부활에 대한** 믿음에 의한 칭의의 메시지를 전했다. 그러나 훗날 편지에서는 **율법과 상관없이** 얻게 된 믿음에 의한 칭의의 복음을 강조한다. 바울의 **전도** 설교에서 "~을 제외한"이라는 개념은 거의 강조된 적이 없으며 더욱이 갈라디아서에서처럼 강하게 강조된 적은 분명히 없다.[31] 그리고 누가가 바울이 **선교**하던 시절을 다루고 있다는 점을 기억할 필요가 있다. 따라서 누가가 사도행전에서 갈라

---

30   Ramsay, *St Paul the Traveller*, 183: "[갈라디아인들] 모두가, 바울 자신의 계획에서 유대인이 항상 먼저였고 기독교는 유대인에게서 나왔으므로 유대인을 본받는 것이 옳다는 믿음을 받아들일 준비가 되어 있었다"고 옳게 주장한다.

31   앞의 159-63쪽을 보라. 더 자세한 논의를 보려면 Chae, *Paul*, 302-7(최종상, 『로마서』, 387-93)도 함께 보라.

디아에서 일어난 충돌과 안디옥 사건에 대해 침묵한다는 이유로 누가를 불신하는 F. C. 바우어의 견해는 잘못된 것이다.[32]

더 나아가 바울이 율법을 선하고 영적이며 거룩한 것이라고 긍정적으로 논평한다는 점에 주목하는 것이 중요하다(롬 7:12, 13, 14, 16). 바울은 율법을 유대인의 특권 중 하나로 여겼다(롬 9:4). 율법은 하나님의 법이요(롬 7:22), 할례는 유대인의 높은 특권이자 이점이다(롬 2:25; 3:1). 바울은 "유대인" 디모데에게 할례를 행하는 것을 어려운 일로 여기지 않았다. 바울은 유대인에게 "아들들에게 할례를 행하지 말고 또 관습을 지키지 말라"고 말하지 않았으며(행 21:21), "율법을 실천하는 유대인으로서 [결례를] 행했다"(행 21:26).[33] "바울 서신에는 바울이 단 한 번이라도 유대 그리스도인들에게 모세의 율법을 버리라고 가르쳤다는 일말의 증거도 없다."[34] 바울은 "날과 달과 절기와 해를 삼가" 지킨다는 이유로 갈라디아 사람들을 책망하지만(갈 4:10-11), 로마의 성도들에게 편지를 쓸 때는 어떤 날을 다른 날보다 더 거룩하게 생각하는 그리스도인들의 견해를 용납한다(롬 14:5-6; 참조. 행 16:8; 20:16). 바른 해석을 하려면 바울이 논증하거나 가르치는 내용의 앞뒤 문맥과 배경을 파악할 필요가 있다. 앞의 여러 장에서 주장한 바와 같이, 청중을 회심시키려고 전한 바울의 **전도** 설교를 기록한 누가의 내용을, 사도가 훗날 이방인이 오직 믿음으로만 얻은 구원의 정당성을 변호하기 위해 이미

---

32   Baur, *Paul*, 1:7, 10: "너무나 많은 요점에 대해 의도적으로 침묵하여 자기 이야기 속의 사실들을 다른 관점으로 몰고 가는 저자가 있다면, 분명 그는 공정하고 양심적인 저자로 여겨질 수 없다."

33   Bruce, *Acts: Greek*, 57.

34   Gasque, *History*, 288.

회심한 자들에게 설명한 **신학적** 내용과 비교해서는 안된다.

율법이나 할례와 관련해서도 청중과 특정한 논증을 하려는 바울의 목적을 고려할 필요가 있다. J. 바이스(Weiss)는 "서신서에서 율법에 대한 두 갈래의 생각을 발견한다. 하나는 급진적이고 율법과 반대되며, 또 하나는 어느 지점까지는 보수적이고 율법에 우호적이다. 이 둘은 서로 조화시키기가 대단히 어려우며, 사실 서로에게 전적으로 순응될 수 없다"고 딜레마를 언급했는데,[35] 우리의 견해는 이에 대해 해법을 제시할 수 있다.

유대인의 우선성은 사도행전에서도 나타난다. 사도행전의 바울은 종종 다음과 같이 선언한다. "하나님의 말씀을 마땅히 먼저 너희에게 전할 것이로되, 너희가 그것을 버리고 영생을 얻기에 합당하지 않은 자로 자처하기로 우리가 이방인에게로 향하노라"(행 13:46; 18:6; 28:28; 참조. 22:17-21). 구원에 관한 유대인의 시차적 우선성은 예수와 바울 모두 주장한 성경적 주제다.[36] 바울은 유대인과 이방인이 동등함을 밝히지만, 그럼에도 복음은 여전히 "먼저는 유대인"을 위한 것이다(롬 1:16). 따라서 바울이 누가가 사도행전에서 전하는 것처럼 복음을 유대인에게 먼저 전하되 이방인에게도 함께 전하는 것은 당연한 일이다. 바울은 유대인이 원감람나무고 이방인은 그것에 접붙여진 돌 감람나무 가지라고 분명히 말한다(롬 11:17-24). 바울은 동족에 대한 진정한 관심을 표현한다. 그는 자기 동족이 예수 그리스도를 믿기를 고뇌하며 갈망한다(롬 9:1-3; 10:1; 11:14). 따라서 그가 가급적 어디서든 유대인에게 접근해서 십자가에 달린 예수가 그들이 기다려온 메시

---

35   Weiss, *Earliest Christianity*, 1:228.

36   요 4:22; 마 10:5-6; 15:21-28; 막 7:24-30; 롬 1:16; 3:1-2; 9:4-5; 15:8-9.

아라고 성경으로 설명하고 입증하는 것은 당연한 일이었다.[37] 바울은 이방인뿐만 아니라 유대인에 대한 선교 전략을 다음과 같이 분명히 표현한다.

> 내가 모든 사람에게서 자유로우나 스스로 모든 사람에게 종이 된 것은 더 많은 사람을 얻고자 함이라. 유대인들에게 내가 유대인과 같이 된 것은 유대인들을 얻고자 함이요, 율법 아래에 있는 자들에게는 내가 율법 아래에 있지 아니하나 율법 아래에 있는 자 같이 된 것은 율법 아래에 있는 자들을 얻고자 함이요, 율법 없는 자에게는 내가 하나님께는 율법 없는 자가 아니요 도리어 그리스도의 율법 아래에 있는 자이나 율법 없는 자와 같이 된 것은 율법 없는 자들을 얻고자 함이라. 약한 자들에게 내가 약한 자와 같이 된 것은 약한 자들을 얻고자 함이요, 내가 여러 사람에게 여러 모습이 된 것은 아무쪼록 몇 사람이라도 구원하고자 함이니, 내가 복음을 위하여 모든 것을 행함은 복음에 참여하고자 함이라(고전 9:19-23).

바울은 이방인들에게 복음을 전하기 원하는 만큼이나 강렬하게 유대인들을 구원하기를 소원한다. 따라서 그는 유대인을 전도하려는 소원을 이방인을 전도하려는 소원보다 약하게 표현하지 않는다. 바울을 올바르게 해석하려면 대부분 그의 편지가 거짓 가르침의 공격을 받은 **이방인**이 다수인 교회들에게 보낸 것이라는 점에 주목할 필요가 있다. 바울은 유대인과 달리

---

37 필자는 "그[바울]가 새로운 도시를 방문할 때 이방인들에게 복음을 전하기 위한 교두보"가 될 수 있는 "하나님을 경외하는 자들"을 찾기 위해 회당으로 들어갔다고 주장하는 Bruce, "St Luke's Portrait," 186의 견해에 동의하지 않는다. 오히려 유대인들이 기다려온 메시아의 도래를 전하려는 진정한 열망으로 회당에 간 것으로 보인다.

율법을 준수하지 않고도 오직 믿음으로만 얻은 이방인의 구원의 정당성을 주장하기 위해 자신이 이방인의 사도임을 강조한다. 만약 그가 유대인이 다수인 교회들에 편지를 썼다면 그 내용과 주장이 사뭇 달라졌으리라고 상상할 수 있을 것이다. 그랬다면 그는 로마서의 내용과 비슷한 것을 제시했을 것이다.[38]

더 나아가 갈라디아서 2:7-9에 묘사된 예루살렘 공회의 합의는 인종적 구분이나 지리적 경계에 관한 것도 아니라는 점을 이해해야 한다.[39] 만약 공회가 결정한 합의의 내용이 그랬다면 베드로는 안디옥 교회에 가서 이방 성도들과 교제하지 말았어야 했고, "본도, 갈라디아, 갑바도기아, 아시아와 비두니아에 흩어진 나그네 곧 하나님 아버지의…택하심을 받은 자들"에게 편지를 쓰지도 말았어야만 했다(벧전 1:1; 벧후 1:1).[40] 베드로가 "고린도에서" 사역했고 "그곳에 해로운 영향을" 끼쳤다면 이는 더더욱 합의를 깬 것이다.[41] 에우세비오스는 베드로가 유대인들에게 편지를 썼다고 단언했지만,[42] "너희가 전에는 백성이 아니더니 이제는 하나님의 백성이요, 전에는

---

38   로마에 있는 그리스도인 공동체의 종족적 분포를 재구성하기는 쉽지 않다. 그러나 바울이 여기서 유대인과 이방인의 동등함을 입증하려고 논증한다는 점은 주목할 만하다. 바울이 수많은 구약 구절을 인용하는 것은 유대인들이 이방인의 동등함을 인정하도록 설득하려 한다는 점을 보여준다. 그와 동시에 바울은 율법과 심지어 할례에 대해서도 몇 가지 긍정적인 언급을 한다. Chae, *Paul*, 여러 곳(최종상, 『로마서』, 여러 곳)을 보라.

39   Schmithals, *Paul and James*, 46-61과는 견해가 다르다. 그는 바울이 공회 모임 이후 유대인 선교를 포기했다고 주장한다. Marshall, *Luke: Historian and Theologian*, 185의 견해가 더 타당성이 있다: 갈 2:1-10은 "대체로 영토적 구분"에 관한 것이다.

40   베드로전서와 베드로후서의 저자에 대한 논증은 이 책의 범위를 벗어난다.

41   Hengel and Schwemer, *Paul Between Damascus and Antioch*, 328 n. 63에 인용된 Lietzmann의 말이다.

42   Eusebius, *Ecclesiastical History*, xxv.

긍휼을 얻지 못하였더니 이제는 긍휼을 얻은 자니라"(벧전 2:10)라는 진술로 미루어볼 때 베드로가 이방인 신자들도 수신인으로 포함시켰음을 알 수 있다.

전승에 따르면 베드로는 로마에서 죽을 때까지 일정 기간 사역했지만, 베드로의 로마 사역이나 체류 기간에 대한 정보는 전혀 없다. 유대주의자들이 안디옥, 갈라디아, 고린도, 빌립보에 있는 이방인 신자들에게도 영향을 끼치려 했다는 사실은, 사도들이 민족적·지리적 경계를 엄격히 구분하지 않았음을 암시한다. 더 나아가 최근 학계에서 바울의 유대인적 특성이 많이 인식되고 있다.[43] 바울을 새롭게 이해하게 되면서 사도행전에 나오는 바울에 대한 묘사가 신뢰성이 있다는 입장을 강화해주고 있다.

이 모든 점을 고려하면, 누가가 바울의 유대인적 특성에 관해 바울을 잘못 표현하고 있는 것이 아니라고 결론지을 수 있다. 이는 누가가 바울의 첫 선교사역 기간에 유대인에게 먼저 찾아가고, 또 "율법과 상관없는" 구원을 강조하지 않았던 바울의 습관을 기록한 것이 특히 그렇다. I. H. 마셜은 "누가가 글을 쓰고 있었던 시점에는 이[율법/할례의] 문제가 누가의 관심사가 아니었다"라고 주장한다.[44] 그러나 누가가 이 주제를 쓸 때에는 바울이 갈라디아서에 쓴 내용만큼 심각하지 않았다고 인식하는 것이 더 타당해 보인다. E. J. 굿스피드(Goodspeed)가 추론하는 것처럼 이는 "유대주의의 문제가 사라졌기"[45] 때문이라기보다는, 누가가 사건들을 발생한 그대로 묘사

---

43 Gager, *Reinventing Paul,* 여러 곳.

44 Marshall, *Luke: Historian and Theologian,* 186.

45 Goodspeed, *Paul,* 236.

하고 있기 때문이다. 이 점에서는 오히려 M. 헹엘(Hengel)의 다음과 같은 말이 옳아 보인다. "그보다 이전 단계에서 비유대인이 할례를 받는 것은 단지 그[바울]에게 있어 아무래도 상관없는 문제였다."[46] 그러나 할례파 구성원들이 이방인 신자들도 할례를 받고 모세 율법을 지켜야 한다고 주장하며 (갈 2:4; 행 15:1, 5), 바울이 교회들을 개척한 지역으로 활동을 확대한 훗날에 이르러서야 할례와 율법이 비로소 쟁점이 되었다.

　　누가는 이방인 신자들이 유대교의 율법을 지키고 할례를 행해야 한다고 요구했던 바울의 대적자들과 바울 사이의 갈등에 대해 분명 알고 있었을 것이다. 그러나 누가는 그러한 싸움이 어떻게 안디옥 사건과 갈라디아 교회의 갈등으로 발전할 수 있었는지 그 상황에 대해서는 말하지 않는다. 누가는 갈등의 초기 단계와 문제의 해결만 기술한다. 시간 순서상, 이방인 신자들도 율법을 지키라는 요구는 바울과 바나바가 갈라디아 선교여행에서 돌아온 뒤 처음 제기되었다. 하지만 바울과 바나바가 처음 갈라디아에서 선교사역을 수행하는 동안에는 이 문제가 쟁점이 아니었으므로, 그들은 굳이 복음이 "율법과 상관없는" 것이라고 설명할 필요를 인식하지 못했다. 곧 이방인 신자들은 유대교의 율법을 지킬 이유가 없었고 또 그 문제에 초점을 맞추어 가르칠 계기도 없었으므로, 복음이 율법과 상관없다고 강조할 필요가 없었다. 따라서 누가는 바울의 선교 초기 단계에서 율법에 대한 쟁점이 서신서에 쓰인 내용보다 덜 격렬했음을 정확하게 전달한 것으로 보인다.

46　　Hengel and Schwemer, *Paul Between Damascus and Antioch*, 149.

바울의 예루살렘 방문 횟수

누가는 예루살렘 공회 때까지 바울이 예루살렘을 세 번 방문했다고 전한다. 즉 "교제를 위한 방문"(행 9:26-30), "기근 구제를 위한 방문"(행 11:27-30), "공회 참석을 위한 방문"(행 15:1-34)이다. 그러나 서신서의 바울은 교제를 위한 방문(갈 1:18-19)과 공회 참석을 위한 방문(갈 2:1-10) 두 차례만 언급한다. C. S. C. 윌리엄스(Williams)는 이 차이가 바울에 대한 누가의 묘사가 지닌 신빙성을 부정해야 할 가장 중대한 이유라고 단언한다.[47] C. J. 헤머(Hemer)도 이 쟁점이 "역사적 문제의 핵심이며…일반적으로 누가에 대한 결정적 비판으로 여겨진다"고 지적한다.[48] 이 주제는 자세한 연구가 필요하지만, 여기서는 이 차이를 어떻게 이해해야 할지에 관해 간단히 살펴보고자 한다.

갈라디아서 1-2장에 언급된 바울의 예루살렘 방문을 누가의 서술과 조화시키려는 어떤 시도도 "쓸모없는 골칫거리"[49]라는 F. C. 바우어의 충고에도 불구하고, 그러한 노력은 중요하다. 갈라디아서 1장의 방문을 사도행전 9장의 방문과 동일시하고 서로 관련시키는 데 대해서는 아무런 논쟁이 없다. 또한 갈라디아서 2:1-10에서 바울이 묘사한 예루살렘 공회가 사도

---

47   Williams, *Acts*, 24; 마찬가지로 Marshall, *Luke: Historian and Theologian*, 75은 행 15장을 누가의 예루살렘 공회에 대한 기록을 부정하기 위해 제기된 "주된 문제점"으로 지목한다. 바울이 예루살렘을 방문한 횟수를 이해하기 위해 제안된 이론들을 보려면 짧지만 유익하게 요약한 Williams, *Acts*, 24-9을 보라. 더 짧은 요약을 보려면 Wenham and Walton, *Exploring the New Testament*, 287-8도 함께 보라.

48   Hemer, *Book of Acts*, 247.

49   Baur, *Paul*, 1:109-10.

행전 15:1-34에서 누가가 기록한 모임과 일치한다는 견해도 거의 보편적으로 받아들여지고 있다.[50] 이러한 다수의 입장에 따르면 바울은 기근 구제를 위한 방문에 대해 알지 못했다. 그러나 이 설명은 지나치게 단순하고 설득력이 없어 보인다.[51] 우리는 바울이 기근 구제를 위한 방문과 관련된 것으로 보이는 내용을 언급한다는 점에 주목할 필요가 있다. 바울은 예루살렘 공회에 대해 요약하며 거의 끝부분에서 이렇게 썼다. "다만 우리에게 [예루살렘에 있는] 가난한 자들을 기억하도록 부탁하였으니, 이것은 나도 본래부터 힘써 행하여 왔노라"(갈 2:10). 사도들이 바울에게 가난한 자들을 기억하도록 부탁했다는 사실은 바울이 이전에 아마도 안디옥에서 예루살렘의 "가난한 자들을 기억"했으리라는 점을 암시한다.[52] 현재 가정법 능동태 동사인 "므네모뉴오멘"(*mnēmoneuōmen*)은 어떤 행동이 계속되는 것을 의미한다. 바울이 "계속해서 기억하다"라는 이 동사를 부정 과거 시제의 동사인 "에스푸다사"(*espoudasa*, "힘써 행하여")와 함께 선택한 것은, 그가 그들의 가난한 자들(*tōn ptōchōn*)을 이전에 기억했음을 암시한다.[53]

어떤 학자들은 사도행전 9장의 방문을 갈라디아서 1장의 방문과 동일시하고 사도행전 11장의 방문을 갈라디아서 2장의 방문과 동일시하며, 갈라디아서가 사도행전 15장의 예루살렘 공회 이전에 기록되었다고 주장

---

50 가장 눈에 띄게는 Lightfoot, *Galatians*, 123-4.

51 필자는 바나바가 바울이 아닌 다른 사람과 함께 예루살렘으로 갔다는 Williams, *Acts*, 26에 언급된 Streeter의 주장에 동의할 수 없다.

52 마찬가지로 Goodspeed, *Paul*, 35.

53 Zerwick and Grosvenor, *Grammatical Analysis*, 567. Pervo, *Dating Acts*, 79; Hall, "St. Paul," 310도 마찬가지다.

한다.[54] 그러나 갈라디아서에 담긴 몇 가지 중대한 주제들을 고려할 때, 이 견해도 그다지 설득력이 없어 보인다. 예를 들어 갈라디아서 2:4-5에 기록된 예루살렘 방문의 계기는 사도행전 11장에 나오는 기근 구제 방문보다 사도행전 15:1-2의 방문과 더 잘 들어맞는다. 베드로와 일부 유대인 신자들이 이방인 신자들과 함께 식사했다는 사실은 안디옥 사건이 예루살렘 공회 이후에 발생했고, 예루살렘 공회는 유대인 신자와 이방인 신자가 함께 식사 교제를 할 수 있는 길을 열어주었음을 암시하는 것으로 보인다. 더 나아가 사도행전 15장의 예루살렘 공회가 안디옥 사건과 갈라디아 교회에서 벌어진 갈등 이후에 소집되었을 가능성은 가장 희박해 보인다. 베드로와 바나바가 안디옥 사건 이후 "할례 금지" 정책을 맹렬히 지지했을 가능성 역시 희박하다.

여기서 우리는 대안적인 설명을 하나 제시하고자 한다. 즉 바울이 갈라디아서 2:1-3에서는 기근 구제를 위한 방문을 언급하고, 갈라디아서 2:4-10에서는 예루살렘 공회를 언급했을 수 있다는 것이다.[55] T. W. 맨슨 (Manson)은 갈라디아서 2:3과 2:4-5 사이의 의미심장한 단절을 타당하게 주목하는 극소수의 학자 중 한 명인데, 그는 이 단절이 바울이 예루살렘을 방문한 서로 다른 계기를 암시할지도 모른다고 제안했다. 맨슨은 갈라디아서 2:3이 공회가 열린 시기에 속하고 갈라디아서 2:4-5은 그와 다른 이후의 시기에 속한다고 주장한다. 다음으로 그는 갈라디아서 2:6-10에서 바울

---

54   특히 Hemer, *Book of Acts*, 247-51. Marshall, *Luke: Historian and Theologian*, 75도 마찬가지다. Achtemeier, *Quest*는 갈 2:1-10을 행 11:1-18과 동일시하지만 이는 설득력이 없다.

55   Chae(최종상), "Paul, the Law and the Mission to the Gentiles"을 보라.

이 예루살렘 공회를 계속해서 묘사한다고 말한다.[56] 물론 그러한 분류가 설득력이 없어 보일 수도 있다. 그러나 갈라디아서 2:3과 2:4 사이의 의미심장한 단절이 바울이 예루살렘을 방문했던 서로 다른 계기를 나타낼지도 모른다는 주장은 설득력이 있어 보인다.

여기서 우리 주장의 주요 요점을 다음과 같이 요약한다. (1) 바울이 한 시도 복종하지 않았다는 언급(갈 2:5)은 사도행전 15:1-2에 매우 유사하게 표현된 것과 같이 긴박하고 즉각적인 느낌을 전달한다.[57] (2) 갈라디아서 2:4-10에서 제기된 상황과 문제들은 누가가 사도행전 15:3-34에서 묘사하는 것과 매우 비슷하다.[58] (3) 누가는 디도에 대해 침묵하지만, 바울이 언급한 대로 디도는 아마도 기근 구제를 목적으로 예루살렘을 방문했을 것이다. 누가는 사도행전에서 디도를 전혀 언급하지 않는다.[59] 하지만 바울은 디도가 구제 헌금과 어떤 관련이 있음을 암시하는가? 이와 관련해서 디도가 고린도에서 헌금 모금을 시작한 것을 바울이 크게 칭찬하는 모습을 보는 것은 흥미롭다. "그러므로 우리가 디도를 권하여 **그가 이미** 너희 가운데서 [모금을] **시작하였은즉** 이 은혜를 그대로 성취하게 하라"(고후 8:6).

P. E. 휴즈(Hughes)는 이 진술이 "디도가 이전에 고린도에서 [고린도전서 16:1-4에서 언급된 대로 예루살렘의 신자들을 위한] 헌금 모금을 준

---

56 Manson, *Studies*, 175-6; 갈 2:4-5의 본문에 관한 난점들과 가능한 해석에 대해서는 Lake, "Apostolic Council of Jerusalem," 196-9도 함께 보라.

57 Hahn, *Mission*, 78에서 그렇게 올바르게 주장한다.

58 Johnson, *Acts*, 6과는 견해가 다르다.

59 디도는 분명 바울에게 중요한 동역자이며 바울은 그의 이름을 종종 언급한다. 어떤 이들은 누가가 디도를 언급하지 않는 것은 디도가 누가의 형제나 친척이어서 그를 드러내지 않으려는 누가의 겸손 때문이라고 주장했다. Ramsay, *St Paul the Traveller*, 390을 보라.

비하기 시작한 일"을 가리킨다고 주장한다.[60] 그러나 우리는 바울이 대과
거완료형인 "프로에네륵사토"(proenērxato)를 사용한 것으로 볼 때 고린도전
서 16:1-4에 언급된 상황보다는 그 이전의 상황(즉 안디옥에서의 헌금 모금, 행
11:29)을 가리킨다고 생각한다. 갈라디아서 2:1-3에서 바울은 아마도 자신
과 바나바와 디도가 안디옥에서 구제 헌금을 가지고 예루살렘으로 간 상황
을 언급했을 것이다. 바울은 디도가 기근 구제 헌금을 가지고 예루살렘으
로 갔을 때는 이방인 신자로 알려졌으나 할례를 강요받지 않은 데 비해, 유
대주의자들이 지금은 갑자기 이방인 신자들에게 할례를 받도록 주장하는
이유에 대해 이의를 제기한다. 바울은 두 번의 예루살렘 방문을 언급할 뿐
만 아니라(갈 1:18; 2:1-3) 또 다른 방문도 암시하는 반면(갈 2:4-10), 누가는
바울의 세 차례 방문을 기록한다(행 9:26; 11:27-30; 15:1-2).[61] 우리는 바울의
회심과 예루살렘 공회 사이에서 바울이 예루살렘을 방문한 횟수에 대해 바
울과 누가의 기록의 차이를 설명하려 했다. 하지만 이 문제를 확실히 알 수
는 없다. 이는 D. 거스리(Guthrie)가 바르게 지적한 대로 "바울이 예루살렘
을 방문한 **모든** 때를 진술하고 있다고 가정해야" 하기 때문인데,[62] 그 방문
횟수를 **모두** 언급한다는 증거는 없다.

---

60 Hughes, *2 Corinthians*, 293-4.

61 어떤 학자들은 행 11장과 15장이 갈 2장에 상응하지 않는다고 보고 사도행전의 신빙성
을 전적으로 거부한다. Williams, *Acts*, 28에서 보는 바와 같이 Sahlin은 행 11장과 15장
의 기록은 행 11장에 바울의 이름을 넣기 위한 누가의 기만적인 실수라는 의견을 밝
힌다. 하지만 우리가 앞에서 보여준 고도의 양립 가능성을 감안하면 이 주장은 너무 무
리한 판단이다.

62 Guthrie, *New Testament Introduction*, 356. 강조는 원저자의 것임.

바울과 예루살렘의 관계

바울은 회심한 지 3년 뒤에 "게바를 방문하려고" 예루살렘에 올라가서 "그와 함께 십오 일을" 머물렀고 그 기간에 야고보를 만났다(갈 1:17-19). "십사 년 후" 이번에는 바나바 및 디도와 함께 다시 예루살렘을 방문했다(갈 2:1). 이 방문 기간에 바울은 자신이 [안디옥에서] 이방인들 사이에 전하고 있었던 복음을 몇몇 주요 사도들에게 제시했는데, 이를 개인적으로 은밀히 알린 것은 자신이 달음질하고 있는 것이나 달음질한 것이 헛되지 않게 하기 위해서였다(갈 2:2). 초기에 바울은 예루살렘의 지도자들과 교제는 가운데 그들이 자신을 지지해주기를 원했고, 이방인에게 전하고 있었던 복음에 대해 동의해주기를 바란 것으로 보인다. 바울은 디도가 할례를 강요받지 않았다는 사실로부터[63] 사도들이 이방인 신자의 할례를 의무적인 문제로 삼지 않았으며 또한 자신이 이방인에게 할례를 요구하지 않고 전했던 복음을 지도자들이 전혀 반대하지 않는다고 이해했다. 더 나아가 자신의 이방인 선교를 그들이 인정하고 동의했다고 확신했다(갈 2:4-9). 우리는 바울이 예루살렘 공회가 열리던 무렵에는 자신이 예루살렘 사도들의 관할권과 지휘 아래 있다고 간주했음을 알 수 있다.[64]

---

63 어떤 학자들은 바울이 디도에게 할례를 행해야 한다는 요구에 반대했다고 주장한다(예. Guthrie, *New Testament Introduction*, 357에서 언급된 Windisch). 그러나 바울은 그렇게 말하지 않는다. 오히려 예루살렘의 사도들이 디도가 이방인이라는 것을 알았지만, 그가 할례받을 것을 요구하지 않았다고 말한다. 예루살렘으로 헌금을 가져온 이방인 신자들도(행 20:4) 할례를 요구받지 않았다는 Haenchen, *Acts*, 610의 주장은 옳아 보인다.

64 Segal, *Paul*, 4과는 견해가 반대다: "누가는 초기 기독교의 혼란, 분열, 원한을 의도적으로 제거한다"; "누가는 역사적 정확성을 전적으로 포기한다."

누가도 이와 비슷한 관계가 바울의 초기 시절에 있었던 것으로 묘사한다("사울[바울]이 예루살렘에 가서 제자들을 사귀고자 하나", 행 9:26). 사도행전의 바울은 안디옥에서 사도들이 보낸 바나바 "아래서" 일했다(행 11:26; 13:1). "어떤 사람들이 유대로부터 내려와서" 이방인 신자들도 온전히 구원을 받기 위해서는 유대인의 율법을 지켜야 한다고 주장했을 때, 바울과 바나바는 사도들이 이 문제를 해결해주기를 바라는 마음으로 예루살렘으로 가서 자신들의 견해를 제시했다(행 15:1-4). 누가는 예루살렘의 사도들이 바울의 입장을 지지했고 이방인 신자들에게 할례를 받을 것을 요구하지 않았다고 전한다.[65]

° 예루살렘 공회에 대한 묘사

바울과 누가는 예루살렘 공회가 열린 이유를 비슷하게 묘사한다. 바울은 이 공회가 "그리스도 예수 안에서 우리가 가진 자유를 엿보고 우리를 종으로 삼고자" "[예루살렘에서부터] 가만히 들어온 거짓 형제들"로 인해 촉발되었다고 말한다(갈 2:4). 누가 역시 사도행전 15:1-3에서 똑같은 사건을 기술한다. "어떤 사람들이 유대로부터 내려와서 형제들을 가르치되, '너희가 모세의 법대로 할례를 받지 아니하면 능히 구원을 받지 못하리라' 하니"(행 15:1). 바울은 "그들에게 우리[바울과 바나바]가 한시도 복종하지 아니하였으니"(갈 2:5)라고 썼다. 누가도 이와 비슷한 반응을 전한다. "바울 및

---

65   Conzelmann, *Acts*, 44의 견해와 반대다. 사도 시대에 통일성이 있는 것처럼 보이는 것은 "누가가 내부적 위기에 관한 인상을 주지 않기 위해 자료를 근본적으로 재가공"했기 때문이라는 Conzelmann의 주장은 근거가 없다.

바나바와 그들[유대주의자들] 사이에 적지 아니한 다툼과 변론이 일어난 지라"(행 15:2).

공회에서 베드로는 자신이 직접 겪은 고넬료와 그의 가정이 구원받은 경험에 근거하여 열정적으로 설명하면서 바울의 입장을 지지한다. "[하나님이] 믿음으로 그들의 마음을 깨끗이 하사 그들이나 우리나 차별하지 아니하셨느니라. 그런데 지금 너희가 어찌하여 하나님을 시험하여 우리 조상과 우리도 능히 메지 못하던 멍에를 제자들의 목에 두려느냐? 그러나 우리는 그들이 우리와 동일하게 주 예수의 은혜로 구원받는 줄을 믿노라"(행 15:9-11). 여기서 베드로는 이방인 신자들에게 멍에를 채우지 말아야 한다고 제안한다. 예수는 유대인뿐만 아니라 이방인도 은혜로써 구원하시기 때문이다. 베드로의 제안은 바울의 입장에 가장 알맞고 힘이 되었다. 바울이 사도들이 자기와 "친교의 악수"를 나누었다고 쓴 것은 아마 이 때문일 것이다(갈 2:7-9). 여기서 베드로는 유대인과 이방인의 구원에는 아무런 차이가 없으며, 구원은 신자들의 믿음과 주 예수의 은혜로 말미암은 것임을 이미 알고 있었다. "하나님이 우리에게와 같이"(8절)라는 표현은 유대인과 이방인이 동등한 조건을 통해 구원받음을 가리킨다. 따라서 베드로는 하나님이 "믿음으로 그들의 마음을 깨끗이 하사 그들이나 우리나 차별하지 아니"하셨으므로 "그들이 우리와 동일하게 주 예수의 은혜로 구원"받는다고 선언한다(행 15:9, 11).

이는 특히 로마서에서 반복적으로 표현된 바울의 신학적 입장과 똑같다. "이 복음은 모든 믿는 자에게 구원을 주시는 하나님의 능력이 됨이라. 먼저는 유대인에게요 그리고 [그와 동등하게] 헬라인에게로다"(롬

1:16; 저자 사역⁶⁶). "이는 하나님께서 외모로 사람[유대인과 이방인]을 취하지 아니하심이라"(롬 2:11). "[유대인과 이방인 사이에] 차별이 없느니라"(롬 3:22; 10:12; 갈 3:28; 골 3:11). 이는 누가가 바울과 베드로의 신학적 입장을 정확히 파악했음을 의미한다.

그러나 바울이 갈라디아와 고린도에 편지를 보냈을 무렵에는 예루살렘 교회의 상황이 달라졌다. 율법에 열성이 있는 믿는 유대인들이 수천 명으로 늘었기 때문이다(행 21:20). 이방인 신자들에게 할례를 강요하지 말라는 예루살렘 공회의 결정에도 불구하고 유대주의자들은 바울이 세운 교회들에 가서 그들의 활동을 계속했다. 그들은 직접 혹은 간접적으로 예루살렘에 있는 기독교인 열성분자들의 지원을 받았다. 바울이 율법과 예루살렘의 지도자들에 관해 편지에 기록한 내용은 이러한 후대의 상황과 밀접하게 관련된 것으로 보인다. 바울과(갈 2:1-10) 누가가(행 15장) 쓴 예루살렘 공회에 대한 기록이 서로 다른 방식으로 제시되어 있다는 점에 주목할 필요가 있다. 바울은 이 이야기를 논증적인 방식으로 진술하는 반면, 누가는 화자(narrator)로서 기술한다.⁶⁷

따라서 누가는 예루살렘의 사도들과 바울 사이에 어떤 분열이 있었다고 기록하지 않는다. 바울의 문제는 정확히 말하면 예루살렘에 기반을 둔 유대주의자들과의 문제였다. 사도행전 21장의 결연한 방문을 통해 바울은 사도들의 이해와 도움을 받아 일관된 복음 전파를 방해하는 유대주의

---

66   이 번역을 옹호하는 주장에 대해서는 Chae, *Paul*, 46-51(최종상, 『로마서』, 78-85)을 보라.

67   Marguerat, "Paul After Paul," 72에서 이렇게 올바르게 주장한다.

자들을 잠재우기를 소망했다. 바울은 (자신이 약속했던 [갈 2:10]) 헌금을 예루살렘으로 가져옴으로써 상징적으로 사도들에게 그들이 한 약속, 즉 이방인 신자들의 할례를 요구하지 않겠다는 약속을 지킬 것을 요구하는 것으로 보인다. 행헨은 바울과 동행한 이방인 대표들이 할례를 요구받지 않았으며,[68] 오히려 원래의 예루살렘 법령이 재확인되었다고 타당하게 지적한다 (행 21:25).

바울은 다음과 같이 이의를 제기한다. "유력하다는 이들 중에 (본래 어떤 이들이든지 내게 상관이 없으며 하나님은 사람을 외모로 취하지 아니하시나니) 저 유력한 이들은 내게 의무를 더하여 준 것이 없고"(갈 2:6). 바울의 주장은 공통된 복음을 바탕으로 한 것으로 보인다. "나나 그들이나 이같이 전파하매"(houtōs kēryssomen, 고전 15:11)에서 사용된 현재 시제는 바울과 다른 사도들이 고린도 성도들이 믿었던 것과 같은 복음을 여전히 전하고 있음을 보여준다(참조. 고전 1:23).[69] 바울은 고린도전서를 쓰던 당시에도 예루살렘의 사도들이 계속해서, 반복적으로, 관습적으로 자기와 같은 복음을 전하고 있음을 암시한다(고전 15:1-4, 11).[70] "또한 그는 다른 사람들로부터 기독교에 대한 지식을 얻었다는 것을 인정한다"(고전 15:3).[71] "현대의 '신약신학들'이 억누르기를 좋아하는 고린도전서 15:11과 같은 기본적인 진술들은 진정한

---

68   Haenchen, *Acts*, 610.

69   Fee, *First Corinthians*, 736에서도 이렇게 주장한다. 할례의 복음과 무할례의 복음이라는 "이 두 복음은 서로 다른 두 개의 선교 현장뿐만 아니라 서로 다른 두 개의 구원론을 나타냈다"고 주장한 Park, *Either Jew or Gentile*, 37과는 견해가 다르다.

70   Holzner, *Paul*, 159; Nock, *Early Gentile Christianity*, 29; Munck, *Paul*, 81-6; Hahn, *Mission*, 82 n. 1.

71   Hanson, *Acts*, 25.

'일치'를 전제로 한다"는 헹엘의 주장도 옳다.[72] 따라서 헹엘은 "갈라디아서 1:12로 인해 우리가 처음부터 그[바울]를 신학적인 유아론자(solipsist)로 상상해서는 안 된다"고[73] 단언한다.

게다가 바울은 부활하신 그리스도를 본 열두 제자를 언급하기 전에 베드로의 이름을 별도로 지목함으로써 그에 대한 존경과 인정을 보여준다. 다음으로 바울은 "나는 사도 중에 가장 작은 자라"는 말로 자신을 마지막 사도로 열거한다(고전 15:9). 이는 그가 이방인 선교에 대해 사도들의 승인을 얻으려고 노력했음을 암시한다(갈 2:2). 그는 예루살렘의 사도들이 자신에게 주어진 하나님의 은혜를 인정했고, 따라서 베드로가 유대인에게 사역하듯이 자신은 이방인 사역에 집중할 것을 동의했다고 증언한다. 그는 갈라디아서에 드러난 강한 어조에도 불구하고 **예루살렘 공회가 열렸을 때** 기둥 같은 사도들과 자신 사이에 어떤 갈등이 있었는지 암시하지 않는다. 오히려 바울은 원만한 합의가 있었다고 묘사한다.[74] 우리는 바울의 항의는 특히 갈라디아 교회가 유대주의자들에 의해 심각하게 어지럽혀진 뒤에 이방인 구원의 정당성을 변호하는 과정에서 나왔다는 점과, 유대주의자들은 십중팔구 예루살렘의 사도들로부터 부여받은 권위를 주장했을 것이라는 점을 염두에 둘 필요가 있다.

바울이 고린도 교회에 보낸 편지에서도 이와 비슷한 어조의 변화를 감지할 수 있다. 바울은 자신이 사도들 가운데 가장 작은 자이며 교회를 박해

---

72   Hengel and Schwemer, *Paul Between Damascus and Antioch*, 44.

73   Hengel and Schwemer, *Paul Between Damascus and Antioch*, 45, 또한 94, 147.

74   Achtemeier, *Quest*, 23-4.

했으므로 사도라고 불릴 자격도 없는 사람이라는 점을 의식하고 있었다(고전 15:9). 그러나 훗날 바울은 이렇게 단언한다. "나는 지극히 크다는 사도들보다 부족한 것이 조금도 없는 줄로 생각하노라"(고후 11:5). 그러나 이 주장은 예루살렘의 사도들을 깎아내리거나 적개심을 표현하고자 한 말이 아니었다. 이 말은 예루살렘에서 온 스스로 사도라 칭하는 거짓 선생들의 공격으로부터 고린도의 회심자들을 보호하고 자신의 사도 직분을 변호하기 위해 한 것이다(고후 11:13-15).

누가는 바울이 자신의 사도 직분에 대해 강하게 주장했던 것을 진지하게 다루지 않고 그저 지나가는 말로 대수롭지 않게 취급했다는 비판을 종종 받는다(행 14:4, 14).[75] 그러나 누가는 예수 부활의 증인이라는 자격이 사도의 한 중요한 기준임을 알고 있었으므로(행 1:22) 바울의 사도 직분에 이의를 제기하지 않으며 바울을 예수의 부활에 대한 가장 적극적인 증인으로 묘사한다. 더 나아가 누가가 그의 두 번째 책의 4분의 3을 바울의 생애와 사역을 묘사하는 데 할애한다는 사실은, 그가 초기 기독교 사도들의 행적을 기록하면서 바울을 매우 중요한 인물로 간주했다는 분명한 증거다.

그렇지만 누가가 바울의 사도 직분을 강조하지 않는 것 또한 사실이다. 이는 누가가 자신이 다루고 있는 범위인 바울의 선교사역 기간에 바울이 사도 직분을 주장하지 않았다는 사실을 반영했음을 암시할 수도 있다. 고린도 교회에 보낸 편지에서 바울이 사도 직분을 그렇게 강하게 주장한다는 사실(고전 9:1-18)은 역으로 그가 고린도에서 선교사역을 수행하는 동안 사도 직분을 강조하지 않았음을 암시하는 것이다. 오히려 바울은

---

75   Pervo, *Mystery*, 31, 148과는 견해가 다르다.

그리스도의 능력을 나타내기 위해 자신의 약함을 표현했다(고전 1:27-29; 고후 12:9-10; 13:4). 바울은 자신과 바나바를 야고보나 베드로와 동등한 반열에 올려놓았지만, 바나바와 자신이 사도로서 후원을 받을 수 있는 사도의 권리를 주장하지 않고 생계를 꾸려나가기 위해 일했다고 말한다(고전 9:5-6). 그는 자신을 "사도라 칭함 받기를 감당하지 못할" "사도 중에 가장 작은 자"로 여겼다(고전 15:9). 이는 바울이 초기에는 자신의 사도 직분을 강하게 주장하지 않았음을 보여준다. 그는 자신의 사도로서의 사역의 진정성이 거짓 선생들에 의해 손상된 훗날에 이르러서야 비로소 사도 직분을 강조한다. 이런 관점에서 보면 누가가 묘사하는 내용은 교회 개척 단계에서 바울이 자신의 사도 직분에 관해 생각했던 정도와 상당히 가까워 보인다.

°안디옥 사건 때의 관계

이른바 안디옥 사건 때도 그랬다. 바울이 베드로를 책망한 사건은 예루살렘 공회가 있은 지 몇 년 뒤에 발생했다(갈 2:11-14). 이 무렵 베드로의 지도력은 예루살렘에서조차 많이 줄어든 상태였다. 야고보가 지도자가 되었고 베드로는 "야고보에게서 온" "할례자들을 두려워"했다(갈 2:12). "야고보에게서 온 어떤 이들"이 왔을 때 베드로는 이방인 신자들과 함께 먹다가 그 자리를 피했다. 베드로의 행동은 다른 유대인 신자들과 심지어 바나바에게까지 영향을 끼쳤다. 바울은 그들의 위선이 심각한 영향을 끼쳤음을 깨닫고 즉시 공개적으로 베드로를 책망했다. 바울이 이런 반응을 보인 것은 개인적 대립도, 정치적 권력 투쟁도 아니었다. 그의 최우선적인 의도는 이방인들을 위해 율법에서 자유로운 복음의 진리를 수호하려는 의도였을 것이다. 십중팔구 바울은 고넬료의 구원을 직접 경험한 베드로의 발언에 절대적 영향을 받아 예루살렘 공회에서 합의된 결정을 근거로 베드로를 비판했을 것이다(행 10-11장).

그러나 유대주의자들은 자신들의 활동을 갈라디아까지 확대했고, 그곳에 있던 이방인 신자들의 마음을 단숨에 사로잡았다(갈 1:6). 이런 상황 때문에 바울은 단호한 어조로 갈라디아서를 쓰게 되었다. 이때쯤 되어서 그는 유력한 사도들을 향해 불만을 표출한다. "저 유력한 이들은 내게 의무를 더하여 준 것이 없고"(갈 2:6). 표현을 강하게 하지만 바울은 그들이 같은 복음을 전한다고 하며(고전 15:11), 그 공통된 복음이 각각의 종족에 적용될 때의 차이에 대해 말한다. 바울이 야고보와 베드로와 요한을 교회의 "기둥"으로 묘사한다는 점도 주목해야 한다(갈 2:9). 이 영예로운 호칭을 사용하여 바울은 그들이 초기 교회에서 "영적 직분을 담당한 지도자들"임을 인정한다.[76] 더구나 바울은 "기둥" 같은 사도들이 자신이 전하는 율법과 무관한 복음과 이방인 선교를 인정했다는 사실을 유대주의자들의 주장을 반박하는 데 여전히 이용한다. 누가는 안디옥, 갈라디아, 고린도, 빌립보 교회에서 유대주의자들로 인해 발생한 위기에 대해 침묵하는데, 이는 교회들의 분열을 은폐하려는 것이 아니라, 여러 도시에서 복음이 확장되는 초기 단계에 초점을 맞추기 때문에 더 그렇게 보이는 것이다(행 16-21장).

유대주의자들이 예루살렘에서 안디옥과 갈라디아를 방문했을 때, 이방인 신자들은 그들을 선뜻 환영했다(갈 2:11, 12; 참조. 갈 1:7; 행 11:22-24;

---

[76] Kraft, "στῦλος," *Exegetical Dictionary*, 3:281; Rienecker and Rogers, *Linguistic Key*, 505: "이 비유는 유대인들이 위대한 율법 선생을 지칭할 때 사용한 것이다."

15:2). 그들은 아마도 자신들을 "예루살렘 교회의 지교회들"로 간주했을 것이다(행 9:31을 보라).[77] 이 사실은 이방인 신자들이 처음에는 바울과 예루살렘에서 온 사람들 사이에 존재하는 어떤 분열도 눈치채지 못했음을 암시한다. 또한 이 현상은 바울이 예루살렘 교회와 관련해서 신자들을 부정적으로 준비시키지 않았음을 의미한다. 바울이 예루살렘을 위해 헌금을 보내자고 강조한 것도 갈라디아의 이방 성도들에게 예루살렘에 있는 신자들과 거기서 온 신자들을 인정하고 존중해야 한다는 인상을 주었을 것이다(참조. 고전 16:1).

예루살렘 공회 이후 바울은 예루살렘 교회를 위해 이방인 교회들로부터 헌금을 모으는 일에 몰두했다(갈 2:10; 고전 16:1-4). 그것은 단순한 구제 헌금이 아니었다. 바울은 예루살렘 교회가 이방인 교회들에 영적인 축복을 나누어주었기 때문에 예루살렘 교회에 물질적인 축복을 보내줌으로써 감사를 표현하는 것이 이방 교회의 의무라고 확신했다(롬 15:25-27; 고후 8:14). 마게도냐의 교회들은 예루살렘에 있는 신자들을 위해 희생적으로 헌금했다(고후 8:1-5). 고린도 성도들도 바울이 지시한 대로 헌금을 거두었다(고전 16:2; 고후 8:10).

더 나아가 바울은 자신이 헌금을 모으는 이유를 설명하려고 고린도후서 8-9장을 할애하며 고린도 성도들에게 예루살렘에 있는 가난한 성도들을 위해 관대하게 베풀라고 격려한다. 바울은 예루살렘에 있는 신자들을 "하나님의 백성"(고전 16:1; 고후 9:12) 또는 "성도"(롬 15:25-26, 31; 고후 9:1)라고 부르는데, 사도행전의 바울도 사도행전 26:10에서 그렇게 부른다. 바울

---

77   Bruce, "St Luke's Portrait," 183.

은 또 로마에 있는 성도들에게 예루살렘의 지도자들이 헌금을 받아들이도록 기도해달라고 부탁한다(롬 15:31). 이 모든 것은 바울이 예루살렘에 있는 지도자들 및 신자들과 연합을 유지하려고 진정으로 소원했음을 보여준다.

(어떤 이들은 바울을 따르고 어떤 이들은 베드로를 따르는) 고린도 교회 내의 "분열"이 바울과 베드로가 반드시 나누어졌음을 의미하는 것은 아니다(고전 1:12). 오히려 바울은 그리스도가 나누어지지 않고 베드로와 바울이 나누어지지 않은 것처럼 그들도 나누어져서는 안 된다고 말하면서 그들을 책망한다. 그는 자신과 베드로를 씨를 심고 물을 줌으로써 맡겨진 임무를 수행하고 있는 동역자로 간주한다(고전 3:4-5). 더 나아가 어떤 고린도 성도들이 (아직 개인적으로 만나 본 적이 없는) 베드로를 따르고 싶어 했다는 사실은[78] 바울이 고린도 성도들에게 베드로를 중요한 지도자겸 사도로 소개했음을 암시할지도 모른다.

누가도 바울이 3차 선교여행이 끝나갈 무렵 헌금을 가지고 찾아간 예루살렘 방문을 짧게 기록한다(행 24:17). 바울과 누가는 바울이 예루살렘으로 갈 때 목숨을 잃을지도 모른다는 두려움이 있었지만, 예루살렘을 방문하겠다는 결심이 단호했다는 데 대해 진술이 일치한다(롬 15:31; 행 21:1-17). 더 나아가 누가는 바울이 우려한 대로 믿지 않는 유대인들이 예루살렘에서 바울에게 저지른 일을 설명한다(롬 15:31; 행 21:27ff.).

이 지점에서 베드로가 바울에 대해 하는 말은 흥미롭다. 베드로후서

78　참조. Hengel and Schwemer, *Paul Between Damascus and Antioch*, 16: 베드로 본인이나 그의 대리인들이 아마도 고린도를 방문했을 것이다.

3:14-16에 따르면[79] 베드로는 바울이 자기 수신자들에게도 편지를 썼다는 사실을 알고 있었지만, 그럼에도 자신의 지도나 영향 아래 있는 교회들에게 바울이 편지를 썼다는 것에 대해 불편한 기색을 드러내지 않는다. 베드로는 바울이 하나님으로부터 편지 쓰는 지혜를 받았다고 인정한다. 또한 베드로는 바울의 "[편지들] 중에 알기 어려운 것이 더러" 있다는 점을 인정한다(벧후 3:16). 이 말에는 바울이 무언가 매우 확실하고 심오한 글을 썼다는 의미가 담겨 있다. 베드로는 자신이 재림에 관해 쓴 내용이 바울이 이미 쓴 내용과 거의 똑같다고 말한다(참조. 살전 1:9-10; 행 3:19-21).[80] 안디옥 사건이 있은 지 오랜 뒤에도 베드로가 바울을 가리켜 "우리가 사랑하는 형제 바울"이라고 부른다는 점에 주목해야 한다(벧후 3:15).[81] 바울이 베드로를 "기둥" 같은 사도들 중에서도 으뜸가는 사도로 간주했고 그래서 의도적으로 베드로를 만나러 예루살렘에 가서 교제했다는 사실은 이미 살펴보았다. 또한 바울은 열두 제자 중에서 부활하신 주님이 나타나신 모습을 본 첫 번째 인물로 베드로의 이름을 특별히 언급한다. 이 두 사람은 서로 상대의 사역을 인정하고 소중하게 여겼던 것으로 보인다.[82]

---

79 베드로후서의 저자에 대한 비판적 논의를 보려면 다음 책들을 보라. Bauckham, *Jude, 2 Peter*, 138-51, 158-62; Reicke, *James, Peter and Jude*, 143-7; Green, *2 Peter*, 13-35.

80 Holzner, *Paul*, 159은 바울과 베드로가 그들의 편지에서 거의 같은 교리를 보여준다고 지적한다.

81 이 표현은 튀빙엔 학파의 강한 영향 아래 베드로후서를 베드로가 썼음을 부정하는 결정적인 증거로 여겨진다. Green, *2 Peter*, 13-35; Bauckham, *Jude, 2 Peter*, 158-62을 보라.

82 베드로가 바울에 대해 우호적으로 발언하는 것은 그들 사이의 긴장과 분열을 완화하려는 시도라는 Achtemeier, *Quest*, 63의 주장은 근거 없는 추측이다.

더 나아가 행위에 의한 심판,[83] 형제 사랑,[84] 선행,[85] 경건한 삶,[86] 신자들을 택하심[87] 등과 같은 주제에 대한 바울의 가르침과 베드로의 가르침 사이에는 상당한 유사점이 있다. 따라서 B. 라이케(Reicke)의 다음과 같은 지적은 옳다. "신학적 성격에 있어 베드로전서는 상당한 정도로 바울을 떠올리게 한다. 사고방식이 이방인 기독교의 특징적인 사고방식일 뿐 아니라, 상당수의 어구가 바울 서신에 나오는 비슷한 표현과 상응한다. 바울 문헌 전체와 비슷한 점들을 길게 나열할 수 있을 것이다."[88] 바울과 베드로는 둘 다 공통된 복음을 전했을 뿐만 아니라 그리스도의 제자들이 살아야 할 비슷한 교훈을 가르쳤다.

° 동역자의 교환

또한 베드로와 바울이 몇몇 동역자를 교환했다는 점도 주목할 만하다. 누가에 따르면 사도들과 초기 신자들은 요한 마가의 어머니가 소유한 집에서 모였다(행 12:12). 요한 마가는 아마도 베드로의 사역에서 영향을 받아

---

83   예. 롬 2:6; 고전 3:12-13; 고후 5:10; 벧전 1:17; 참조. 마 16:27.

84   예. 고전 13:1-7; 갈 5:13; 골 3:12-14; 살전 4:9; 벧전 1:22; 3:8; 4:8-10; 참조. 요일 2:10; 3:16-18; 4:7-11, 20-21.

85   예. 엡 2:10; 골 1:10; 딛 2:14; 3:8; 벧전 2:12, 15; 3:11; 참조. 마 5:16.

86   예. 롬 13:12-14; 고전 3:16-17; 6:9-10, 18-20; 갈 5:19-21; 살전 4:2-3, 7-8; 벧전 1:14-16; 2:11-12; 4:3-4; 벧후 3:11-12.

87   예. 롬 9:25-26; 고전 1:26-29; 엡 1:4; 벧전 2:9-10.

88   Reicke, *Epistles*, 70. 베드로전서의 저자와 독자에 대한 논의를 짧게 개관한 글을 보려면 다음 책을 보라. Marshall, *1 Peter*, 21-5. 이 책에서 Marshall은 베드로전서를 사도 베드로가 쓴 것으로 받아들인다.

신자가 되었을 것이다("내 아들 마가", 벧전 5:13). 요한 마가는 예루살렘에 구제 헌금을 전달한 뒤 안디옥으로 돌아올 때 사촌인 바나바를 따라왔다(행 12:25). 그 후 바울과 바나바의 선교여행에 합류했지만 성급하게 중도에 혼자 집으로 돌아왔다(행 13:13). 그래서 바울과 바나바가 두 번째 여행을 떠나기로 계획했을 때 바나바는 마가를 데려가기를 원했으나 바울은 원하지 않았다. 그들 사이의 논쟁이 너무 격렬해서 결국 서로 갈라서고 말았다. 요한 마가는 바나바와 함께 선교사역을 계속했지만, 사도행전은 그들의 선교에 대해 거의 언급하지 않는다. 바울은 훗날 디모데에게 요한 마가를 데려오라고 지시하면서 "그가 나의 일에 유익하니라"라고 말했다(딤후 4:11). 그래서 마가가 특별한 호의를 받아 두 번째로 바울과 함께 있는 모습을 볼 수 있다(골 4:11). 훗날 마가는 로마에서 옥에 갇힌 바울과 함께한다(몬 24). 또한 베드로는 자신의 편지 말미에 수신자들에게 문안 인사를 전하면서 마가도 함께 안부를 전한다고 말한다. 여기서 베드로는 마가를 가리켜 "내 아들"이라고 부른다(벧전 5:13). 마가는 처음에 베드로와 함께 예루살렘에 있었고 그 후 바울의 사역에 합류했다. 더 훗날에는 베드로의 선교에서 일익을 담당한다.

실라는 또 다른 좋은 예다. 실라는 예루살렘 교회의 예언자 중 한 명이었고 이방인 교회에 예루살렘 공회의 법령을 전달하도록 사도들의 파송을 받았다. 그 후 바울의 2차 선교여행에 합류했고 데살로니가전후서의 공동 발신자로 이름을 올린다(살전 1:1; 살후 1:1). 그는 바울과 디모데와 더불어 예수를 하나님의 아들이요 그리스도라고 선포했다(고후 1:19). 사도행전에서 바울의 3차 선교여행 기간에 실라의 이름은 등장하지 않는다. 그러나 실라가 베드로와 함께 있는 모습을 볼 수 있고, 베드로는 실라를 "신실한 형제"라고 소개한다. 이는 실라가 베드로의 조력자이자 서기(書記)로서 베드로의 선교에 합류했음을 암시한다. 실라는 베드로의 편지를 해외에 흩어진 수신자들에게 전달한다(벧전 5:12). 동역자들의 이동을 정확히 재구성하기는 쉽지 않지만 한 가지 분명한 것은 베드로와 바울이 그들 중 몇 명과 함께 사역했다는 점이다. 더 나아가 바울의 가장 가까운 선교 동료인 바나바와 실라가 예루살렘에서 왔다는 사실은, 바울이 이방인들 가운데서 행한 사역이 예루살렘 사도들에게 인정 혹은 지지를 받았음을 의미한다.

° 예루살렘 교회의 지도권 이양

사도들을 포함한 예루살렘 교회와 바울의 관계와 관련해서 바울과 누가는 둘 다 비슷한 설명을 다수 제시한다. 사도행전 15장과 21장에 기록된 긴장 요소에도 불구하고 누가는 여전히 바울과 예루살렘 사도들 간의 관계가 유지될 수 있었고 서로를 존중했다고 묘사한다. 바울이 "사실상 그 자신이 일으킨 단체에서 파문당한 사람"이라는 주장은 사실과 거리가 멀며 따라서 지지받을 수 없다.[89] 바울의 대적들은 사실 예루살렘에 있는 사도들이 아니라, 모세 율법과 할례를 이방인 신자들에게 구원의 조건으로 강요하는 유대주의자들이다. "바울에 대한 주된 반대가 바울이 말한 이른바 예루살렘의 '기둥'에게서 나온 것이 아니라 전혀 다른 집단에서 나왔다면, 사도행전은 바울의 입장을 심각하게 잘못 표현한 것이 아니다."[90]

---

89   Chilton, *Rabbi Paul*, 170과는 견해가 다르다.
90   Hanson, *Acts*, 26. 하지만 그의 표현은 여전히 사도행전이 바울의 입장을 어느 정도 잘못

사도행전 21장에 묘사되었듯이 사도들을 만나기 위해 예루살렘을 방문한 바울의 모습에서, 그들이 자신을 이해해주고, 이방인 신자들을 위해 율법 없는 복음을 지켜내려는 자신을 다시 한번 지지해주며, 유대주의자들의 활동을 막아줄 것이라는 소망이 있었음을 볼 수 있다. 예를 들어 갈라디아와 고린도의 교회들을 향한 바울의 표현 속에 담겨 있는 수사적 요소에도 불구하고, 특히 구제 헌금의 모금과 전달에서 나타난 대로, 바울은 예루살렘과 좋은 관계를 유지하기를 원했다는 점을 고려하는 것이 중요하다. 안디옥 사건 때 나타난 베드로와 바울의 관계는 일반적이라기보다는 예외처럼 보이며, 그때조차도 그들 사이의 긴장은 개인적 갈등이 아니라 신학적 차이였다.

　누가가 예루살렘 교회 지도권 이양을 정확히 묘사한다는 사실은 바울과 예루살렘 교회 지도자들의 관계에 대한 그의 기록이 신뢰할 만하다는 또 다른 증거가 될 수 있다. 이미 논의했듯이 바울은 베드로를 부활하신 그리스도가 나타나신 모습을 본 제자들 가운데서 제일 먼저 그리고 따로 열거한다. "게바에게 보이시고 후에 열두 제자에게와 그 후에 오백여 형제에게 일시에 보이셨나니, 그중에 지금까지 대다수는 살아 있고, 어떤 사람은 잠들었으며, 그 후에 야고보에게 보이셨으며, 그 후에 모든 사도에게와"(고전 15:5-7). 다음으로 바울은 "게바를 방문하려고 예루살렘에 올라가서 그와 함께 십오 일을 머무는 동안 주의 형제 야고보 외에 다른 사도들을 보지" 못했다고 기록한다(갈 1:18-19). 이 시점까지 바울은 베드로가 예루살렘

표현했음을 암시한다. "유대주의자들의 수장 베드로"라고 말한 Baur, *Paul*, 1:7과는 견해가 다르다.

기독교 공동체의 지도자였음을 암시한다. 그러나 사도 공회를 묘사할 때는 세 명의 기둥 같은 사도들 가운데 야고보의 이름을 먼저 열거함으로써 야고보를 지도자로 언급한다(갈 2:9). 또한 예루살렘에서 안디옥으로 온 방문자들을 "야고보에게서 온 어떤 이들"로 묘사하면서 야고보가 예루살렘 공동체의 지도자임을 보여준다.

누가도 그러한 변화를 반영한다. 베드로는 맛디아를 선택하고, 군중에게 말하고 설교하며, 기독교 신앙을 변호하고, 죄를 징계하며, 사마리아에서의 사역을 점검하고, 이방인들을 주님께 인도하면서 예루살렘에 새로 등장한 기독교 공동체의 명백한 지도자로 나타난다(행 1-12장). 그러나 베드로는 감옥에서 기적적으로 풀려난 뒤 "떠나 다른 곳으로" 갔다(행 12:17).[91] 그 뒤로 베드로가 언제 예루살렘으로 돌아왔고 또 얼마나 오래 타지에 있었는지는 분명치 않지만, 베드로는 예루살렘 공회에서 모습을 다시 드러낸다(행 12:17). 그러나 공회의 지도자로서 법령으로 모임을 요약하고 마무리 발언을 하는 사도는 야고보다(행 15:13-21). 나중에도 누가는 바울이 3차 선교여행에서 돌아온 뒤 헌금을 가지고 "야고보에게로" 갔다고 서술함으로써 야고보를 예루살렘 사도들의 지도자로 기록한다(행 21:18).

누가는 이때 야고보가 바울에게 다른 형제들이 결례에 참여하는 데 필요한 비용을 바울이 댄다면 바울에 대한 부정적인 소문을 잠재울 수 있다고 제안했다고 기록한다. "그러면 모든 사람이 그대에 대하여 들은 것이 사실이 아니라고…알 것이라"(행 21:22-24). 또한 누가는 그보다 이전에

---

91 여기서 누가는 지도권 이양의 배경으로 베드로가 떠나는 것뿐 아니라 "야고보와 형제들에게 [떠난다는] 말을 전하라"는 베드로의 말까지 기록하는 것으로 보인다.

예루살렘 공회에서 야고보가 바울의 입장을 지지했다고 서술한다. "그러므로 내 의견에는 이방인 중에서 하나님께로 돌아오는 자들을 괴롭게 하지 말고"(행 15:13-19). 누가는 야고보와 바울이 좋은 관계를 맺고 있었던 것으로 묘사한다. 바울 자신도 편지에서 야고보에 대해 기둥 같은 사도, 예루살렘 교회의 지도자, 주의 형제라고 좋게 표현한다(고전 15:7; 갈 1:19; 2:9, 12).

야고보는 야고보서에서 바울을 직접 언급하지는 않지만, 바울의 가르침과 비슷한 여러 내용을 기록한다. 야고보는 하늘에서 오는 지혜의 아홉 가지 항목을 열거하는데, 이는 바울이 나열한 성령의 아홉 가지 열매와 매우 흡사하다(약 3:17-18; 갈 5:22-23). 야고보와 바울은 둘 다 그리스도 안에 있는 동료 신자들을 판단하지 말라고 강하게 경고한다(약 4:11-12; 롬 14:1, 4, 10, 13). 둘 다 "누구든지 온 율법을 지키다가 그 하나를 범하면 모두 범한 자가 되나니"라고 주장한다(약 2:10; 갈 3:10). 야고보는 이미 오직 믿음으로 구원받은 성도들에게 선한 일을 행할 것을 강조한다(약 2:1). 구원받은 성도들이 편지의 대상이라는 점은 "내 [사랑하는] 형제들아"라는 야고보의 말에서 충분히 분명하게 드러나며, 이 표현은 야고보서에서 15번이나 반복된다. 바울의 주된 초점은 믿음으로 얻는 이방인의 구원이 정당하다는 것을 변호하는 것이지만, 구원받은 이후 선한 일을 행하는 것의 중요성 역시 강조된다(고후 8:21; 엡 2:10; 딤후 3:17; 딛 2:14; 3:1, 8, 14). 바울과 야고보는 각자의 글에서 강조점의 차이에도 불구하고 공통된 복음을 전하며(고전 15:11), 누가가 사도행전에서 묘사하는 대로 좋은 관계였던 것으로 보인다.

결론

우리는 바울 서신과 사도행전 사이의 주된 차이점에 특별히 주의를 기울였다. 첫째, 누가는 언급하지 않지만 바울이 언급하는 주제들과 그와 반대 경우의 주제들을 살펴보았다. 누가는 바울이 아라비아에 체류했다는 것과 교회들에 편지를 보냈다는 것에 대해 서술하지 않는다. 누가는 예루살렘의 가난한 성도들을 위한 연보를 거의 언급하지 않지만, 바울은 이 연보를 무척 강조한다. 마찬가지로 바울은 예루살렘 법령에 대해 침묵한다. 그러나 각 저자의 침묵은 상대방의 말과 모순되는 것이 아니며, 따라서 각각의 저자가 다루지 않은 주제가 있다고 해서 누가의 신뢰성이 훼손되는 것은 아니다.

R. I. 페르보의 저작은 특별히 언급해둘 필요가 있다. 그는 누가가 바울 서신에 나오는 어휘들을 사용한(그의 주장에 의하면) 89-90개 이상의 사례와, 사도행전과 갈라디아서의 선교 순회 일정 간에 존재하는 20가지 유사점과 11가지 주제적 상응 관계를 나열했다. 그런 다음 이렇게 결론짓는다. "누가는 바울 서신 모음집을 접할 기회가 있었다."[92] 그의 연구는 바울에 대한 누가의 기록이 신뢰할 만하다는 주장을 더욱 뒷받침한다.

우리가 살펴본 차이의 두 번째 영역은 바울의 유대적 특성에 대한 묘사였다. 누가는 바울을 유대인 회당에서 먼저 유대인들에게 복음을 전했을 뿐만 아니라 율법을 준수하는 유대인으로 잘못 표현했다는 비판을 종종 받

---

92   Pervo, *Dating Acts*, 144; 139-43. 또한 그는 "누가가" 바울의 편지들이 수집되고 보관된 "에베소에서 사역했다(또는 많은 시간을 보냈다)는 가설"을 제시한다(Pervo, *Making of Paul*, 151).

아왔다.[93] 그러나 최근에는 바울의 유대적 특성이 그의 편지를 근거로 하여 더 많이 인식되었다. 우리는 이전의 몇몇 학자들이 바울을 잘못 읽고 잘못 해석해왔으며, 그 결과 사도행전에 나오는 바울에 대한 누가의 묘사를 부당하게 의심했음을 보여주었다. 바울에 대한 누가의 기록을 역사적 바울의 초기 시절과 비교해보면 누가의 묘사는 실제 바울과 상당히 가깝다.

셋째, 바울의 예루살렘 방문 횟수에 대한 차이는 중대한 비판을 받아왔다. 우리는 D. 거스리의 주장을 따라 그러한 비판이 바울과 누가가 모든 방문을 언급하고 있다고 전제해야 가능하다는 점을 지적했다. 더 나아가 우리는 사도행전 11:27-31에 기록된 바울의 기근 구제를 위한 방문은 갈라디아서 2:1-3과 동일시해야 하고, 공회 참석을 위한 방문은 갈라디아서 2:4-10과 동일시해야 한다는 해석을 대안으로 제안했다. 이를 근거로 보면, 바울과 누가는 "회심"과 공회 참석 방문 기간 사이에 바울이 예루살렘을 세 차례 방문했음을 공히 언급한다.

마지막으로, 바울과 예루살렘 간의 관계와 관련해서 바울과 누가의 두 기록에는 큰 차이가 있다는 주장이 종종 제기되었지만, 본서의 연구는 바울과 예루살렘 사도들의 관계에 대한 누가의 묘사가 이 문제에 대한 바울 자신의 묘사와 다르지 않음을 보여주었다. 그 차이의 정도는 흔히 바울 서신에 대한 오해로 인해 과장되곤 했다. 튀빙엔 학파의 F. C. 바우어 이래로, 학자들은 베드로와 바울 사이의 분열과 불화를 부당하게 강조해왔고, 이는 자주 극단적인 해석으로 이어지기도 했다. 이러한 양립 불가능성을 주장하

---

93   Pervo, *Mystery*, 30-31.

는 것은 종종 바울과 그의 신학에 대한 부정확한 해석에서 비롯된 일이다.[94] 그래서 그들은 누가가 바울과 예루살렘 사이의 분열과 적대를 은폐했다며 부당하게 누가를 비난한다. 그들은 종종 광범위한 자료를 충분히 검토하지 않고 너무 빨리 결론에 도달한다.[95] J. 뭉크(Munck)는 전반적인 신학에 있어서 또 유대인과 이방인을 향한 선교적 사명에 대한 관점에 있어 유대인 신자들과 바울 사이에는 어떤 심각한 갈등도 없었다고 정확하게 주장한다. 또한 그러한 대립은 단지 튀빙엔 학파가 개념을 잘못 재구성한 것에 기인한 것일 뿐이라고 타당하게 주장한다.[96] 튀빙엔 대학교의 후대 학자인 M. 헹엘은 다음과 같이 바르게 지적했다. "학자들은 오늘날까지 [튀빙엔 학파의] 이러한 편견에 여전히 시달리며, 그 편견은 알아낼 수 있는 부분까지도 그릇되게 제한한다."[97]

"갈라디아서에서 제시하는 갈등의 내용을 강렬한 분노와 혐오의 순간에 급하게 기록된 격렬한 항의의 편지로 간주하지 말라"는 R. P. C. 핸슨의 경고는 옳다.[98] 이는 단지 바울이 갈라디아 성도들에게 감정적으로 메시지를 표현한다는 이유로, 그것을 그의 메시지가 지닌 신뢰성을 의심하는 구실로 사용해선 안 된다는 것이다. 베드로와 바울은 갈라서지도 않았고 불화하지도 않았다. 오히려 서로를 존중했고 바울 편에서는 특히 더 그랬다.

---

94   다음 책들은 그와 같이 바르게 주장한다. Riesner, *Paul's Early Period*, 30; Keener, *Acts*, 1:232.

95   특히 Haenchen, *Acts*, 114-15.

96   Munck, *Paul*, 81-6. 그의 주장은 Hahn, *Mission*, 82 n. 1에서 긍정적으로 언급된다.

97   Hengel and Schwemer, *Paul Between Damascus and Antioch*, 20-21.

98   Hanson, *Acts*, 25에서도 바르게 주장한다.

"그[바울]의 가르침과 예루살렘 공동체의 가르침 간의 차이는 본질의 차이라기보다는 강조점의 차이였다."⁹⁹ 앞에서 살펴본 것처럼 바울과 예루살렘의 관계에 대한 누가의 묘사는 실제와 상당히 가깝다. 베드로나 바울도 그들 사이에 심각한 분열이 있었음을 암시하지 않기 때문이다.

따라서 S. E. 포터(Porter)가 적절히 표현한 아래의 말은 이번 장(章)의 결론을 잘 요약해준다.

> 필자는 사도행전의 바울과 서신서의 바울 사이에 큰 괴리가 있다고 주장하는 많은 학자들의 가정을 확신하지 않는다. 최소한 그 둘 사이의 차이점을 입증하기 위해 흔히 제기되어온 주장들을 비판적으로 검토해보면 그다지 설득력이 있어 보이지 않는다. 어떤 차이점이 존재하든 간에 사도행전과 바울 서신은 서로 다른 두 저자가 쓴 것이라는 관점에서 충분히 설명할 수 있는 것으로 보인다.¹⁰⁰

---

99 Nock, *Early Gentile Christianity*, 29에서 그와 같이 바르게 주장한다.
100 Porter, *Paul in Acts*, 6-7.

4장

"우리-본문"과 바울에 대한 누가의 묘사

사도행전에는 16:10-17, 20:5-21:18,[1] 27:1-28:16[2] 등 세 개의 "우리-본문 (we-passages)"이 있다. 이들 단락에서 누가는 "우리"라는 대명사를 사용하여 자신이 그 현장에서 바울과 함께 여행하고 있었음을 나타낸다. 바울도 누가가 선교여행의 동반자였다고 확언한다. "사랑을 받는 의사 누가와 또 데마가 너희에게 문안하느니라"(골 4:14). "그리스도 예수 안에서 나와 함께 갇힌 자 에바브라와 또한 나의 동역자 마가, 아리스다고, 데마, 누가가 문안하느니라"(몬 23-24). "데마는 이 세상을 사랑하여 나를 버리고 데살로니가로 갔고, 그레스게는 갈라디아로 디도는 달마디아로 갔고, 누가만 나와 함께 있느니라"(딤후 4:10-11).[3] 이런 자료는 누가가 "우리-본문"과 아마도 다

---

1 어떤 학자들은 이 본문을 두 단락(20:5-15과 21:1-18)으로 나눈다. 그러나 이것이 정당하더라도, 이 두 본문을 합치는 데는 아무런 문제가 없다. 저자는 바울이 에베소 교회의 장로들에게 연설하고 있었을 때 분명 바울과 함께 머물고 있었기 때문이다. 어떤 사본에서는 행 11:28에서부터 "우리-본문"이 시작된다. Hengel and Schwemer, *Paul Between Damascus and Antioch*, 439 n. 1052을 보라.

2 Porter, *Paul in Acts*, 27-41, 특히 34에서 27:1-29과 28:1-16을 분리함으로써 다섯 개의 "우리-본문"에 관한 이론을 주장한다. Porter, *Paul in Acts*, 11, 39-41, 47에서 다섯 개의 "우리-본문"을 또 다른 저자가 하나의 문서로 썼지만 누가가 자신의 문학적 구상에 부합되도록 이를 다섯 개의 본문으로 나누었다고 반복적으로 주장한다. 사도행전의 "우리-본문"에 대한 양식비평적 논의는 특히 10-66쪽을 보라.

3 "사랑을 받는 의사 누가"는 유대인 동료들과 따로 언급된다는 사실로 판단해 볼 때 누가

른 단락에 기록된 일들의 목격자였음을 보여주는 것일지도 모른다.

누가가 바울의 동반자였다는 사실은 확실히 "우리-본문"의 신뢰성은 물론 사도행전 전체에 기록된 내용의 신뢰성을 파악하는 데도 큰 영향을 미친다. 또 그가 사도 바울로부터 상당한 자료를 직접 수집했을 가능성도 열어놓는다. 누가는 함께 선교여행을 하면서 바울로부터 기독교인이 되기 이전의 삶, 다메섹 체험, 선교여행, 로마 총독 앞에서 받은 재판 등에 관한 이야기를 틀림없이 들었을 것이다. 따라서 누가를 연구하는 학자들은 "우리-본문"에 엄청난 관심을 기울였다. "우리-본문"은 누가 연구에서 18세기 이후로 가장 많이 논의된 부분 중 하나였고 논쟁은 여전히 계속되고 있다.[4]

"우리-본문"에 대해서 최소한 다음 세 가지 설명이 제시되고 있다. 첫째는, 저자 자신이 그 현장에 관여했음을 암시하기 위해서가 아니라, 자신의 이야기에 신빙성과 생동감을 부여하거나 독자의 경험을 생생하게 하기 위한 문학적 구상으로 일인칭 대명사를 사용한다는 것이다.[5] 그러나 그것

는 십중팔구 이방인이다(골 4:10-14). "누가는 그리스어를 구사하는 유대인이었다"라고 하는 Williams, *Acts*, 22-3과는 의견이 다르다.

4   Campbell, *'We' Passages*는 최근에 사도행전의 "우리-본문"에만 초점을 맞추어 쓴 짧지만 심오한 책이다. 여러 서평이 이 주제에 대한 관심을 보여준다. 그가 이후에 쓴 논문인 "Narrator," 385-407도 보라. Cadbury, "'We' and 'I' Passages," 128-32; Sheeley, "Getting into the Act(s)," 203-20; Wedderburn, "We Passages in Acts," 78-98; Adams, "Relationships," 125-42; Porter, *Paul in Acts*; Phillips, "Paul as a Role Model," 49-63; Keener, "First-Person Claims," 9-23 등도 함께 보라. 인터넷 블로그에서도 활발한 토론이 있다. 주목할 만한 한 가지 예외는 Lentz, *Luke's Portrait*인데, 그는 "우리-본문"을 전혀 다루지 않는다. Porter는 *Paul in Acts*, 11 n. 3에서 Lentz가 "우리-본문"을 전혀 다루지 않는 것을 "매우 의외"라고 피력한다.

5   Dibelius, "Style Criticism," 7-8; Kümmel, *Introduction*, 184-5; Conzelmann, *Acts*,

이 사실이라면, 주로 자신의 여행, 특히 배를 이용한 여행을 묘사하는 몇몇 본문에서만 일인칭 복수 대명사를 사용하는 이유가 궁금해질 수밖에 없다.[6] 저자는 에베소에서 일어난 폭동, 에베소 장로들을 향한 고별 연설, 바울과 예루살렘 사도들의 만남이나 심지어 바울의 재판 장면 같은 결정적인 사건에서도 일인칭 복수 대명사를 사용할 수도 있었을 것이다.

"우리-본문"에 대한 두 번째 관점은, 누가가 목격자는 아니었으나 자신이 가지고 있던 자료의 경험을 마치 자기 것인 양 사용한다는 것이다.[7] 하지만 그는 사도행전을 쓰면서 다른 자료를 활용할 때는 일인칭 복수형을 사용하지 않는다.[8] 그가 누가복음에서 다른 목격자들의 자료를 사용할 때도 일인칭 복수형을 사용하지 않았다는 점 역시 주목해야 한다. 누가는 사도행전 1-15장에서도 남의 자료에 전적으로 의존하는 경우에 일인칭 복수형을 사용하지 않는다.

더 나아가 누가복음 1:3과 사도행전 1:1에서도 누가는 다른 목격자들의 자료를 나타내기 위해 일인칭 단수형이나 복수형을 사용하지 않고, 오히려 자신이 직접 관여했음을 밝힌다. W. G. 퀴멜(Kümmel)은 누가복음 1:1-4에서 누가가 자신은 목격자가 아니었다고 말한다는 점을 지적한다.[9] 이는 누가복음의 경우에는 사실이다. 누가복음 전체를 쓰기 위해서는 다

---

xxxix-xl, 215; Robbins, "We-Passages in Acts," 5-18. Robbins에 대한 비판은 Hemer, "First Person Narrative," 79-109을 보라. 이는 Hemer, *Book of Acts*, 317-19에도 실려 있다.

6 모든 "우리-본문"은 항해에 대한 묘사로 시작된다(행 16:9-10; 20:5-6; 21:1; 27:1).

7 Kümmel, *Introduction*, 184-5; 보다 최근에는, Porter, *Paul in Acts*, 39-41.

8 Bock, *Acts*, 14에서 그와 같이 바르게 주장한다.

9 Kümmel, *Introduction*, 174.

른 목격자들의 자료에 전적으로 의존해야 했다. 그러나 사도행전의 경우는 상황이 다르다. 바울은 누가가 동료 사역자이자 여행 동반자라고 증언한다. 누가가 직접 수집한 몇몇 이야기와 사건을 포함시키는 것은 당연할 것이다. 그러나 누가는 자신에 대한 언급을 최소화하고 바울이나 실라 같은 주요 인물 및 주요 사건이나 주제에 우선순위를 부여한다.

세 번째 입장은 누가가 목격자로서 자신의 경험을 바탕으로 "우리-본문"을 썼다는 것이다. 누가는 바울의 여행 동반자로서 묘사되고 있는 이야기에 자신을 포함시킨다.[10] 그는 자신을 사도와 그의 움직임에 대해 많은 정보를 알고 있는 사람으로 표현한다. 따라서 사도행전에, 특히 "우리-본문"에 쓴 내용이 매우 신뢰할 만하고 정확하다는 인상을 준다.[11] 그러므로 J. D. G. 던의 다음과 같은 말은 옳다. "이 [우리-]본문들은 묘사된 연속적인 사건들이 벌어질 때 저자가 확실히 개인적으로 현장에 있었다는 명백한 증거를 제공한다."[12] 더구나 H. J. 캐드베리(Cadbury)가 강조하듯이, 누가복음

---

10 Ramsay, *Church in the Roman Empire*, 6-8; Hanson, *Acts*, 23; Bruce, *Acts: Greek*, 41; Munck, *Acts*, xiii; Hengel, *Acts and the History*, 66; Marshall, *Acts*, 39; Hemer, *Book of Acts*, 321; Thornton, *Zeuge*, 141, 272-80. Dunn, *Beginning*, 64-8. 누가가 "우리-본문"에 자신을 포함시키는지 아닌지에 관한 논쟁에 대해서는 Campbell, "Narrator," 389, 407을 보라. 그는 누가가 다른 고대 역사 문헌 저자들과 마찬가지로 "우리-본문"에 자신을 포함시키지 않는다고 결론지었다. 그러나 Keener, "First-Person Claims," 9-24을 보라. 그는 Campbell과의 대화에서 누가가 이 이야기들 속에 포함되며 거기에 참여했다고 강하게 주장했다. 누가가 사도행전의 저자임을 인정하는 현대 학자들의 명단을 모은 Fitzmyer, *Acts*, 51도 함께 보라.

11 Keener, "First-Person Claims," 9-24; Carson and Moo, *Introduction*, 293; Witherington, *Acts*, 480-86; Bock, *Acts*, 13-14; Fitzmyer, *Acts*, 103, 580.

12 Dunn, *Beginning*, 75.

서언에서 누가가 한 말은 사도행전에도 적용될 수 있다.[13] C. J. 헤머는 L. C. A. 알렉산더(Alexander)의 연구를 주목하는데, 이 연구는 누가복음 1:1-4에 나오는 서언과 그리스의 의학 저술가 갈레노스(Galen)의 말 사이에서 밀접한 유사점들을 발견한다. 이 연구는 누가-행전의 저자가 의사 누가임을 밝히는 데 도움이 된다.[14]

이제 "우리-본문"을 살펴보고자 하는데, 처음 두 개의 본문에만 관심을 기울이려고 한다. 이는 본 연구의 직접적인 목적이 누가와 바울의 기록을 비교함으로써 바울에 대한 누가의 묘사가 지닌 신빙성을 파악하는 것이고, 사도행전 27:1-28:16의 내용은 서신서의 자료와 비교할 것이 거의 없기 때문이다.

사도행전 16:10-17의 "우리"

누가는 이렇게 기록한다. "바울이 그[마게도냐 사람의] 환상을 보았을 때 **우리**가 곧 마게도냐로 떠나기를 힘쓰니, 이는 하나님이 저 사람들에게 복음을 전하라고 **우리**를 부르신 줄로 인정함이러라"(행 16:10). 이것은 첫 번째 "우리"의 첫 번째 용례인데, 그는 자신과 바울이 어떻게 빌립보에서 한 귀신 들린 여종을 만났는지를 서술하는 사도행전 16:17까지 계속해서 이 대명사를 사용한다. 그러나 이는 누가가 바울이 귀신을 쫓아내기 직전에

---

13   Hemer, *Book of Acts*, 327에서와 같이.
14   Hemer, *Book of Acts*, 322-3.

자신이 현장을 떠났고, 따라서 그 외에는 아무것도 보지 못했다는 의미가 아니다. 귀신 들린 소녀는 "바울과 **우리**를 따라"왔고 바울은 귀신을 쫓아냈다. 그렇다면 저자는 십중팔구 바울과 실라가 체포되어 옥에 갇힐 때까지 이 사건 전체를 목격했을 것이다. 다음으로 누가는 "그들"이라는 대명사를 사용한다. "[소녀의 주인들이] [그들을] 상관들 앞에 데리고 가서"(행 16:20). 그 뒤로 이 이야기는 "그들은/그들을/그들의"라는 대명사와 더불어 사도행전 16:40까지 계속 이어진다. 이는 누가가 바울과 실라에 관한 일화를 쓰고 있기 때문이다. 따라서 저자가 그 도시에 있었더라도 "우리"라고 쓰지 않았을 것이다. 왜냐하면 그는 체포되어 투옥되었다가 석방된 바울과 실라에 관한 글을 쓰고 있었기 때문이다.

사도행전 17:1부터 바울과 실라를 가리키는 "그들"이라는 대명사가 계속해서 사용된다. 두 번째 선교여행에서 이 두 지도자는 사도행전 16:19-17:13의 주요 인물로 등장한다. 디모데는 사도행전 16:1-3에서 선교팀에 합류했지만, 사도행전 16:4의 "그들"에는 포함되지 않는다는 점에 주목해야 한다("[그들이] 여러 성으로 다녀갈 때에 예루살렘에 있는 사도와 장로들이 작정한 규례를 그들에게 주어 지키게 하니"). 여기서 대명사 "그들"은 예루살렘 법령을 전달하는 역할을 위해 특별히 선택된 이들인 바울과 실라를 가리킨다(행 15:27, 32, 40). 사도행전 17:14에서 바울은 해안으로 가고 실라와 디모데는 베뢰아에 머문다. 이 단계에서 저자는 십중팔구 여전히 바울과 함께 있었을 것이다.

사도행전 17:16에서부터 바울은 아테네에 도착한 뒤 거기서 벌어진 사건이 끝날 때까지 유일한 주요 인물로 등장한다. 여기서 누가는 바울을 가리키는 "그"와 아테네 사람들을 가리키는 "그들"을 사용한다. 바울은 고린도에 도착한 때부터 2차 선교여행이 끝날 때까지 지면상 단 한 명의 주요 인물로 남는다(행 18:1-22). 누가는 이렇게 썼다. "[바울이] 배를 타고 에베소를 떠나 가이사랴에 상륙하여 올라가 교회의 안부를 물은 후에 안디옥으로 내려가서"(행 18:21-22). 이 기록을 통해 누가는 바울만 혼자 배를 타고 돌아갔다는 말을 하려고 한 것이 아니다. 오히려 누가는 기자의 눈으로 글을 쓰면서 지면상의 주요 인물에게 주의를 기울이고 있다.[15] "우리-본문"을 통해 암시되는 저자는 바울과 함께 여행하고 있었으므로, 그 역시도 아테네와 고린도를 방문하고 바울과 함께 안디옥으로 돌아왔을 가능성이 크다.

사도행전 16:10에 "우리"가 처음 등장하지만, 학자들은 누가가 바울의 선교팀에 언제 어디서 처음 합류했는지에 대해 논쟁해왔다. F. F. 브루스는 누가가 드로아에서 신앙을 갖고 선의(船醫)로 선교팀에 합류했을 가능성을 추론한다.[16] 그러나 누가가 "하나님이…**우리를** 부르신"이라는 표현을 썼다는 사실은 그가 드로아에서 새로 회심한 사람이 아니라 이미 바울의 선교팀의 일원이었음을 나타낸다.[17] 그는 안디옥 출신이며,[18] 바울과 실라가 디모데와 함께 2차 선교활동에 나섰을 때 선교팀에 합류했을 가능성이 커

---

15 여왕과 동행하는 기자가 특정 국가를 방문하고 돌아오는 전용기를 타고 여왕과 함께 귀국하더라도 "여왕과 여왕의 관료들과 내가 귀국하다"라는 표제는 절대 쓰지 않으며, 단순히 "여왕 귀국"이라고 쓰는 것과 같다.

16 Bruce, *Acts: Greek*, 308; Barnes, *Notes*, 275. 누가가 드로아에서 선교팀에 다시 합류했는지 아닌지에 대한 다양한 논의는 Haenchen, *Acts*, 490-91을 보라.

17 다음 책들은 그와 같이 바르게 주장한다. Arrington, *Acts*, 585; Williams, *Acts*, 193.

18 Eusebius, *Ecclesiastical History* 3.4.6; Arrington, *Acts*, xxxii: 누가복음에 대한 반(反)마르키온파 서언에 따르면 누가는 수리아 안디옥 출신의 그리스인이었다.

보인다. 디모데가 그곳에 바울과 함께 있었더라도 누가는 디모데를 대명사 "그들" 속에 포함시키지 않았고 단지 바울과 실라만 언급한다.[19] 그러나 누가는 사도행전 16:10에서 "우리"를 사용하는데, 이는 아마도 그 환상을 통해 하나님이 그들로 하여금 마게도냐로 가도록 강권하셨다는 데 **선교팀 전체**가 동의했다는 사실을 강조하려 했기 때문일 것이다. 그 뒤로 누가는 잠시 "우리"를 사용하지만, 주요 등장인물인 바울과 실라를 가리키는 "그들"로 곧바로 되돌아간다.

사도행전 20:5-21:18의 "우리"

사도행전 20:5에서부터 "우리-본문"이 다시 시작된다. 누가는 어떻게 마게도냐에 있을 수 있었는가? E. H. 트렌차드(Trenchard)는 누가가 바울과 오래 떨어져 있다가 방금 바울 일행에 합류했다고 주장한다.[20] 몇몇 학자들도 같은 추론을 한다. 첫 번째 "우리-본문"이 사도행전 16:17("우리"가 빌립보에 있었던 동안)에서 끝나고, 두 번째 "우리" 단락은 사도행전 20:5("우리"가 빌립보에서 배를 타고 떠난 곳)에서 시작한다고 보기 때문이다.[21] 하지만 꼭 그런 것 같아 보이지는 않는다. 본문이 그것을 암시하는 것 같지 않다. 그것이 사실

---

19   연소한 구성원들은 선교팀 명단에서 제외한 것으로 보인다. 누가는 행 13:4에서 요한 마가의 이름을 언급하지 않고 마가가 그들을 떠난 게 분명한데도 단지 "그들"이라고만 썼다(행 13:13; 15:37-38). 이것이 디도가 사도행전에서 언급되지 않은 이유일 수도 있을까?

20   Trenchard, "Acts," 1373.

21   Ramsay, *St Paul the Traveller*, 201.

이라면, 이는 누가가 2차 선교여행이 시작될 때부터 3차 선교활동이 끝나
갈 무렵까지 빌립보에 오랫동안 머물렀다는 의미일 수도 있다. 그러나 바
울이 빌립보 교회에 보낸 편지에는 누가가 그들에게 친숙한 일원이라는 암
시가 없다.

바울은 에베소에서 그리스로 이동했다가 다시 마게도냐로 이동한다.
당시 바울이 교회를 개척한 여러 지역 출신 대표 일곱 명이 바울과 동행
했다. 그중 소바더와 아리스다고는 마게도냐 출신이었고, 가이오와 디모데
는 갈라디아 출신, 두기고와 드로비모는 아시아 출신이었다. 이 시점에서
누가는 이런 지역의 대표자들이 먼저 가서 드로아에서 "우리"를 기다렸다
고 썼다. "우리"(최소한 바울과 실라와 누가)는 다른 사역자들과 합류하기 위해
빌립보에서 드로아로 배를 타고 갔다(행 20:5-6). 다음으로 "우리"는 앗소에
서 모두 함께 만났고 밀레도에 도착했다(행 20:15). 이 시점에서 "우리" 단락
이 끝난다. 그러나 "우리"라는 단어가 없다고 해서 반드시 저자가 그 시점
에 선교팀을 떠났다는 것을 의미하는 것은 아니다.[22] 바울이 밀레도에서 행
한 연설과 작별 이후에, 즉 사도행전 21:1에서 "우리-본문"이 바로 다시 시
작된다는 사실은, 사도가 에베소 교회 장로들과 만나 연설했을 때 누가가
바울과 함께 있었음을 분명히 나타낸다(행 20:17-38). 여기서 누가는 바울이
장로들에게 한 연설에 초점을 맞추기 위해 "그들"과 "그"를 사용하는 것처
럼 보인다. 그러나 누가가 그곳에 있었고 바울의 고별 연설을 직접 들었다
는 데는 의심의 여지가 별로 없다.[23]

---

22   Guthrie, *New Testament Introduction*, 367 n. 2.

23   Bruce, *Speeches*, 26.

몇몇 장소만 언급하자면 누가는 밀레도에서부터 두로, 돌레마이, 가이사랴를 거쳐 예루살렘까지 가는 "우리"의 여행을 기록한다. 이 항해 기간 동안 일행에는 최소한 열 명이 있었던 것처럼 보인다. 누가는 여러 사람이 바울에게 예루살렘으로 가지 말라고 호소했다고 증언한다. 또 그는 예루살렘을 방문하려는 바울의 결심을 보고 들었다. 그들이 예루살렘에 도착한 다음 날 "바울이 **우리**와 함께 야고보에게로 들어가니 장로들도 다 있더라"(행 21:18). 이것이 이 특정 단락 속에 있는 "우리-본문"의 끝이다. 그러나 사도행전 21:18에서 "우리"라는 표현이 사라졌다고 해서 저자가 그 시점에 선교팀을 떠났다는 의미는 아니다.

저자는 "우리"를 더 이상 사용하지 않고 단순히 바울에 대해 또 바울이 예루살렘의 사도들과 나눈 대화에 대해 더 많이 집중하려 한다. 누가는 자신이 바울 및 지역 대표들과 함께 예루살렘에 도착했다고 분명히 밝힌다. 그 후 "바울이 우리와 함께 야고보에게로 들어"갔다고 한다(행 21:17). 이는 바울이 야고보와 만났을 때 누가가 그곳에 있었고, 관찰자로서 그들의 대화를 들었음을 의미한다. 그러므로 누가와 다른 이방인 대표자들은 바울이 성전에서 결례에 참여한 일뿐만 아니라, 그 후 체포되어 성난 유대인 군중 앞에서 자신을 변호한 일까지 목격했을 가능성도 매우 크다. 하지만 유대인 지도자들의 적대감이 심했기 때문에 누가가 산헤드린 법정에 들어가 바울의 재판을 들을(그리고 볼) 수 있었을 가능성은 희박해 보인다.

만일 누가가 예루살렘에 있었다면, 바울이 가이사랴로 이송될 때 동행했거나 그 후 가이사랴로 갔을 것이라고 가정해도 무방할 것이다. 따라서 벨릭스 총독이 바울에게 "자유를 주고 그의 친구들이 그를 돌보아 주는 것을" 허락했을 때(행 24:23) 누가가 바울을 찾아갔을 것으로 보인다. 따라서 그는 바울에게서 일차적인 정보를 직접 수집할 수 있었을 것이다. 더 나아가 아마도 벨릭스와 베스도 앞에서 열린 바울의 재판 공청석에서 참석했을 수도 있었을 것이다. H. W. 타이라(Tajra)는 로마 속주 총독의 법정에서 진행된 소송 절차를 다음과 같이 설명한다.

비상심리절차(*extra ordinem*) 소송 사건에서 소송 절차는 보통 다음과 같았다. A) 총독이 직접 사건을 심리했다(개인적 심리). 총독은 보통 판사석에 착석했고(*in sede tribunalis*) "콘실리움"(*consilium*), 즉 자문 위원들이 옆에 착석했다. 서기(*notarius*)는 소송 절차의 세부적인 내용을 기록하는 일을 맡았다. (예심은 그렇지 않았지만) 재판 자체는 통상 대중에게 공개되었다.[24]

타이라는 이렇게 덧붙인다. "바울이 벨릭스 총독과 베스도 총독 앞에 출석한 일은 황제 속주의 법정에서 비상심리절차의 운용 방식을 보여주는 매우 좋은 예다."[25] "재판은…**통상 대중에게 공개**"되었으므로 누가와 바울의 지지자들이 바울의 재판을 공청했을 가능성이 매우 크다.[26] 아그립바 왕 앞에서의 심리는 이와 다른 경우다. 그 심리의 경우는 고소인이나 검사의 사건 설명이 없었으므로 엄밀히 말해서 재판이 아니라 바울의 말을 듣기 위한

---

24   Tajra, *Trial*, 115. 여기서 Tajra는 Urch, "Procedure," 93을 따른다.

25   Tajra, *Trial*, 115.

26   "내가 처음 변명할 때에 나와 함께 한 자가 하나도 없고 다 나를 버렸으나"(딤후 4:16)라는 바울의 말은 가이사랴가 아닌 로마에서 재판 받은 때를 가리키는 것으로 보인다.

공식적인 모임이며, 따라서 여기서는 어떤 판결도 내려질 수 없었다.[27] 군인이나 관리 출신의 귀빈들이 아그립바 왕이 마련한 공청회에 참석했는데, 그런 귀빈들이 참석했다는 사실로 미루어보아 누가와 바울의 친구들이 참석했을 가능성은 없다고 보아야 한다.

누가는 자신이 가이사랴에 있었는지를 확인해주지 않지만, 그럼에도 사도행전 21:18부터 27:1까지 바울과 함께 머물러 있었다는 말을 하려는 듯하다.[28] 누가는 예루살렘이나 가이사랴에서 온 지지자들에 대해 어떤 말도 하지 않는다. 그러나 그의 침묵이 반드시 바울이 혼자서 재판과 구류의 과정을 겪었음을 의미하는 것은 아니다. 대제사장이 일단의 지지자들과 함께 왔다는 사실은(행 24:1) 피고 역시 일부 지지자들을 데려올 수 있었음을 암시할지 모른다. 분명 벨릭스의 허락을 받아 바울의 필요를 돌보는 친구들이 있었다(행 24:23). B. M. 랍스케(Rapske)는 바울이 "가벼운 군사적 구류 상태에" 있었으므로 "[조력자들이] 상당히 쉽게 접근할 수 있었다"고 주장한다.[29] 일곱 "집사" 중 한 명인 빌립이 가이사랴에서 살았으므로 그가 감옥에 있던 바울을 찾아갔을 수도 있다(행 6:5-6; 21:8-9). 바울의 선교 동역자들과 가이사랴의 신자들도 가장 결정적인 고난의 때를 지나는 바울 사도를 찾아갔을 가능성이 매우 크다. "가이사랴 교회의 이방인 사역 역사와, 그 교회의 다수가 이방인으로 구성되었다는 점, 또 사역적인 측면에서 바울과

---

27   BAGD, *Greek-English Lexicon*, 33.

28   Keener, *Acts*, 1:4. 아리스다고는 바울이 예루살렘에 도착한 때부터 가이사랴를 떠나 로마로 갈 때까지 바울과 함께 있었던 또 다른 인물로 보인다(행 20:4; 27:2).

29   Rapske, *Book of Acts*, 151, 168, 172; Rapske, "Helpers," 19. Rapske, *Book of Acts*, 429는 사도행전에서 묘사하는 바울의 구류에 대해 철저히 비교 연구를 한 뒤 "그[사도행전의 바울]는 이처럼 역사적으로 신뢰할 수 있는 인물"이라고 결론짓는다.

연대했다는 사실은 가이사랴의 성도들이 바울을 내버려두지 않고 잘 포용했을 것이라는 결론을 설득력 있게 뒷받침한다."[30] 이는 바울이 가이사랴의 그리스도인 공동체에 지속적인 영향을 끼쳤고, 그들이 감옥으로 바울을 찾아갔을 것을 의미한다.

훗날 바울은 로마의 감옥에서 디모데에게 편지를 썼다. 바울은 모든 동역자가 여러 가지 이유로 흩어졌다는 사실을 언급한 뒤 이렇게 덧붙인다. "누가만 나와 함께 있느니라"(딤후 4:10-11). 이 말은 누가의 성품을 보여준다. 아마도 당시 누가는 바울의 건강을 돌봐야 할 책임을 느꼈을 것이다. 그는 특히 바울이 사슬에 묶여 투옥되었을 때 결단코 바울을 떠났을 것 같지 않다.[31] 바울은 로마 황제에게 상소한 로마 시민일 뿐만 아니라 세간의 이목을 끄는 죄수이기도 했다.[32] 그만큼 관리들은 바울을 조심스럽게 다루었을 것이고,[33] 따라서 총독들도 누가의 의학적 전문 지식과 의술로 이 죄수를 돌보아야 할 필요를 느꼈을 것이다. 따라서 "그[누가]가 (바울이 구금되어 있었던) 가이사랴에서, 또는 그 주변에서 많은 시간을 보냈을 것으로 생각해도 무방할 것이다"라고 한 F. F. 브루스의 말은 옳다.[34] 누가는 이 기간에 누가복음을 쓰는 데 필요한 예수의 생애와 가르침에 대한 자료를 수집

---

30   Rapske, *Book of Acts*, 434.

31   Rapske, *Book of Acts*, 436: "[누가는] 형제보다 더 가까이 붙어 있는 가장 좋은 친구로서 그[바울]의 곁에 있었다."

32   Rapske, *Book of Acts*, 151-72.

33   Rapske, *Book of Acts*, 168은 벨릭스가 "자신의 정치적·금전적 이익을 위해" 바울의 건강을 유지하기를 원했을 것이 분명하다는 견해를 밝힌다.

34   Bruce, *Acts: Greek*, 476. 바울이 가이사랴에 투옥되어 있을 동안 누가가 그곳에 머물러 있지 않았다는 Hengel, *Between Jesus and Paul*, 127과 다른 견해다.

했을 가능성이 커 보인다.

또 다른 "우리-본문"은 사도행전 27:1에서 시작되는데, 이 구절은 바울이 아그립바 왕 앞에서 심리를 받은 직후 가이사랴에서 배를 타고 로마로 갈 때 누가도 함께 갔음을 암시한다. 이때 바울을 따라 이방 교회 대표단의 일원으로 예루살렘에 온 아리스다고도 로마로 가는 배에 승선한다(행 20:4; 27:1). 이는 그들이 이미 한동안 가이사랴에 있었음을 암시한다. 그들이 바울과 함께 로마로 가는 배에 승선하기 위해 바로 전날 합류하지는 않았을 것이기 때문이다. 바울이 가이사랴에 구금되어 있었던 전체 기간이나 혹은 대부분의 기간에 누가도 그곳에 머물러 있었다면, 그는 몇 가지 사건을 직접 목격하고 경험할 수 있었거나, 바울이 아그립바 앞에서 받은 심리의 세부 내용과 같은 신선한 정보를 사도에게서 직접 수집할 수 있었을 것이다.

J. 뭉크는 "우리-단락"이 20:5-15, 21:1-18, 27:1-28:16에서 나타나더라도 "우리" 단락을 20:1에서부터 사도행전의 끝인 28:31까지 이어지는 것으로 생각해야 된다고 타당하게 주장한다. 비록 누가가 그사이 내내 "우리"를 언급하지는 않지만 그가 현장에 있었던 것이 분명하기 때문이다.[35] 따라서 누가가 사도행전 16:18부터 20:1까지,[36] 심지어 바울이 2차 선교여행을 위해 안디옥을 떠날 때부터 바울과 함께 있었다고 추론해서는 안 될 이유가 전혀 없다. 우리의 재구성이 옳다면 사도행전의 저자는 바울의 2차

---

35 Munck, *Acts*, xliii.

36 이 지점에서 Munck는 타당하지 않게도 "그[누가]는 [바울이 빌립보로 돌아올 때까지] 몇 년 동안 빌립보에 머물렀다"(*Acts*, xliii)고 말함으로써 행 16:18-20:1에 같은 논리를 적용하지 않는다.

선교여행이 시작될 때부터 로마에 머문 기간까지 대부분의 사역 및 활동 기간에 바울과 함께 있었다는 말이 된다. 따라서 사도행전에서 바울의 사역에 관한 자료는 대부분 저자 자신이 목격했거나, 바울 자신 또는 그의 동료들에게서 수집한 자료라고 볼 수 있다.[37] 그러므로 누가가 바울에 대해 기록하는 내용의 신빙성은 통상적으로 가정되어온 것보다 훨씬 높다.

"우리-본문" 지역에서의 바울의 사역

이제 "우리 본문"과 긴밀하게 연결된 사도행전의 자료로 관심을 돌려, 바울이 해당 지역에 보낸 편지에 쓴 내용과 서로 비교해보려고 한다. 이 비교 연구는 사도행전에 담긴 누가의 자료가 얼마나 정확한지를 더 자세히 파악할 수 있도록 해 줄 것이다.

누가가 안디옥 출신이고 바울의 2차 선교여행에 안디옥에서 합류했다면, 그는 바울과 함께 갈라디아, 빌립보, 데살로니가, 베뢰아, 아테네, 고린도, 에베소 등의 지역을 지나갔을 것이고, 그 후 3차 선교 기간 중에는 에베소, 마게도냐, 그리스, 밀레도를 방문하고 예루살렘으로 돌아왔을 것이다. 이 지역들 가운데 마게도냐(빌립보, 데살로니가, 베뢰아)와 그리스(고린도와 아테네)와 아시아(에베소)는 본 연구의 목적상 중요한 지역이다. 바울이 이 지역의 교회들에 편지를 보냈기 때문이다. 누가가 바울 일행이 갈라디아 지역

---

37 사도행전의 자료들에 관한 연구와 관련된 유용한 개관은 Pervo, *Dating Acts*, 347-58을 보라.

에서 사역했던 1차 선교여행 기간에는 누가가 바울과 함께 있지 않았으므로 갈라디아는 이 시점에서는 무관하다. 누가는 바울이 3차 선교활동 지역으로 가는 길에 갈라디아를 다시 방문했을 때 바울과 동행했지만, 그것은 다소 짧은 방문이었다.

° 고린도

누가는 바울이 고린도에서 행한 사역을 기록하면서 몇몇 새로운 이름들, 즉 브리스길라와 아굴라 부부, 그리스보, 소스데네, 아볼로 등을 언급한다. 이 이름들이 전부 바울이 고린도에 보낸 편지들에 등장한다는 것은 우연의 일치가 아니다. 바울은 아시아 지역(즉 에베소)에서 고린도 성도들에게 아굴라와 브리스길라의 문안 인사를 전한다(고전 16:19). 이는 다음 두 가지 점을 입증한다. 즉 고린도의 성도들이 아굴라와 브리스길라를 알고 있다는 점과, 이 부부가 바울이 고린도전서를 썼을 때 에베소에 함께 있었다는 점이다. 누가가 그 배경을 설명해준다. 곧 바울이 이 부부를 만나 그들의 집에 머물며 천막 제조업자로 함께 일했던 곳이 바로 고린도였다는 것이다(행 18:1-3). 누가는 이 부부가 어떻게 에베소로 오게 되었는지를 추가로 설명한다. "바울은 더 여러 날 머물다가 형제들과 작별하고 배 타고 수리아로 떠나갈새 브리스길라와 아굴라도 함께 하더라.…에베소에 와서 그들을 거기 머물게 하고"(행 18:18-19).

로마의 성도들에게 바울은 브리스길라와 아굴라가 "그리스도 예수 안에서 나의 동역자들"이라고 말하면서 이렇게 덧붙인다. "그들은 내 목숨을 위하여 자기들의 목까지도 내놓았나니 나뿐 아니라 이방인의 모든 교회도 그들에게 감사하느니라. 또 저의 집에 있는 교회에도 문안하라"(롬 16:3-5). 바울은 지금 로마에 있는 이 부부에게 모든 이방 교회들이 그들의 섬김으로 인해 빚을 졌다고 말하는데, 아마도 최소한 고린도와 에베소에 있는 두 이방 교회를 가리켜 한 말일 것이다. 누가는 이 부부가 로마에서 왔다고 설명하며(행 18:2), 십중팔구 그들은 기원후 49년에 내려진 글라우디오의 칙령 때문에 로마에서 추방되었을 것이다.

또한 바울은 그리스보를 그가 세례를 준 몇 안 되는 사람들 가운데 한 명으로 언급한다(고전 1:14). 누가는 그 배경을 설명한다. 즉 그리스보는 바울의 설교를 들은 뒤 온 가족과 함께 예수를 믿은 회당장이었다(행 18:8). 소스데네는 고린도전서의 공동 발신자로 언급되었는데(고전 1:1), 누가는 그가 회당장이었는데도 불구하고 주의 도를 따르는 자가 되었다는 이유로 동료 유대인들에게 구타를 당했다고 말한다(행 18:17).

바울은 고린도전서에서 아볼로를 여러 번 언급하는데(고전 1:12; 3:4-6, 22), 특히 고린도 성도들이 유명한 지도자들을 추종하다가 서로 분열되어서는 안 된다고 설명할 때 그를 거명한다. 그는 아볼로를 가리켜 존경하는 동료 사역자라고 소개한다(고전 4:6; 16:12). 누가 역시 아볼로를 고린도 교회를 든든히 세운 유능한 설교자 중 한 사람으로 기록한다. 누가는 아볼로와 고린도 교회의 관계에 대해 설명한다. 열렬한 복음 전도자인 아볼로는 에베소에서 브리스길라와 아굴라를 처음 만났고, 그들은 아볼로가 "하나님의 도를 더 정확하게" 전하도록 도와주었다. 그 후 아볼로는 에베소 교회에서 받은 추천장을 가지고 고린도에 도착하여 설교자와 지도자로서의 역할을 훌륭히 감당했다(행 18:24-28; 19:1).

°데살로니가

누가는 바울이 데살로니가에 있었던 기간이 짧았다고 기록한다. 바울과 누가는 모두 바울이 빌립보에서부터, 특히 빌립보에서 겪은 고난 때문에 데살로니가로 갔다고 한목소리로 말한다. 바울은 데살로니가에서도 강한 반대에 부딪혔다. 그는 이렇게 말한다. "너희가 아는 바와 같이 우리가 먼저 빌립보에서 고난과 능욕을 당하였으나, 우리 하나님을 힘입어 많은 싸움 중에 하나님의 복음을 너희에게 전하였노라." 그런 다음 "형제들아! 우리의 수고와 애쓴 것을 너희가 기억하리니"라고 덧붙인다(살전 2:2, 9). 이 에피소드는 누가가 사도행전에서 묘사하는 장면과 비슷하다. 유대인들은 바울과 그의 일행을 반대하여 폭동을 일으키고, 야손의 집으로 쳐들어가 야손을 여러 사람들 앞에서 심하게 모욕했으며, 군중과 관리들을 선동하여 소동을 일으켰다. 그뿐 아니라 베뢰아까지 바울을 쫓아갔고, 거기서도 군중을 선동하여 바울을 대적하도록 충동했다. "너희도 너희 동족에게서 동일한 고난을 받았느니라"라는 바울의 말은 십중팔구 "야손과 몇 형제들"이 당한 고난을 가리키는 말일 것이다(살전 2:14; 참조. 행 17:5-13).

바울은 데살로니가의 성도들에게 자신과 동료들이 데살로니가를 급히 떠날 수밖에 없었다고 말하며(살전 2:17), 누가도 "밤에 형제들이 곧 바울과 실라를 베뢰아로" 보낸 경위를 서술한다(행 17:10). 이 두 기록 모두 데살로니가에서 예상치 못한 상황이 벌어져 어쩔 수 없이 서둘러 떠나게 된 정황을 분명히 알려준다. 바울은 신자들이 박해와 고난에도 불구하고 흔들리지 않도록 믿음으로 격려하려고 디모데를 데살로니가로 보낸다(살전 3:1-6). 그는 자신은 아테네에 머물고 실라와 디모데만 데살로니가로 보냈다고 말한다. 누가도 바울이 이 무렵에 실라 및 디모데와 헤어진 일을 언급한다. 더 나아가 바울이 아테네까지 배웅을 받았고 거기서 실라와 디모데를 기다렸다고 기록한다(행 17:15-16). 그 후 실라와 디모데는 마게도냐에서 고린도에 있는 바울에게로 돌아왔고(행 18:5), 만약 바울이 고린도에서 데살로니가 전서를 썼다면 실라와 디모데의 동태와 관련한 바울과 누가의 말은 서로 일치한다.

° 빌립보

바울은 빌립보 성도들에게 "한마음으로 서서…무슨 일에든지 대적하는 자들 때문에 두려워하지" 말라고 권면하기 위해 편지를 쓴다. 이어서 그는 자신이 그곳에서 선교사역을 수행하는 동안 받은 고난을 상기시킨다. "너희에게도 그와 같은 싸움이 있으니, **너희가 내 안에서 본 바요**, 이제도 내 안에서 듣는 바니라"(빌 1:27-30). 바울은 데살로니가의 성도들에게도 똑같은 말을 한다. "너희가 아는 바와 같이 우리가 먼저 빌립보에서 고난과 능욕을 당하였으나"(살전 2:2). 누가도 바울이 빌립보에서 복음을 전할 때 경험한 고난, 반대, 투옥을 기록하며(행 16:16-40), 바울은 빌립보와 데살로니가에 편지를 쓸 때 동일한 사건들을 언급한다.

바울은 디모데를 빌립보로 보내기로 계획하면서 그를 이렇게 칭찬한다. "**디모데의 연단을 너희가 아나니**…나와 함께 복음을 위하여 수고하였느니라"(빌 2:22). 이 말은 디모데가 바울과 함께 빌립보에 있으면서 복음을 위해 함께 일했다는 점을 입증한다(행 16:1-3). 누가도 바울이 빌립보에서 복음을 전하고 그 후 데살로니가와 베뢰아에서 복음을 전하는 동안 디모데가 바울의 선교팀에 속해 있었다고 기록한다(행 17:14).

또한 바울은 빌립보 성도들에게 "너희가 우리를 본받은 것처럼" 살아야 한다는 점을 상기시키며, "내가 여러 번 너희에게 말하였거니와 이제도 눈물을 흘리며 말하노니"라고 말한다(빌 3:17-18). 여기서 바울은 이전에 감옥에서 풀려난 뒤 빌립보를 떠나기까지 그들에게 전한 가르침을 언급하는 것으로 보인다. 누가는 사도행전 16:40에서 다음과 같이 간략하게 기록한다. "두 사람[바울과 실라]이 옥에서 나와 루디아의 집에 들어가서 형제들을 만나 보고 위로하고 가니라." 바울은 그들의 영적 성장과 경건한 삶에 관심을 가졌다. "너희는 내게 배우고 받고 듣고 본 바를 행하라"(빌 4:9). 누가 역시 바울을 새로운 회심자들이 "그리스도의 복음에 합당하게 생활" 하도록 격려하고 힘을 북돋아 주기 위해 그들을 다시 방문하는 지도자로 묘사한다(행 14:21-25; 16:40; 18:23; 빌 1:27).

또한 바울은 빌립보 성도들이 복음을 알게 된 지 얼마 안 되었을 무렵 빌립보를 떠났는데, 그때 그들이 물질적 필요를 채워주었다는 사실을 그들에게 상기시킨다(빌 4:15). 누가는 루디아와 그녀의 가족이 복음을 받아들인 직후 바울과 그 일행을 극진히 환대했다고 기록한다. 빌립보 성도들은 바울이 마게도냐를 떠날 때와 그 후에 다시 한번 관대한 물질적 지원을 베풀었다(빌 4:10, 15, 18; 행 16:15).

°에베소

3차 선교여행이 끝나갈 무렵 바울은 예루살렘을 방문하기로 작정한다. 바울은 서바나로 가는 길에 로마를 방문하고 싶은 바람을 거듭 피력하면서 심지어 이렇게 말한다. "이제는 이[동부] 지방에 일할 곳이 없고, 또 여러 해 전부터 언제든지 서바나로 갈 때에 너희에게 가기를 바라고 있었으니"(롬 15:23-24; 이보다 앞서 롬 1:11-15에서도 그렇게 말한다). 그러나 바로 다음 구절에서 바울은 돌연 이렇게 선언한다. "그러나 이제는 내가 성도를 섬기는 일로 예루살렘에 가노니"(롬 15:25). 그리고 그는 결국 예루살렘에 도착한다.

누가는 똑같은 개요를 진술하되 더 자세히 서술하면서 바울이 언제 어디서 먼저 예루살렘을 방문하기로 결심했는지 서술한다. 그는 바울이 에베소 사역에서 얻은 엄청난 사역의 결과를 본 뒤 예루살렘으로 가기로 작정했다고 전한다. "내가 거기 갔다가 후에 로마도 보아야 하리라"(행 19:21). 누가는 바울이 로마를 방문할 계획을 변경했음을 분명 알고 있었다.[38] 왜냐하면 그 시절에 누가는 십중팔구 바울과 함께 있었기 때문이다.

누가는 두기고가 아시아 지방(즉 에베소) 출신이며 바울과 함께 있다고 기록한다(행 20:4). 나중에 두기고가 에베소로 돌아갈 때 바울은 그를 통해 에베소서를 보낸다(엡 6:21). 훗날 바울은 그를 오네시모와 함께 골로새로 보내면서 골로새서를 전달하도록 부탁한다(골 4:7). 에베소서에서 바울은 매우 심오한 교리적·실제적 가르침을 제시하는데, 이 편지는 (로마서를 제외하고) 그 어떤 서신보다도 훨씬 심오하다. 바울은 자신이 고린도 성도들에게 그들을 "젖으로 먹이고 밥으로" 먹이지 않았는데, "이는 [그들이] 감당하지" 못했기 때문이라고 말한다(고전 3:2). 그러나 에베소서에서는 단단한

---

38   이러한 변화의 이유에 대해서는 Chae(최종상), "Paul's Apostolic Self-Awareness," 116-37을 보라.

음식을 먹인다. 그들을 그리스도 안에서 성숙한 성도로 간주하기 때문이다. 이는 십중팔구 바울이 두란노 서원에서 2년 넘게 이미 가르쳤고, 또 밀레도에서 장로들을 집중적으로 가르쳤으며(행 19:9; 20:17-35), 그보다 이전에 편지를 써서 추가로 가르쳤기 때문일 것이다(엡 3:3).[39] 따라서 바울은 "진리가 예수 안에 있는 것같이 너희가 참으로 그에게서 듣고 또한 그 안에서 가르침을 받았"다고 상기시킨다(엡 4:21-22).

결론

우리는 바울이 그의 편지에서 선교 기간에 관해 쓴 내용과 누가가 해당 선교 지역에서 행한 바울의 사역을 "우리-본문"으로 서술하는 내용 사이에 서로 일치하는 정보를 많이 발견했다. 어떤 것들은 사소하게 보이지만, 그러한 일치점들은 주목할 가치가 있다. 이러한 결과는 누가가 바울과 함께 그 지역들을 여행했고, 그랬기에 고린도, 데살로니가, 빌립보, 에베소에서 이루어진 바울과 그의 사역을 묘사할 때 그 정보를 정확히 전달하고 있다는 더 깊은 확신을 준다. 또한 본서의 연구는 누가가 실질적으로 오랜 기간 동안—아마도 2차 선교여행이 시작될 때부터 바울이 로마에 있었던 때까지—바울과 함께 보냈음을 보여주었다. 누가는 "우리-본문"에 나타난 기간보다 훨씬 더 오래 바울과 함께 있었다. 이 사실에 담긴 의미는 중요하다. 이는 누가가 바울의 이야기를 바울에게서 직접 들었고, 바울이 유대인과

---

39   이 편지에 대해서는 알려진 바가 없다.

이방인 청중에게 복음을 전하는 것을 들었으며, 그들이 서로 다르게 반응하는 것을 보았음을 의미한다. 더 중요한 점은, 이것이 누가가 바울 사도를 개인적으로 친밀하게 알았고 따라서 바울에 대한 자료를 대부분 사도로부터 직접 수집했을 것임을 의미한다는 것이다. 사도행전 6:8-8:3, 9:1-30, 11:19-30, 12:25-28:31 등의 단락들은 바울과 관계된 이야기와 연설을 포함하고 있다. 이 단락들은 사도행전 전체 분량의 60% 이상을 차지한다. 누가는 이런 자료들을 바울로부터 직접 (구두로) 얻은 것이 거의 확실하다.

필자는 이보다 앞서 2장에서 고린도와 데살로니가에서 선포된 전도설교에서 실제 바울과 사도행전의 바울 사이에 양립 가능성이 상당히 존재한다는 점을 입증했다.[40] 마찬가지로 서신서의 바울과 사도행전의 바울은 앞서 언급한 지역에서 그가 수행한 사역에 대한 다른 자세한 서술뿐만 아니라, 특히 "우리-본문"에서 일치하는 정도가 매우 높다. 바울의 자료는 종종 누가가 사도행전에 기록한 내용을 입증하며, 반대로 누가가 바울의 기록을 입증하는 경우도 많다. 이는 누가가 매우 신뢰할 만한 자료를 사용하고 있음을 보여주는 것이다.

"우리-본문"과 누가의 자료와 관련해서 언급해야 할 요점이 두 가지더 있다. 첫째는 사도행전 21-28장에 대한 것이다. 학자들은 누가가 바울의 전도 활동에 관한 내용보다 그의 재판과 변호에 관한 내용을 이토록 자세히 기록하는 이유를 궁금해한다. 어떤 이들은 누가가 주로 바울의 재판을 도우려는 변증적인 목적에서 사도행전을 쓰기 때문이라고 주장한다. 그러나 1-20장은 바울의 변론과 직접적인 관련이 없으므로 그런 주장은 설

---

40   앞의 157-67쪽을 보라.

득력이 없어 보인다. 사도행전 전체는 로마의 관리들을 위해서라기보다는 그리스도인 공동체를 위해 기록되었을 것이다

한편 누가가 사도행전 21-28장에 해당하는 내용을 쓸 때 직접 수집한 자료와 자기 나름의 경험이 많으므로 길게 썼을 가능성이 더 커 보인다. 그는 바울의 유대교 배경과 헬레니즘적 배경, 그의 회심과 소명에 대한 증언, 이방인 사역에 대한 유대인의 반대, 로마에 이르는 여정과 로마에서 행한 사역 등과 같은 바울에 대한 더 많은 귀중한 정보를 이 단락에 포함시키기로 생각했을 것이다. 만약 이런 장들이 없었다면 바울에 대한 우리의 이해는 다소 제한되었을 것이다. 앞에서 살펴본 것처럼 사도행전 21-28장에 서술된 기간에 누가는 바울과 함께 여행했거나 바울 곁에 가까이 있었다. 누가가 이 단락을 길게 기록하는 것은, 선교여행의 동반자와 목격자로서 자신이 보고 경험한 것 또 바울에게서 직접 들은 내용이므로 그 부분을 자신 있게 쓸 수 있었기 때문이다.

둘째, 학자들 사이에는 누가가 누가복음을 쓸 때 마가복음을 자료로 사용했다는 일반적인 의견 일치가 있다. 누가복음에서 우리는 누가가 마가의 자료를 고쳐 쓰면서 그 내용을 자신의 말로 표현하는 모습을 본다. 누가는 여느 저자와 마찬가지로 자료와 전승을 선별하고 편집하여 글을 쓴다. 하지만 그렇다고 해서 저자로서 그의 신뢰성이 떨어지는 것은 아니다. 오히려 마태복음과 마가복음은 모두 누가복음이 철저한 조사를 통해 자료를 수집하고 세심하게 편집한 저자의 기록이라는 점을 입증해준다. 예수의 생애를 연대순으로 기록한 부분에 있어서는 누가복음이 사복음서 중에 가장 철저하다고 알려져 있다. 따라서 아무도 누가복음의 신뢰성을 의심하지 않는다.

복음서 저자들 가운데 유독 누가만 예수를 개인적으로 만나지 못했다. 그런데도 그는 어떻게 자료를 수집하여 복음서 집필에 그토록 몰두할 수 있었을까? 아마도 바울이 전한 예수에 흥미를 느꼈기 때문일 가능성이 크다. 예수와 그의 메시지에 대한 바울의 절대적인 사랑과 충성을 본 누가는 예수와 그의 삶과 가르침에 대해 더 많이 알고 싶었고, 또 예수의 생애에 대한 정확하고 자세한 기록을 집필하여 그를 알리고자 하는 열망이 가득하게 되었을 것이 분명하다. 누가복음을 통해 누가는 신뢰할 만한 출처에서 자료를 수집하고 그것을 질서정연한 방식으로 전달하는 데 있어 자신이 얼마나 철저한가를 입증함으로써 저자로서의 신뢰성을 확인해주었다. 따라서 누가가 두 번째 책을 쓸 때 그의 저자로서의 특성이 달라졌을 것이라고 믿어야 할 이유가 없다.[41] 그는 첫 번째 책에서 그렇게 했듯이 두 번째 책에서도 같은 수신자인 데오빌로에게 "그 모든 일을 근원부터 자세히 미루어 살핀" 뒤 "차례대로 써" 보낸 것이 분명하다(눅 1:1-4; 행 1:1).

---

41   Dibelius, "Style Criticism," 4-11과는 견해가 다르다. 그는 누가가 사도행전을 쓸 때는 누가복음에 사용한 방법과 달리 즉흥적인 방법을 사용했다고 주장한다.

5장

바울의 생애와 사역에 대한 누가의 묘사

이 장에서는 존 녹스(John Knox)의 명제를 검토함으로써 누가가 바울을 바르게 기록하고 있는지 그 신빙성 여부를 검토하고자 한다. 녹스의 결론과 방법론에 대해서는 본서의 서론에서 간략하게 논평한 바 있다. 그러나 그가 채택한 방법론 자체를 여기서 좀 더 언급할 필요가 있다. "바울이 서신서에서 단지 암시만 한 사실이라도, 달리 뒷받침되지 않은 사도행전의 가장 분명한 진술보다 더 귀한 가치를 부여받을 자격이 있다. 적절하고 신중하게 사도행전을 사용하여 서신서의 자전적 자료를 보완할 수는 있겠지만 결코 그것을 교정할 수는 없다."[1] 녹스는 이런 논지를 줄곧 주장해왔고 1983년에 자신의 입장을 다시 한번 분명하게 이렇게 요약했다.

바울이 쓴 편지들이 바울 연구를 위해서 사도행전보다 더 나은 자료라는

---

[1] Knox, *Chapters*, 32. Lüdemann, *Paul*; Jewett, *Dating Paul's Life*도 Knox의 견해를 따른다. Knox 이전에도 Lake, "Apostolic Council of Jerusalem," 198-9; McNeile이 같은 입장을 취했는데, McNeile, *St Paul*, x은 이렇게 주장했다. "사도행전과 서신서가 일치하는 대목은 확실히 믿을 수 있다. 서로 다른 대목에서는 후자에 무게를 두어야 하며, 전자는 이차적인 자료라는 것을 알고 사용해야 한다." McNeile은 참고문헌에 F. C. Baur를 포함하지 않는다. 그가 Baur와 별도로 이 말을 했다면, 놀라운 일이 아닐 수 없다. 최근에도 Knox의 원칙을 따르는 학자로는 Murphy-O'Connor, *Paul*, vi과 여러 곳; Roetzel, *Paul*, 4, 10-11이 있다.

필자의 주장에는 변함이 없다. 필자는 이처럼 명백한 사실을 부정할 수 있는 사람은 아무도 없으리라고 생각한다. 필자의 제안에 어떤 고귀함이 담겨 있다면 그것은 우월성의 차원에 대한 개념에 있다. 필자는 다음과 같이 주장했다. (a) 서신서의 가장 단순한 암시조차도 사도행전의 가장 분명한 진술보다 더 가치 있는 것으로 간주해야 한다. (b) 바울에 대한 사도행전의 진술이 (많은 진술이 실제로 그렇듯이) 서신서와 직접적으로 충돌한다면 그 진술은 신뢰할 수 없는 것으로 간주되어야 하며, 심지어 충돌이 암시되기만 해도 그 진술을 심각하게 의심해봐야 한다. (c) 사도행전에 나오는 바울에 대한 진술들은 그런 진술이 서신서에서 충분하고 명백하게 확인되어야만 확신 있게 받아들일 수 있다. 한마디로 완벽하게 확실한 전기적 정보에 관해서는 바울 서신만을 신뢰할 수 있다고 주장하는 바다.[2]

녹스는 누가가 "몇 가지 훌륭한 초기 자료를 갖고 있었으며 이런 자료를 주의 깊고 충실하게 사용했다"는 점을 인정하지만,[3] 누가는 자료의 순서를 임의로 정돈했을 뿐만 아니라 자료들을 자기 책의 목적에 맞추려고 바울을 대신하여 설교의 매우 많은 부분을 자유롭게 지어냈다고 주장한다. 따라서 실제로 녹스는 바울의 생애와 사역에 대한 누가의 기록을 거의 받아들이지 않는다. 더 정확히 말하면 녹스는 오로지 서신서의 자료만으로 사도의 생애와 사역을 재구성할 것을 주장한다.[4] 녹스가 바울에 대한 누가의 기

---

2   Knox, "Chapters," 342.

3   Knox, *Chapters*, 10-11.

4   Murphy-O'Connor, "Pauline Missions," 90-91은 이런 접근 방법을 시도했다. 그보다 이전에 Weiss, *Earliest Christianity*, 1:148은 이렇게 경고했다. "오로지 바울 서신을 근거

록을 검토할 때는 주로 누가의 특별한 관심사를 확인하기 위해서이며, 그는 누가의 관심사가 서신서에 나타나는 바울의 관심사와는 달랐다고 주장한다.

녹스는 누가가 자기 목적을 이루기 위해 바울의 생애와 사역에 대한 묘사를 왜곡시켰다면서 세 가지 구체적인 영역을 강조한다. 누가의 첫 번째 경향은 교회 초창기에 예루살렘의 역할을 강조한다는 점이다. 녹스는 누가가 "기독교는 참된 이스라엘로서 진정한 유대교의 연장"이라는 점을 입증하려 애쓴다고 주장한다. 둘째, 누가는 바울을 예루살렘 교회의 권위를 인정하고 그 교회의 지시에 따라 사역하는 인물로 묘사한다. 또한 그는 때때로 발생하는 몇 가지 문제에도 불구하고 유대인 교회와 이방인 교회가 예루살렘 사도들의 지도를 받아 계속 연합하고 조화를 이룬 상황을 서술한다. 셋째, 누가가 제시한 자료는, 바울의 종교가 실제적인 의미에서 유대교이기 때문에 바울이 엄벌을 받아 마땅한 잘못을 전혀 저지르지 않았다는 누가의 인식에 따라 정치적으로 형성된 것이다.

녹스는 "바울의 편지들은 바울과 관련해서 사도행전보다 더 나은 자료"라는 점만은 분명 인정해야 한다고 주장한다. 녹스는 "이처럼 명백한 사실을 부정할 수 있는 사람은 아무도 없"으므로 이 점이 당연하게 여겨지기를 기대한다. 그러나 이 가정이 성립되려면 분명한 전제조건, 즉 바울과 누가가 똑같거나 비슷한 주제에 대해 글을 쓰면서 똑같거나 비슷한 목적으로 똑같거나 비슷한 범위를 공히 다루고 있다는 점을 먼저 입증해야 한다. 그러나 앞서 서론에서 살펴본 것처럼 바울 서신과 사도행전은 성격과 범위

로 바울의 모습을 그려낼 수 있다고 믿는 것은 비평학계의 가벼운 자기기만이었다."

면에서 사뭇 다르다.[5] 이러한 기본적인 이해를 염두에 두고 이 장에서 우리는 바울의 생애와 사역의 몇 가지 세부적인 내용에 관한 바울과 누가의 기록을 비교하고자 한다. 여기에는 바울의 유대인적 배경, 그리스도인으로서의 초기 생애, 선교여행, 동역자들, 그가 겪은 박해 등이 포함될 것이다. 이러한 비교 연구의 광범위한 측면은 누가가 기록하는 바울의 생애와 사역이 어느 정도나 신뢰할 만한 것인지를 알 수 있게 해 줄 것이다. 이 연구에서 녹스의 논지를 조목조목 반박하지는 않겠지만, 녹스의 방법론과 결론에 대안을 제시하게 될 것이다.

바울의 초기 생애

°바울의 유대인적 배경

바울이 그의 서신에서 자서전적 내용을 쓰지 않는 이유는 선교사역을 수행하던 기간에 이미 회심자들에게 자신의 삶에 대해 말한 적이 있기 때문이다. "내가 이전에 유대교에 있을 때에 행한 일을 너희가 들었거니와"(갈 1:13). 그럼에도 불구하고 바울은 그의 서신에 그리스도인이 되기 이전의 자신의 삶에 대한 몇 가지 정보를 기록했다. 그는 유대인이요, 베냐민 지파요, 바리새인이었고(롬 11:1; 빌 3:5), 유대교 율법으로 철저히 훈련받았으며, 동시대 사람들보다 훨씬 더 유대교 전통에 대해 열성적이었다(갈 1:14).

---

5   앞의 31-42쪽을 보라.

그는 그런 열정으로 회심 전에 유대교 선교사로서 이방인 선교를 했는지도 모른다(갈 5:11). 사도행전의 바울도 자신은 유대교의 가장 엄격한 분파를 따라 살아가던 유대인이자 바리새인이었다고 말한다(행 22:3-4; 23:6; 26:4-5).

바울은 자신이 "하나님의 교회를 심히 박해하여" 멸하려 했다고 말한다(갈 1:13). 이는 누가가 사도행전에서 묘사하는 내용과 같다. "사울이 교회를 잔멸할새 각 집에 들어가 남녀를 끌어다가 옥에 넘기니라"(행 8:3). 누가가 바울의 격렬한 박해 활동을 기록한 내용은 바울이 갈라디아서에서 사용하는 언어와 비교해보면 정확해 보인다. 바울이 교회를 심히 박해했다는 사실은 서신과 사도행전 모두에서 반복적으로 언급된다.[6] 어떤 학자들은 누가가 바울이 예루살렘 교회를 박해했다고 했음에도 바울은 그렇게 말하지 않는다고 주장했다. 그들은 그 근거로 갈라디아서 1:22을 든다("유대의 교회들이 나를 얼굴로는 알지 못하고").[7] 그러나 바울은 이어서 유대의 교회가 다음과 같은 소식을 들었다고 말한다. "다만 **우리를** 박해하던 자가 전에 멸하려던 그 믿음을 지금 전한다 함을 듣고"(갈 1:23). 여기서 대명사 "우리"는 유대 지역의 신자들을 가리킨다. 더구나 바울이 하나님의 교회를 멸하려고 할 때 기독교의 주요 중심지인 유대의 성도들을 핍박하지 않았을 가능성은 매우 희박하다(갈 1:23).

---

6 고전 15:9; 갈 1:13, 23; 빌 3:5-6; 딤전 1:13; 행 7:54-8:3; 9:1-2, 13-14, 21; 22:3-5, 19; 26:9-11.

7 예. Bultmann, "Paul," 113; Haenchen, *Acts*, 297-8; Bornkamm, *Paul*, 15; Guignebert in H. G. Wood, "Conversion," 277. 이와 달리 바울이 예루살렘/유대에서 박해했음을 인정하는 학자들은 Dodd, *Meaning*, 23; Dibelius, *Studies*, 46-7; Klausner, *From Jesus to Paul*, 318; Wood, "Conversion," 277; Kim, *Origin*, 49.

A. J. 헐트그렌(Hultgren)은 "나를 얼굴로는 알지 못하고"라는 표현이 바울이 "단지 유대의 교회들에서 사도로서 '자신의 얼굴을' 보여주지 않았다"는 의미라고 주장한다. 그리고는 갈라디아서 1:18-24의 더 넓은 문맥에서 바울이 베드로와 야고보를 잠깐 방문한 후 곧바로 수리아와 길리기아 지역으로 간 것으로 말한다고 주장한다. 따라서 베드로와 야고보 외에는 아무도 개인적으로 바울을 알 수 없었다. 헐트그렌의 다음과 같은 결론은 옳다. "사도행전과 갈라디아서는 [바울이] 먼저 유대 지역의 교회를 박해했다는 점에서 본질상 일치한다."[8] 여기서 사용된 동사(*portheō*)는 사도행전에 한 번, 갈라디아서에 두 번(갈 1:13, 23; 행 9:21) 등장하는 것 외에는 신약에서 더 이상 쓰이지 않았다. 바울과 누가가 바울이 교회를 핍박한 행위의 강도를 서술하면서 매우 보기 드문 이 동사를 함께 사용한다는 점은 의미심장하다.[9] 바울과 누가가 "열심이 있는"(*zēlōtēs huparchōn*)이라는 똑같은 표현을 사용해서 바울을 묘사한다는 점도 의미심장하다.

사도행전의 바울은 자신이 다소에서 태어나 예루살렘에서 성장하며 가말리엘 문하에서 교육을 받았다고 덧붙여 말한다(행 21:39; 22:3; 참조. 9:11; 11:25; 23:34; 26:4). 그런데 바울은 서신에서 가말리엘을 언급하지 않는다. 따라서 J. 녹스는 가말리엘에 대한 누가의 언급을 무시한다. 그러나 바울이 자신의 주장을 뒷받침하기 위해 구약을 사용하는 방식이 그가 가말리엘에게게서 훈련을 받았음을 간접적으로 암시한다는 R. 리스너(Riesner)의 주장

---

8   Hultgren, "Paul's Persecutions," 105-7.
9   누가가 바울의 변화를 극대화하기 위해 바울의 박해를 극적으로 묘사하고 있다는 Haenchen, *Acts*, 297-8의 주장은 옳지 않아 보인다.

은 옳아 보인다.[10] 바울은 아람어(행 21:40; 22:2; 26:14)와 그리스어(행 21:37)
를 유창하게 구사했다. J. 녹스는 사도행전에 나오는 다소 사소한 두 가지
기록, 즉 바울의 유대식 이름은 사울이었고 그가 길리기아 다소에서 태어
났다는 기록에 대해서만 믿을 만한 것으로 받아들인다. 그러나 바울 서신
에는 이 두 기록을 긍정하거나 부정하는 정보가 전혀 없다. 하지만 바울의
아버지는 자기 지파에서 가장 유명한 인물인 사울 왕의 이름을 따서 아들
의 이름을 지은 듯하다.[11]

전반적으로 누가의 기록은 바울이 그리스어와 그리스 문화, 그리고 히
브리어 성경에도 그처럼 익숙했던 이유를 설명해주기 때문에 신뢰할 만해
보인다. 누가의 기록은 바울이 예루살렘에서 보낸 이력과 그가 로마 세계
를 어떻게 그처럼 자유롭게 여행할 수 있었는지, 왜 황제에게 항소할 수 있
었는지를 설명해준다. 바울의 대단한 그리스어 구사력은 그가 디아스포라
의 헬라파 유대인임을 분명히 보여주므로 바울이 다소 출신이었을 가능성
을 배제할 수 없다.[12] 바울은 (회심한 지) 14년 뒤에 예루살렘으로 돌아왔다
고 말하지만(갈 2:1), 자신이 그전의 십여 년 동안 어디에 있었는지에 대한
정보는 주지 않는다. 이에 대해 누가는 바울이 약 10년 동안 다소에 있었다
고 서술한다(행 9:30; 11:25). 바울이 다소를 언급하지 않는다고 해서 그가

---

10   Riesner, *Paul's Early Period*, 154; Murphy-O'Connor, *Paul*, 59은 바울이 가말리엘의 제
      자였다는 점을 받아들인다. Neusner, *Rabbinic Traditions*, 15, 294-5은 힐렐과 가말리엘
      사이에 가족 관계가 있다고 생각하지 않는다.
11   사도행전의 바울은 "베냐민 지파 사람 기스의 아들 사울"을 언급한다(행 13:21). 바울의
      이름에 대한 몇 가지 유익한 정보는 Hengel, *Pre-Christian Paul*, 8-10을 보라.
12   Burchard, *dreizehnte Zeuge*, 34-5 n. 42은 바울이 다소 출신이라는 점에 의문을 제기하지
      만, Hengel, *Pre-Christian Paul*, 1은 그 점은 "거의 의문시되지 않는다"고 변호한다.

다소에 머물렀다고 말하는 누가가 잘못된 정보를 준다는 말은 성립될 수 없다. 오히려 이는 바울의 여정에서 사라진 약 10년간의 공백을 설명해주고 메워줄 수도 있다.

°회심/소명과 중생 이후의 초기 시절

바울은 자신이 그리스도인들을 핍박하던 정점에서 하나님이 예상치 못한 극적인 방법으로 당신의 아들을 자기 속에 나타내셨으며, 이때 예수 그리스도의 계시로 복음을 받았다고 서술한다(롬 1:1, 5; 갈 1:12-16; 참조. 딤전 1:12; 고전 9:1; 15:8). 누가도 바울이 "주의 제자들에 대하여 여전히 위협과 살기가 등등"했을 때 그리스도께서 바울에게 나타나셨다고 전한다(행 9:1). 바울과 누가 모두 주님이 어떻게 어떤 목적을 가지고 바울에게 나타나셨는지를 기술하면서 "오프텐"(ōphthēn)이라는 단어를 사용한다(고전 15:8; 행 26:16). 그리고 둘 다 바울이 주님을 보고 음성을 들었다고 기록한다(고전 9:1, 17; 15:8; 행 9:17; 22:14). 바울은 자신이 이방인에게 복음을 전하는 사명을 받았다고 말한다(갈 1:15-16). 누가는 바울이 미리 택함을 받았다고 서술하는데(행 22:14; 26:17의 proecheirisato), 이 동사에는 바울이 갈라디아서 1:15("[하나님이] 태로부터 나를 택정하시고 그의 은혜로 나를 부르신")에서 전달하려는 의미와 같은 뜻이 내포되어 있다. "[하나님이]…나를 기뻐하셨을 때에"라는 바울의 표현(갈 1:16)은 하나님의 자유로운 결정을 가리키며, 이는 사도행전 9:15, 22:14, 26:16-17에서 하나님의 선택으로도 나타난다. 바울은 하나님의 자유로운 주권의 무조건적인 성격에 대해 말한다. 마찬가지로 누가도 세 번의 기록에서 모두 선택이라는 모티프를 사용하여[13] 그리스도의 현현이 전혀 예상치 못한 하나님의 과분한 행위임을 분명히 밝힌다. 이 선택은 특히 이방인에게 복음을 전하라는 사명을 주기 위한 선택이었다(행 9:15; 22:15; 26:16-18).[14]

바울이 회심한 뒤 그리스도인들이 보인 즉각적인 반응을 누가가 기록한 내용도 바울이 한 말과 일치한다(행 9:21; 갈 1:23-24). 누가는 그리스도 현현 사건에 대해 계시의 장소와 성격을 포함하여 생생한 정보를 제공한다. 그러나 누가는 바울이 유대인과 이방인을 위해 부르심을 받았다고 말하는데, 정작 바울 자신은 이방인을 위해 부르심을 받았다고 주장한다는 점이 종종 지적된다. 여기서 고려할 필요가 있는 것은 바울이 이방인을 위한 자신의 사역을 변호하는 과정에서 이방인을 향한 자신의 소명에 대해 말한다는 점이다. 그러나 바울이 유대인을 더 겨냥하여 논증을 전개하는 로마서에서는 유대 동족과 그들을 향한 사역에 대해 근본적인 관심을 표현한다(롬 9:1-5; 10:1; 11:14). 누가가 그리스도 현현에 대해 세 번이나 기록한 것은 허구적이거나 모순적인 성격을 폭로하기 위해서가 아니라, 이 사건의 중요성을 단언하기 위한 것이었다.

누가는 다메섹 사건 직후 바울이 시력을 되찾고 세례받을 당시 아나니아가 관여한 일에 관해 서술한다. 하지만 많은 학자가 이 기록을 바울이

---

13   Hengel and Schwemer, *Paul Between Damascus and Antioch*, 41.

14   Hengel and Schwemer, *Paul Between Damascus and Antioch*, 35-50, 특히 49-50에서는 광범위한 검토 이후 다메섹 근처에서 바울이 경험한 그리스도 현현에 대한 세 번의 기록과 아나니아로부터 세례받은 것, 또 다메섹에서 바울이 복음을 전파한 것이 실제로 있었던 사건이라고 결론짓는다.

갈라디아서에서 말한 내용과 비교하면서 누가의 이야기를 신뢰할 수 없다
는 증거로 본다(갈 1:1, 12, 16). 그러나 바울이 세례를 받지 않았다면 다른 이
들에게 세례를 주지 못했을 것이며 "역사적으로 바울의 세례는 다메섹이
아닌 다른 어느 곳에서도 발생했을 리가 없다"는 헹엘의 주장은 옳다.[15] 또
한 헹엘은 "내가 곧 혈육과 의논하지 아니하고"(갈 1:16b)라는 바울의 단언
이 주로 아나니아가 아닌 예루살렘의 사도들과 관련되어 있다고 주장한다
("예루살렘으로 가지 아니하고", 1:17a).[16] 하나님은 다메섹에서 바울을 그리스
도인 공동체로 맞아들일 뿐만 아니라, 바울에게 세례를 줄 사람에게 지시
를 내리시고 또 그가 지시한 대로 하겠다는 약속을 받아내심으로써 바울의
세례를 준비하셨는데, 아나니아가 그런 역할을 했다는 점을 부정할 이유
는 없다. 바울은 아나니아에게 세례를 받으면서 주의 이름을 부르고 주께
헌신했다(참조. 행 22:16; 롬 10:13). 그와 같은 역할을 위해 하나님은 아나니
아를 인간 대리자로 준비하셨다.[17] 이 모든 일은 교회 지도자들에 의해서가
아니라 하나님의 주도로 이루어졌다. 따라서 바울의 주장은 타당하다. 바
울은 "사람들에게서 난 것도 아니요, 사람으로 말미암은 것도 아니요, 오직
예수 그리스도와 그를 죽은 자 가운데서 살리신 하나님 아버지로 말미암아
사도"가 되었고, "이[복음]는 내가 사람에게서 받은 것도 아니요, 배운 것
도 아니요, 오직 예수 그리스도의 계시로 말미암은 것"이라고 선언한다(갈
1:1, 12).

15　Hengel and Schwemer, *Paul Between Damascus and Antioch*, 43-4.

16　Hengel and Schwemer, *Paul Between Damascus and Antioch*, 43-4.

17　Hengel and Schwemer, *Paul Between Damascus and Antioch*, 46 n. 211은 Barrett, *Acts*,
ICC, 1:444의 견해를 따른다.

그러나 바울이 이렇게 선언한 것은 자신이 예루살렘에 있는 사도들보다 열등하다는 주장을 반박하기 위해서라는 점에 주목해야 한다(참조. 고후 11:5; 12:11). 바울은 복음과 자신의 사명을 (아마도 아나니아를 포함해서) 어떤 인간에게서도 받지 않았다고 하며, 누가도 바울이 아나니아에게서 그것을 받았다고 말하지 않는다. 누가는 아나니아가 하늘에서 사명을 수여하시는 분의 인간 대리자에 불과하다는 점을 매우 분명히 밝힌다. 그는 예수가 아나니아에게 하시는 말씀과 그 뒤의 이야기를 인용함으로써(행 9:10-19) 교회를 핍박하던 바울이 어떻게 다메섹에 있는 그리스도인 공동체에 소개되고 받아들여졌는지를 설명한다. 누가는 아나니아를 바울과 그리스도 사이의 중재자라기보다는 바울과 교회 사이의 중재자로 표현한다.[18]

S. G. 윌슨(Wilson)이 누가가 사도행전 9장에서부터 아나니아의 역할을 점차로 줄여나가다가 사도행전 22장과 26장에서는 적어지게 만드는 접근 방식을 사용했다고 해석하는 것은 옳아 보인다. 윌슨은 이것이 곧 바울의 소명에 대한 기록들이 서로 다른 이유라고 생각한다.[19] 사도행전의 바울은 아그립바 왕 앞에서 자기를 변호할 때 자신의 회심과 소명 체험을 아나니아의 관여를 언급하지 않은 채 설명한다(행 26:12-23). 실제 바울도 갈라디아서를 쓸 때 자신을 변호해야 하는 비슷한 상황에 놓여 있었다. 바울이 그의 편지에서 아나니아에 대해 침묵하는데, 누가가 사도행전 9장과 22장에서 아나니아를 언급한다고 해서 누가를 불신할 수는 없다.

누가에 따르면 그리스도의 현현은 다메섹 근처에서 발생했다(행 9:1-

---

18   참조. Dunn, *Baptism*, 73-8; Hengel, *Earliest Christianity*, 84.

19   Wilson, *Gentiles*, 162.

19; 22:6; 26:12, 20). 바울은 다메섹을 자신의 회심 장소로 명시하지는 않지만, 그 함의는 분명하다. 바울은 그리스도의 계시를 받은 뒤에 곧바로 아라비아로 갔고[20] 그 후 다메섹으로 돌아왔다고 말한다(갈 1:16-17). 여기서 바울이 다메섹으로 **돌아왔다**는 사실은 그가 새로운 사람이 되어 다메섹에서 아라비아를 향해 떠났던 적이 있음을 시사한다. 누가는 바울이 아라비아에 머문 3년의 기간에 대해 침묵한다. 바울은 고린도 성도들에게 자신이 창문 밖으로 광주리를 타고 다메섹 성벽을 빠져나가 가까스로 체포를 피했다고 말하는데, 이 사건의 배경은 사도행전에 더 자세히 기술되어 있다(고후 11:32-33; 행 9:23-25). 두 가지 기록 모두 바울이 다메섹 근처에서 회심했고 그곳의 기독교인 공동체에 합류했기 때문에 다메섹과 관련을 맺게 되었음을 보여준다.

또한 이 두 자료에 따르면 바울은 다메섹을 떠나 예루살렘으로 가서 사도들과 교제하려 했다(행 1:18; 행 9:26). 바울은 베드로 및 야고보와 함께 얼마간의 시간을 보냈다고 말하지만, 누가는 바울이 "[사도들과] 함께" 있었다고 말한다(갈 1:18-19; 행 9:26-28). 누가는 더 많은 정보를 제공한다. 즉 사도들이 바나바의 중재를 통해 교회를 극심하게 박해한 바울을 받아들였다는 것이다. 당시 사도들이 바울을 두려워한 이유는 충분히 이해할 만하므로 누가의 기록을 무시할 이유는 없다. 사도들은 바울의 회심의 진정성을 확신하기 어려웠을 것이다. 이는 바울이 베드로와 야고보를 개인적으로 만난 이유일 수도 있다(갈 1:18-20). 또는 사도들이 바울을 유대교 열

20　그리스어 본문(*all' apêlthon eis Arabian*)은 NIV의 번역이 보여주듯이 바울이 회심한 후에 즉시 아라비아로 가지 않았음을 나타내는 것이 아니라, 사도들을 보기 위해 즉시 예루살렘으로 올라가지 않았음을 나타낸다.

성파에 속한 옛 동료들로부터 보호하기 위해 바울의 방문을 비밀로 하기를 원했을지도 모른다. 바울의 과거 동료들은 그를 배신자로 간주했을 것이며, 바울은 이들의 복수의 표적으로서 위험에 처해 있었다.[21] 이러한 고려사항 들은 바울이 조심스럽게 예루살렘을 방문한 배경, 즉 바울이 베드로와 야 고보만 만나고, 15일 동안만 머물렀으며, 그 후 약 10년 간 예루살렘을 방 문하지 않았던 이유였을 것이다. 그러나 누가에 따르면 예수의 이름으로 변론함으로써 헬라파 유대인들에게 자신을 드러낸 사람은 바로 바울 자신 이었다. 두 기록 모두 바울의 그다음 행보가 예루살렘에서 수리아와 길리 기아로 이동한 것이라는 데 동의한다(갈 1:21; 행 9:30). 누가는 이때 바울을 죽이려는 유대인의 음모로 인해 바울이 가이사랴를 거쳐 다소로 갔다고 전 한다.

다음으로 바울은 "십사 년 후에" 바나바와 함께 디도를 데리고 예루살 렘으로 다시 올라갔다고 말한다(갈 2:1-3). 바울은 자신이 어디서부터 예루 살렘으로 갔는지, 어디서 바나바와 만났는지, 또는 언제 어떻게 길리기아를 떠났는지에 대해 말해주지 않는다. 누가가 그 공백을 메워준다. 누가는 바 나바가 바울에게 안디옥 교회에서 자신과 함께 사역하도록 권유하려고 다 소로 갔다고 설명한다(행 11:25-26). 따라서 바울은 안디옥에서 바나바와 함 께 사역했고, 그들이 그곳에서 예루살렘으로 올라갔을 가능성이 가장 크다. 훗날 바울은 자신이 "계시를 따라" 예루살렘으로 올라가 사도들에게 그가 이방인들에게 전하던 복음을 제시했다고 말하지만(갈 2:2-3), 예루살렘에서

---

21   Hengel and Schwemer, *Paul Between Damascus and Antioch*, 134은 Lietzmann의 견해를 따른다.

어디로 갔는지에 대해서는 말하지 않는다. 누가는 바울의 두 번째 예루살렘 방문이 아가보의 예언에 대한 반응으로 안디옥 교회에서 보낸 기근 구제 헌금을 전달하기 위한 것이었고, 그 후 바울이 안디옥으로 돌아갔다고 기록한다(행 11:27-30; 12:25). 이는 바울의 기록과 누가의 기록 사이에 중대한 차이가 있는 것처럼 보인다. 우리는 앞에서 갈라디아서 2:1-3이 십중팔구 사도행전 11:27-30을 가리키고, 갈라디아서 2:4-10은 사도행전 15장을 가리킨다고 주장했다.[22] 만약 우리의 생각이 옳다면 이 두 기록은 서로 다른 목적과 강조점을 나타내는 것이라 하더라도 서로 모순되지는 않는다.

선교사로서 사도 바울

°바울의 선교여행

바울은 자신이 복음을 선포하도록 "택정함"을 입었음을 충분히 인식하고 있으며(롬 1:1; 참조. 딤전 1:12), 심지어 자신이 날 때부터 구별되었다고 말한다(갈 1:15). 누가도 바울이 하나님이 준비시키신 일을 위해 "따로" 세워졌다고 말하기 위해 어원이 같은 단어인 "아포리조"(*aphorizō*)를 사용한다. 하나님이 바울을 부르신 것은 그가 선교사로서 이방인과 유대인 모두를 향해 복음을 선포하게 하시기 위해서였다. 누가는 바울의 선교가 시작된 배경과 상황뿐만 아니라 몇십 년 동안 이어지는 바울의 선교사 생활에 대해

22　앞의 188-92쪽을 보라.

서도 말해준다. 확실히 바울의 선교여행을 바울 서신을 통해서만 재구성하기는 쉽지 않다. 바울은 그의 편지에서 선교여행에 대해 거의 말하지 않기 때문이다. 그러나 우리는 로마서에서부터 재구성을 시작할 수 있다. 바울은 갈라디아, 마게도냐, 아가야의 이방인 교회들로부터 모은 헌금을 가지고 예루살렘으로 갈 계획이었다(롬 15:25-32; 고전 16:1; 고후 8:1-15). 이 무렵 지중해 동편에서의 사역은 완결된 것으로 여겨졌기에, 바울은 로마와 스페인으로 가기를 갈망했다(롬 15:23-24, 32). 따라서 로마서는 갈라디아, 아시아, 마게도냐, 아가야에서 교회들이 세워진 뒤에 기록되었다. 여기에는 갈라디아, 데살로니가, 빌립보, 고린도, 에베소의 교회들이 포함되며, 바울은 이 모든 교회에 편지를 보냈다. 바울 서신의 다양한 목적지는 바울이 순회 선교활동을 통해 이 교회들을 개척했다는 분명한 증거가 된다.[23]

1차 선교여행

바울은 갈라디아 성도들에게 예루살렘 공회 사건과 관련해서 이렇게 말한다. "그들에게 우리가 한시도 복종하지 아니하였으니, 이는 복음의 진리가 항상 **너희** 가운데 있게 하려 함이라"(갈 2:5). 대명사 "너희"는 갈라디아의 그리스도인들을 가리킨다. 이는 바울이 예루살렘 공회 **이전에** 갈라디아에서 선교사역을 수행했음을 분명히 보여준다. 더 나아가 예루살렘의 사도들은 바울과 바나바에게 친교의 악수를 나누면서 하나님이 바울에게 이방인을 위한 사도 직분을 주셨음을 인정했다(갈 2:7-9). 이는 바나바가 예

---

23 Knox, *Chapters*, 25과는 견해가 다르다: "바울 서신은 바울이 스스로 위대한 여행을 하고 있다는 인식을 조금도 드러내지 않는다."

루살렘 공회 이전에 이방인들 가운데서 바울과 함께 사역했음을 암시한다. 더구나 안디옥 사건이 발생했을 때 바울이 바나바와 함께 안디옥에 있었다는 사실은, 누가가 기록한 대로 안디옥이 그들의 선교사역의 귀환 기지였음을 암시한다(갈 2:13; 행 14:26-27; 15:30, 35).

누가의 기록은 이러한 틀에 들어맞는다. 사도행전 13-14장에 묘사된 바울의 선교여행은 사도행전 15장에 기록된 예루살렘 공회에 선행한다. 또한 누가는 1차 선교여행이 안디옥에서 시작하여 거기서 끝났다고 서술한다. 바울과 바나바는 예루살렘 공회에 참석하기 위해 바로 안디옥에서 예루살렘으로 갔다(행 13:1-5; 15:1-2, 34-35; 갈 2:4-10). 사도행전 13-14장에 언급된 대로 교회들이 개척된 지역은 갈라디아 지방에 속하며, 바울은 그곳에 편지를 보냈다.[24] 예루살렘에서 열린 공회에서 바울은 자신이 갈라디아 성도들에게 전한 복음의 진리가 항상 그들과 함께하도록 하기 위해 이방인들이 할례를 받지 않아야 된다는 입장을 강변했다(갈 2:5).

2차 선교여행

누가는 바울이 실라와 함께 2차 여행을 떠났다고 기록한다. 바울은 안디옥에서 출발하여 수리아, 길리기아, 브루기아 지방, 더베와 루스드라를 포함한 갈라디아 지방을 거쳐 갔다(행 15:40-16:6). 아시아와 비두니아에서 하나님의 말씀을 전하지 못하게 된 바울은 일련의 과정을 거쳐 드로아에 도착했다. 거기서 마게도냐 사람의 환상을 본 뒤 마게도냐에 있는 빌립보로

---

24   바울이 교회들(복수형)을 대상으로 보낸 유일한 편지가 갈라디아서라는 점에 주목해야 한다(갈 1:2).

건너갔다(행 16:6-10). 바울은 이 시점에 이르러서야 비로소 자신의 선교 활동에 대해 말하기 시작한다. "내가…드로아에 이르매…마게도냐로 갔 노라"(고후 2:12-13). 따라서 바울은 사실상 누가의 기록을 확인해준다. 더 나아가 그는 자신이 데살로니가로 가기 전에 빌립보를 방문했음도 시사 한다(살전 2:2). 여러 도시를 거쳐 간 바울의 여행 순서는(드로아 → 마게도냐 [빌립보] → 데살로니가) 누가의 기록 순서와 잘 들어맞는다(드로아 → 빌립보 → 데살로니가 → 베뢰아 → 아테네 → 고린도: 행 16:11; 17:1, 10, 15; 18:1). 바울이 소 아시아에서 마게도냐와 아가야까지 이동한 실라와 디모데의 경로에 대해 언급하는 것은(살전 2:2; 3:1) 누가가 사도행전 16:12-20:2에서 쓴 내용과 상당히 들어맞는다.

누가는 계속해서 바울이 어떻게 베뢰아, 아테네, 고린도, 에베소에서 복음을 전했고 가이사랴와 예루살렘을 거쳐 안디옥으로 돌아왔는지에 대 해 기술한다(행 17:10, 16; 18:1, 21, 22). 바울은 이 기간 중 자신이 한 일에 대 해 거의 말하지 않는다. 그러나 데살로니가 성도들에게 자신이 그들을 강 건케 하고 격려하기 위해 아테네에서 디모데를 보냈고, 그 후 디모데의 귀 환을 초조하게 기다렸다고 말한다(살전 3:1-2). 누가에 따르면 바울은 아테 네로 갔고 거기서 마게도냐에 남겨놓은 실라와 디모데를 초조하게 기다 렸다(행 17:15-16). 후일 실라와 디모데는 마게도냐를 떠나 고린도에 있는 바울과 합류했다(행 18:5). 바울은 디모데의 이름만 언급하지만, 이런 바울 의 기록은 누가의 기록과 매우 비슷하다. 바울이 2차 선교여행 기간에 고 린도에서 사역했다는 누가의 기록은 바울의 다음과 같은 발언으로 뒷받침 될 수도 있다. "보라! 내가 이제 **세 번째** 너희에게 가기를 준비하였으나"(고 후 12:14). 그의 두 번째 방문은 고린도전서 16:5에 암시된 대로 계획됐었다

("마게도냐를 지난 후에 너희에게 가서"). 그가 고린도 성도들에게 "두 번째" 편지를 쓰고 있었을 무렵 그는 이미 그곳에 두 번이나 간 적이 있었다(고후 13:2).[25] 바울이 그들에게 첫 번째 편지를 쓴다는 사실은 그 이전에 이미 그곳을 방문했다는 점을 분명히 시사한다. 그러므로 누가가 사도행전 18장에 기록한 내용을 거부해야 할 이유는 없다.

3차 선교여행

누가는 바울이 2차 여행 뒤에 안디옥에서 "얼마간" 있었다고 전한다(행 18:23을 보라). 안디옥 사건은 이 시기에 일어났을 가능성이 커 보인다(갈 2:11-13).[26] 누가는 바울이 갈라디아와 브루기아를 재방문하는 것을 포함하는 3차 선교여행을 시작한 뒤 에베소에 도착했다고 전한다. 바울은 고린도 성도들에게 자신이 에베소에서 보낸 기간에 대해 이렇게 말한다. "내가 오순절까지 에베소에 머물려 함은 내게 광대하고 유효한 문이 열렸으나 대적하는 자가 많음이라"(고전 16:8-9). 누가도 에베소에서 바울이 받았던 환영과 반대를 기술한다(행 19장).

고린도의 성도들에게 바울은 자신이 마게도냐를 거쳐 고린도로 갈 것이라고 말한다. 그는 고린도에서 겨울을 보내고 마지막에 로마로 가기로 계획하기도 했다(고전 16:1-6). 그러나 로마로 가기 전에 먼저 예루살렘으로 가기로 작정한다(롬 15:23-25). 누가도 바울이 그같이 계획했다고 말한다.

---

25 누가는 바울의 두 번째 고린도 방문에 대해 아무 말도 하지 않는다. 이는 아마도 누가가 고린도에서 행했던 바울의 전도사역에 초점을 맞추길 원했고, 이 고통스러운 방문은 자기 글의 범위 밖이었으므로 이를 생략하고 싶었을 것이다.

26 우리 주장의 근거를 보려면 앞의 200-5쪽을 보라.

"바울이 마게도냐와 아가야를 거쳐 예루살렘에 가기로 작정하여 이르되, '내가 거기 갔다가 후에 로마도 보아야 하리라'"(행 19:21; 참조. 20:16; 21:1-19).[27]

바울은 고린도전서를 쓸 때 에베소에 있었고(고전 16:9, 19), 마게도냐에 들린 다음 고린도 성도들을 재방문하려고 계획하고 있었다(고전 16:5). 마게도냐로 가는 길에 고린도 성도들을 방문한 다음 고린도에서 예루살렘으로 가려고 계획했다(고후 1:16). 그러나 나중에 고린도를 방문하려던 계획을 어쩔 수 없이 취소해야 했던 이유를 설명한다(고후 1:23). 누가는 이러한 계획 변경에 대해 알고 있는 것처럼 보인다. 바울은 마게도냐를 지나갔고, 마침내 그리스에 도착해서 그곳에 3개월간 머물렀다. 바울은 고린도로 되돌아가 배를 타고 수리아로 배 타고 갈 계획을 세웠지만 자신을 대적하는 유대인의 음모를 알고는 마게도냐를 거쳐 돌아가기로 작정했다. 그래서 몇몇 동료들을 드로아로 보낸 다음, 빌립보를 거쳐 드로아에서 그들과 합류했고, 배를 타고 밀레도를 거쳐 예루살렘으로 갔다(행 20:1-3, 17).

바울은 예루살렘에서 자신에게 닥칠 생명의 위험을 잘 알고 있었으므로 로마의 신자들에게 자신이 예루살렘에 사는 불신자들로부터 어려움을 당하지 않도록 기도해 달라고 부탁했다(롬 15:31). 누가도 바울이 직면할 위협을 잘 알고 있었다. 그는 많은 신자가 바울에게 예루살렘으로 가지 말라고 간청했지만 바울은 가기로 작정했다고 전한다(행 21:10-14). 바울과 누가는 모두 바울이 이방인 교회들로부터 모은 헌금을 가지고 예루살렘으로

---

27   누가는 바울의 스페인 방문 계획에 대해 아무 말도 하지 않는다(롬 15:24, 28). 이는 바울이 로마서를 쓸 무렵 비로소 그 계획을 생각해내었거나, Bruce, *Acts: Greek*, 51에서 추론하는 대로 누가가 로마 방문 이후의 기간은 다루려고 하지 않았기 때문일 것이다.

갔다고 말한다(롬 15:25-27; 행 24:17). 누가는 바울이 예루살렘에서 체포된 일, 예루살렘과 가이사랴에서 자기를 변호한 일, 로마로 항해한 일에 관해 자세하게 기술한다(행 21-28장). 바울은 이 모든 일에 대해 침묵하는데, 이는 십중팔구 이런 사건들이 바울의 주요 편지들이 대부분 기록된 후에 발생했기 때문일 것이다.

누가는 바울이 로마로 가는 긴 항해를 포함하여 11번이나 배로 여행했다고 언급한다.[28] 1세기에 바다를 가로질러 항해하는 일은 당시만 해도 선박 건조 기술과 항해술이 충분히 발달하지 않았기 때문에 일종의 모험이었다. 세 번 파선을 당했다는 바울 자신의 증언(고후 11:25)은 바울이 배로 여행했다는 누가의 묘사가 매우 신뢰할 만하다는 것을 의미한다.

° 교회 개척자 바울

누가가 사도행전에서 그려내는 바울에 대한 가장 눈에 띄는 묘사 중 하나는 교회 개척자로서의 모습이다. 사도행전에 나타난 바울은 열정적인 전도자다. 그는 갈라디아, 아시아, 마게도냐, 그리스 지역의 주요 도시에서 줄기차게 복음을 전한다. 바울은 이 지역들을 일주하며 세 번의 선교여행을 하는 동안 복음을 전할 새로운 지역을 끊임없이 찾아 나갈 뿐만 아니라, 이전에 복음을 전한 도시들을 재방문한다(행 14:21-25; 15:41; 16:4-5). 이로 인해 그는 많은 반대와 박해에 직면했지만, 어떤 역경도 그가 복음을 전하는 일

---

28 행 13:4-5, 13; 14:20-28; 15:38-40; 16:11-12; 17:14; 18:18-23; 20:1-2, 5-6, 13-14; 27:1-28:14.

을 막을 수 없었다. 3차 선교여행이 끝나갈 무렵 바울은 이렇게 선언한다. "내가 달려갈 길과 주 예수께 받은 사명 곧 하나님의 은혜의 복음을 증언하는 일을 마치려 함에는 나의 생명조차 조금도 귀한 것으로 여기지 아니하노라"(행 20:24).

그러나 사도행전에 나타난 바울은 효과적으로 전도만 하는 단순한 선교사가 아니다. 그는 교회 개척자다. 그는 도처에서 적은 무리의 동료들과 함께 전도 활동을 수행한 다음 회심자들을 모아 지역 교회를 세우고, 제자들의 마음을 굳게 하여 믿음에 머물러 있으라고 권한다(행 14:21-22; 13:43; 16:40; 20:1-2). 그는 더 나아가 장로들을 지도자로 세운다. "[바울과 바나바가] 각 교회에서 장로들을 택하여 금식 기도하며 그들이 믿는 주께 그들을 위탁하고"(행 14:23). 에베소 장로들에게 했던 고별 설교는 바울이 개척한 교회에 지도자들을 세웠음을 보여주는 좋은 예이자 증거다(행 20:16-38). 사도행전의 바울은 장로들에게 그가 헌신적으로 복음을 전하여 교회를 개척했다는 사실을 상기시킨다. "유익한 것은 무엇이든지 공중 앞에서나 각 집에서나 거리낌이 없이 여러분에게 전하여 가르치고, 유대인과 헬라인들에게 하나님께 대한 회개와 우리 주 예수 그리스도께 대한 믿음을 증언한 것이라"(행 20:20-21).

서신서의 바울도 교회 개척자다. 로마 교회와 골로새 교회를 제외하고 바울의 편지를 받은 교회들은, 그가 고린도, 갈라디아, 에베소, 빌립보, 데살로니가에 교회들을 세웠다는 분명한 증거다.[29] 누가 역시 바울이 이 모든

---

29 바울이 아테네, 베뢰아, 구브로에 있는 교회들에 편지를 쓰지 않았다는 사실이 반드시 그곳에서 복음을 전하지 않았거나 그 도시에서 교회를 개척하지 않았음을 암시하는 것은 아니다.

지역에서 수행했던 그의 선교활동에 관해 서술한다. 그러나 바울은 로마 교회와 골로새 교회에 자신이 이 교회들을 개척하지는 않았지만 그들의 믿음에 대해 들었다는 점을 분명히 밝히고, 언젠가는 그들을 방문하고 싶다는 바람을 표현한다(롬 1:11-13; 15:23-24; 골 1:4, 7-9). 이 두 도시에서 바울이 자유인으로 독자적인 선교활동을 수행했다는 진술이 누가의 기록에 들어 있지 않은 것은 우연이 아니다.

서신서의 바울은 열렬한 전도자다. 그는 사도행전 20:24의 바울과 같이 전도자로서의 자기 소명을 의식한다. "그리스도께서 나를 보내심은 세례를 베풀게 하려 하심이 아니요, 오직 복음을 전하게 하려 하심이로되"(고전 1:17). "만일 복음을 전하지 아니하면 내게 화가 있을 것이로다"(고전 9:16; 참조. 고후 5:14-15). 바울은 고린도 교회가 그의 복음 전파를 통해 개척되었다는 점을 분명히 밝힌다. "내가 너희에게 전한 복음을 너희에게 알게 하노니, 이는 너희가 받은 것이요 또 그 가운데 선 것이라. 너희가 만일 내가 전한 그 말을 굳게 지키고 헛되이 믿지 아니하였으면 그로 말미암아 구원을 받으리라"(고전 15:1-2). 바울은 계속해서 전도 사역을 하면서, 자신이 더 효과적으로 사역할 수 있도록 기도해 달라고 교회들에 부탁한다(엡 6:19-20; 골 4:3-4). 세 번의 선교활동 이후 바울은 이렇게 말한다. "그리하여 내가 예루살렘으로부터 두루 행하여 일루리곤까지 그리스도의 복음을 편만하게 전하였노라. 또 내가 그리스도의 이름을 부르는 곳에는 복음을 전하지 않기를 힘썼노니"(롬 15:19-20). 바울이 쓴 서신의 목적지는 그 지역에서 바울이 전도사역을 했다는 분명한 증거이며, 누가는 바울이 그곳에서 어떻게 교회들을 개척했는지에 대한 정보를 제공한다. 바울과 누가는 공히 바울을 전도자이자 교회 개척자로 기술한다.

이 시점에서 바울과 누가 모두 바울이 자신의 선교 보고에서 **이방인**들 가운데서 행한 사역을 강조한다는 점에 주목하는 것도 중요하다. 바울은 그리스도의 복음을 유대인뿐만 아니라 이방인에게도 전했지만("**예루살렘**으로부터…일루리곤까지"),[30] 그리스도가 **이방인** 가운데서 자신을 통해 행하신 일 외에는 어떤 것도 감히 자랑하지 않는다(롬 15:17-19; 또한 고후 10:13-16). 사도행전의 바울 역시 1차 선교여행 동안 예루살렘과 이방 세계에 있는 유대인들에게도 분명 복음을 전했다(행 9:28-29; 13:5, 14, 26; 14:1). 그러나 선교 보고에서 바울은 하나님이 어떻게 **이방인들**에게 믿음의 문을 여셨는지를 강조한다(행 14:27; 15:3, 12). 실제 바울도 자신의 제사장적인 의무가 일차적으로 이방인에게 복음을 선포함으로써 **그들을** 하나님께 바치는 것임을 매우 잘 알고 있었다(롬 15:15-16).[31]

°박해받는 선교사 바울

사도행전의 바울이 행한 선교사역의 특징 중 하나는 그가 많은 반대와 박해에 직면했다는 것이다(행 14:5, 22; 16:19-40; 17:5-9, 13; 18:12-17; 20:1, 3; 21:4, 11-14, 27-36). 실제 바울도 같은 경험에 대해 언급하며 특별히 고린도의 성도들에게 그런 경험을 되풀이해서 말한다(고전 4:9-13; 고후 1:3-10; 4:8-12; 6:4-10; 11:23-27; 12:10). 바울이 **특정한 지역**에서 받은 박해에 대한 이 두 기록의 비교는 바울의 생애와 사역에 대해 기록한 누가의 신뢰성을

---

30   참조. Riesner, *Paul's Early Period*, 241-4.
31   자세한 내용은 Chae, *Paul*, 21-32(최종상, 『로마서』, 49-62)을 보라.

판단하는 데도 도움이 될 수 있을 것이다.

아시아에서 받은 박해

바울은 고린도 성도들에게 자신이 오순절까지 에베소에 머물 계획임을 알리면서, 그곳에서 많은 사람이 자신을 대적한다고 덧붙인다(고전 16:9). 또한 나중에 자신이 동일한 아시아 지방에서 겪은 고난에 대해 이렇게 말한다. "힘에 겹도록 심한 고난을 당하여 살 소망까지 끊어지고 우리는 우리 자신이 사형 선고를 받은 줄 알았으니"(고후 1:8-10).

누가에 따르면 바울은 석 달 동안 에베소의 회당에서 담대히 말하며 하나님 나라에 대해 설득력 있게 가르쳤다. 그러나 어떤 유대인들은 바울의 설교를 공개적으로 비방했고, 바울은 회당을 떠났다. 사도행전의 바울은 에베소 장로들에게 자신이 에베소에서 "유대인의 간계로 말미암아 당한 시험"을 상기시킨다(행 20:19). 그래서 그는 제자들을 두란노 서원으로 데려가 그곳에서 2년 동안 가르쳤다. 그 결과 "아시아에 사는 자는 유대인이나 헬라인이나 다 주의 말씀을" 들었고, 기적이 동반되었다(행 19:8-11). 누가는 "이와 같이 주의 말씀이 힘이 있어 흥왕하여 세력을 얻었다"고 결론짓는다(행 19:20). 이는 십중팔구 역사적 바울이 말하고 있는 바와 같다. "내가 오순절까지 에베소에 머물려 함은 내게 광대하고 유효한 문이 열렸으나 대적하는 자가 많음이라"(고전 16:8-9).

반대는 이방인에게서도 찾아왔다. 누가는 이방인 대적자들이 이렇게 주장했다고 전한다. "이 바울이 에베소뿐 아니라 거의 전 아시아를 통하여 수많은 사람을 권유하여 말하되"(행 19:26). 에베소에서는 "이 도(道)로 말미암아 적지 않은 소동이" 있었다. 온 시내가 소란스러웠고 군중은 바울의 동료들을 체포하였으며, 두 시간 동안 한목소리로 소리쳤다(행 19:23-34). 하나님이 에베소에서 자신을 "큰 사망"에서 건지셨다는 바울의 증언(고후 1:8-10)은 사도행전에 묘사된 그와 같은 위협적인 상황을 가리키는 것으로 보인다.

마게도냐에서 받은 박해

바울은 데살로니가 성도들에게 자신이 빌립보에서 당한 능욕을 말하는데(살전 2:2), 누가도 빌립보에서 바울이 옷이 벗겨진 채 구타와 심한 매질을 당하며 공개적으로 모욕을 당했다고 서술한다(행 16:22-23). 또한 누가는 데살로니가에서 유대인들이 떼를 지어 바울과 회심한 신자들을 대적하여 폭동을 일으켰다고 기록한다(행 17:5-8, 13). 또 야손과 다른 몇몇 형제들을 시청 관리들 앞으로 끌고 갔는데, 이것은 이 박해가 단순히 선교사들만 겨냥한 게 아니라 선교사들의 가르침을 믿고 따른 신자들도 겨냥한 것이었음을 보여준다. 극렬 유대인들은 이방인 군중을 선동하고 격분시키면서 바울이 로마 황제의 칙령에 도전하고 있다고 고소했고, 군중과 관리들은 소란에 휩싸였다. 이런 극심한 핍박 가운데서 신자들은 바울과 실라를 예정보다 일찍 베뢰아로 보냈다(행 17:10). 바울도 이렇게 말했다. "유대인은…우리를 쫓아내고…우리가 이방인에게 말하여 구원받게 함을 그들이 금하여…우리가 잠시 너희를 떠난 것은"(살전 2:15-17).

바울도 자신이 데살로니가에서 처음 복음을 전했을 때 극심한 박해가 있었다고 확언한다. 그는 데살로니가 성도들에게 자신이 "우리 하나님을 힘입어 많은 싸움 중에 하나님의 복음을 너희에게" 전했다고 상기시킨다(살전 2:2). "너희는 많은 환난 가운데서 성령의 기쁨으로 말씀을 받아"라는 바울의 표현은 데살로니가의 신자들도 그리스도를 믿는 새로운 믿음 때문에 박해를 받았음을 시사한다(살전 1:6). 바울은 또 데살로니가 신자들이 모든 박해와 시련을 견뎌내 왔음을 인정하는 한편(살전 3:4; 살후 1:5), 데살로니가 신자들이 박해를 받았다는 사실도 확인해준다. "너희도 너희 동족에게서 동일한 고난을 받았느니라"(살전 2:14). 바울은 고린도의 신자들에게도 마게도냐 사람들이 "환란의 많은 시련"을 겪었다고 말한다(고후 8:2). 바울과 누가는 선교사들뿐만 아니라 데살로니가의 신자들도 극심한 박해를 겪었다는 사실을 공히 강조한다.

바울은 데살로니가의 신자들에게 그가 빌립보에서도 박해와 능욕을 당했다고 이전에 전했던 소식을 다시 상기시킨다(살전 2:1-2). 그는 빌립보 교회에 편지를 쓰면서 그들이 겪고 있는 고난을 인정하는데, 그 고난은 빌립보 신자들이 목격했던 대로 자신도 빌립보에서 겪었던 어려움이라고 말한다(빌 1:29-30). 바울은 자신이 경험한 박해를 자세히 기술하지 않는다. 왜냐하면 빌립보 신자들과 데살로니가 신자들이 그것에 대해 이미 보고 들은 적이 있기 때문이다(살전 2:2, "너희가 아는 바와 같이").

아가야에서 받은 박해

앞서 언급했듯이 바울은 자신이 겪은 고난과 대적의 경험을 다른 어떤 교회보다도 고린도의 신자들에게 더 자주 솔직하게 표현한다(고전 4:8-13; 고후 1:8-11; 4:7-12; 6:1-10; 11:21b-29; 12:1-10).

우리가 사방으로 우겨쌈을 당하여도 싸이지 아니하며 답답한 일을 당하여도 낙심하지 아니하며, 박해를 받아도 버린 바 되지 아니하며, 거꾸러뜨림을 당하여도 망하지 아니하고(고후 4:8-9).

오직 모든 일에 하나님의 일꾼으로 자천하여, 많이 견디는 것과 환난과 궁핍과 고난과 매 맞음과 갇힘과 난동과 수고로움과 자지 못함과 먹지 못함 가운데서도(고후 6:4-5).

내가 수고를 넘치도록 하고 옥에 갇히기도 더 많이 하고 매도 수없이 맞고 여러 번 죽을 뻔하였으니, 유대인들에게 사십에서 하나 감한 매를 다섯 번 맞았으며, 세 번 태장으로 맞고 한 번 돌로 맞고 세 번 파선하고 일 주야를 깊은 바다에서 지냈으며, 여러 번 여행하면서 강의 위험과 강도의 위험과 동족의 위험과 이방인의 위험과 시내의 위험과 광야의 위험과 바다의 위험과 거짓 형제 중의 위험을 당하고(고후 11:23-26).

여기서 바울은 자신이 당한 고난을 일반적이고 포괄적인 방식으로 표현하거나, 아시아(고전 16:9; 고후 1:8-10)나 마게도냐(고후 8:2) 같은 곳에서 경험한 박해를 더 구체적으로 언급하고 있는지도 모른다. 그러나 고린도전서 4:11-13의 현재형 동사들과 "바로 이 시각까지"라는 표현은 바울이 "안디옥과 이고니온과 루스드라"에서뿐만 아니라(참조. 딤후 3:11) 고린도에서도 겪은 고난을 포함하여 그가 지금까지 선교활동 내내 가혹한 대우를 받고, 모욕을 당하고, 박해받고, 비방을 받고, 세상의 더러운 것과 만물의 찌꺼기 같은 대우를 받았다는 것을 보여준다.

누가도 바울이 유대인에게서 많은 고난을 받았다고 기술한다. 유대인들은 바울을 대적하고 학대했다. 그들은 한마음으로 바울을 공격하고, 법정

으로 끌고갔으며, "율법을 어기면서 하나님을 경외하라고" 가르쳤다며 거
짓 고발했다(행 18:6, 13).[32] 앞에서 방금 살펴본 것으로 미루어볼 때, 누가가
바울과 회심자들이 겪은 박해에 대해 묘사하는 내용은 신뢰할 만한 것으로
보인다.

더 나아가 누가는 바울을 고난받는 선교사로 묘사한다. 사도행전의 바
울은 소명을 받았을 때 이런 말씀을 들었다. "주께서 이르시되, '가라! 이
사람은 내 이름을 이방인과 임금들과 이스라엘 자손들에게 전하기 위하여
택한 나의 그릇이라. 그가 내 이름을 위하여 얼마나 고난을 받아야 할 것
을 내가 그에게 보이리라' 하시니"(행 9:15-16). 바울은 박해를 받았을 뿐 아
니라 옥에도 여러 번 갇혔다(행 16:23-40; 22:4; 23:18; 25:27; 26:20; 28:16-17).
바울은 동족에게서도 고난을 받았고, 유대 종교 지도자들에게는 위험한 인
물로 간주되었다. 실제 바울도 자신은 다른 어떤 지도자보다도 더 자주 옥
에 갇혔다고 증언한다(예. 고후 6:4-10; 11:23-27; 딤후 1:8; 2:3, 9). 바울이 감
옥에서 편지를 쓴다는 사실 역시 그가 로마의 감시 아래 체포되고 투옥되
었다는 점을 분명히 밝혀준다(엡 3:1; 4:1; 6:20; 빌 1:7, 14, 17; 딤후 1:8, 16; 2:9;
몬 1, 9), 누가는 바울이 어떻게 체포되었고 어떻게 로마의 감옥에 갇히게
되었는지를 서술해준다(행 22-28장).

또한 누가와 실제 바울은 둘 다 바울이 다메섹에서(행 9:23-25), 비시
디아 안디옥에서(13:50), 이고니온에서(14:5), 루스드라에서 (14:19), 빌립보
에서(16:22-24), 데살로니가와 베뢰아에서(17:5-9, 13), 고린도에서(18:12-

---

32 바울은 자신이 고린도에서 겪은 고난에 대해서는 자세히 말하지 않는다. 아마도 고린도
성도들이 틀림없이 바울의 고난을 보았을 것이기 때문에 이를 언급할 필요가 없었을 것
이다.

17), 에베소에서(19:23-41), 그리고 예루살렘에서(21:27-36; 참조. 23:12, 15; 25:3) 주로 유대인에게 박해를 받았다고 묘사한다는 점에서 일치한다. 바울은 자신이 유대인들의 손에 겪은 고난을 증언한다(고후 11:24, 26; 살전 2:16). 더 나아가 누가는 바울의 선교사역 기간 중 유대인들이 복음을 거부한 반면 이방인들은 복음을 잘 받아들였다고 기록하는데, 이것은 바울이 로마서 9-11장에서 기록한 내용과 같다(롬 9:27-33; 10:21; 11:1, 7-17, 28-32; 살전 2:14-16).[33] 실제 바울과 사도행전의 바울 모두 구약에 나오는 본문들을 사용하여 유대인의 불신을 묘사한다(롬 9:27-29; 10:21;[34] 11:7-10; 행 13:40-41, 46-47; 28:26-27).

°바울의 동역자들

바울은 여러 동역자와 함께 선교했고, 그들의 이름과 활동은 누가의 저술뿐 아니라 바울 서신에도 기록되어 있다. 이 특정한 주제에 관한 비교 연구 역시 사도행전을 기록한 누가의 신뢰성을 어느 정도 가늠하게 해줄 것이다.

---

33 더 자세한 논의는 Chae, *Paul*, 215-88(최종상, 『로마서』, 279-370)을 보라.

34 바울이 구약성경을 사용하여 유대인의 불신을 확증한 것에 관해서는 Chae, *Paul*, 234-50(최종상, 『로마서』, 302-22)을 보라.

디모데와 실라

바울은 데살로니가에서 디모데와 함께 선교했고, 훗날 고난받는 신자들을 굳건하게 세우기 위해 디모데를 그곳에 다시 보냈다(살전 3:2). 이제 디모데가 돌아왔고, 바울은 신자들을 격려하고 또 디모데를 통해 제기된 문제들에 대답하기 위해 데살로니가의 성도들에게 편지를 쓴다(살전 3:6-7). 실라와 디모데는 데살로니가전후서의 공동 발신자로 언급된다(살전 1:1; 살후 1:1).

디모데는 빌립보에서도 바울과 함께 사역했고, 빌립보의 신자들로부터 신실한 일꾼으로 인정받았다. 빌립보 교회에 보낸 편지에서 바울은 그들이 어떻게 지내고 있는지 알아보려고 디모데를 보낼 계획을 내비친다(빌 2:19-23). 디모데는 편지의 공동 발신자로도 언급된다(빌 1:1). 누가는 바울이 빌립보에서 수행했던 사역을 묘사하면서 디모데를 언급하지 않지만, 바울이 디모데를 2차 선교여행에 데려갔다고 언급함으로써 디모데가 사역에 관여했음을 분명히 한다(행 16:1-3). 또한 바울이 디모데를 마게도냐로 보냈다고 말하는데, 이는 "마게도냐 지방의 첫 성"인 빌립보 방문을 포함한 말일 수도 있다(행 16:12; 19:22).

고린도 교회는 바울과 실라와 디모데의 복음 전파를 통해 세워졌다(고후 1:19). 디모데가 아무런 소개도 없이 고린도, 데살로니가, 빌립보에 보낸 편지의 공동 발신자로 언급된다는 사실은 그가 이런 지역에서 바울과 동역했음을 추가로 나타낸다. 어느 정도 함께 사역한 이후 바울은 디모데를 다시 고린도로 보냈다(고전 4:17; 16:10). 그 후 바울이 로마서를 쓸 때 디모데는 사도와 함께 다시 고린도에 있었다(롬 16:21). 누가도 실라와 디모데가 고린도에서 바울과 함께 있었다고 기록한다(행 18:5).

누가가 이름을 언급하는 순서인 "실라와 디모데"가 언제나 바울이 기록한 순서와 똑같다는 점은 흥미롭다(고후 1:1, 19; 살전 1:1; 살후 1:1; 행 17:14, 15; 18:5). 이는 바울의 조력자로서 누가가 동역자들의 위상에 대한 바울의 생각을 정확히 반영하고 있음을 암시한다.[35] 바울과 누가는 둘 다 디모데가 3차 선교활동이 끝나갈 때까지 바울과 함께 여행했음을 보여준다(롬 16:21; 고전 4:17; 16:10; 행 19:22; 20:4).

바나바

바울은 자신과 바나바가 안디옥에서(갈 2:11-21), 그리고 (1차) 선교여행 동안 이방인들 가운데서 자비량 선교사로 함께 사역했다고 언급하는데(고전 9:6), 이 점은 사도행전에서도 확인된다(11:25-30; 13:1-15:35). 이 두 사람은 함께 예루살렘을 방문했다(갈 2:1-9; 행 11:27-30 또는 15:1-35, 또는 둘 다). 또한 공회에 참석하기 위해 예루살렘으로 같이 갔고 거기서 예루살렘의 사도들로부터 그들이 수행했던 이방인 사역을 인정받기도 했다(갈 2:4-10; 행 15:25-36).

그들이 함께 선교여행을 시작했지만(갈 2:1-10), 바울은 소아시아를 건너 그리스로 들어가는 여정에 대해 말할 때는 바나바를 언급하지 않는다. 더 정확히 말하면, 바울은 자신이 실라와 디모데와 함께 고린도 사람들에게 복음을 전했다고 썼다(고후 1:19). 사도행전 15:36-41에 기록된 내용은 2차 선교여행이 시작되기 전 그들이 결별한 이유에 관해 설명하는 것 같다.

---

35   실라는 선교사역을 위해 바울과 합류하기 전에 이미 예루살렘 교회의 예언자였고(행 15:32), 바울도 예언자였다(행 13:1).

그들은 베드로가 "바르게 행하지 않았을 때"까지 이방인에 대해 같은 신학적 입장과 관습을 따르고 있었다(갈 2:11-14). 이것은 바울과 바나바의 결별이 신학적인 차이 때문이 아니라, 누가가 기술하는 바와 같이 요한 마가 때문에 생긴 언쟁과 같은 개인적 의견 차이로 인한 것임을 보여주는 것일 수도 있다(행 15:36-41). 누가는 바울이 2차 선교여행에 요한 마가를 데려가기를 원치 않았다고 기록하는데, 바울이 훗날 자신에게 요한 마가가 필요하다고 말하는 것을 보면 이 설명은 신뢰할 만해 보인다. 그리고 사실 훗날 그들은 다시 함께 사역했다(딤후 4:11; 골 4:10; 몬 24).

브리스길라와 아굴라

바울 서신과 사도행전에 있는 브리스길라와 아굴라 부부에 대한 기록도 서로를 뒷받침한다. 바울은 고린도 교회에 이 부부의 문안 인사를 전해준다(고전 16:19). 이는 누가가 전하는 대로 그들이 고린도에서 바울과 동역했음을 확인시켜준다. 누가가 쓴 내용은 그들이 에베소에서 문안 인사를 하는 배경도 설명해준다. 누가에 따르면 바울은 브리스길라와 아굴라 부부와 함께 고린도를 떠나 수리아로 향하던 중 에베소에 도착했다. 바울은 그곳에 잠시 머물며 회당에서 설교했다. 그 후 바울은 수리아 안디옥으로 떠났지만, 브리스길라와 아굴라는 에베소에 그대로 머물렀다(행 18:18-19). 3차 선교활동 기간에 바울은 이 부부의 집에서 모이던 에베소 교회로 돌아왔다. 그는 에베소에서 고린도 성도들에게 편지를 썼으며, 이때 그들의 문안 인사를 전해준다(고전 16:8, 19).

로마서에서 바울은 로마에서 가정 교회를 목회하고 있던 브리스길라와 아굴라에게 문안 인사를 전한다. 바울은 그들이 자신을 위해 목숨도 아끼지 않은 동역자라고 말하며 "이방인의 모든 교회도 그들에게 감사"한다고 덧붙인다(롬 16:3-4). 십중팔구 바울은 특히 고린도 교회와 에베소 교회를 염두에 두었을 것이다. 누가는 고린도와 로마를 연결해주는 요긴한 정보를 제공해준다. 글라우디오 칙령 때문에 모든 유대인이 로마에서 쫓겨났는데, 그때 이 부부가 처음 고린도로 왔다는 점이다(행 18:2). 이제 그들은 네로가 글라우디오 칙령을 철회한 뒤 다시 로마로 돌아와 있다(롬 16:3-4; 참조. 딤후 4:19). 바울과 누가는 "브리스길라와 아굴라"라는 똑같은 이름 순서를 종종 사용하면서 독특하게도 아내의 이름을 먼저 적는다(롬 16:3; 딤후 4:19; 행 18:18, 19, 26; 참조. 고전 16:19). 바울이 안드로니고와 유니아의 경우와 같이 남편의 이름을 먼저 적는 것을 보면 브리스길라와 아굴라의 경우는 특이한 일이며, 누가 역시 같은 순서로 쓴다는 점은 시사하는 바가 크다(롬 16:7).

그리스보와 소스데네

누가는 그리스보가 고린도의 회당장으로 재직하던 중 그리스도인이 되었고, 그의 가족 전체가 세례를 받았다고 기록한다. 바울은 이 그리스보를 자신이 고린도에서 세례를 준 불과 몇 안 되는 사람 중 한 명으로 언급한다(고전 1:14). 누가는 이렇게 썼다. "수많은 고린도 사람도 [그리스보의 말을] 듣고 믿어 [(아마도) 그리스보에게] 세례를 받더라"(행 18:8). 누가는 소스데네 역시 신자가 된 고린도의 회당장 중 한 명이라고 밝히는데, 바울은 소스데네를 고린도전서의 공동 발신자로 소개한다(고전 1:1; 행 18:17).

　디도는 주목할 만한 예외지만, 사도행전에 등장하는 바울의 동역자들은 대부분 바울 서신에서도 언급된다. 마가,[36] 아리스다고,[37] 두기고,[38] 소바더/소시바더,[39] 드로비모[40] 등이다. 누가는 바울의 핵심 동료들을 잘 알고 있었던 것이 분명하다. 또 그는 주요 사도들, 즉 베드로, 야고보, 요한과 바울 사이에 교류가 있었음을 잘 알고 있는 것으로 보인다(행 15:7, 13; 21:18; 고전 1:12; 3:12; 9:5; 15:5, 7; 갈 1:18-19; 2:7-14).

°바울의 특징

이제는 바울 서신과 사도행전에 나타난 바울의 몇몇 특징에 대한 묘사를 비교할 차례다. 이 연구는 바울 사도의 알려진 생활 방식이나 성품을 살핌으로써 이 두 자료 사이의 양립 가능성을 고려할 수 있게 해 줄 것이다.

노고

바울은 자신이 열심히 일한 것에 대해 자주 언급한다. 그는 자신이 데살로니가 성도들에게 복음을 전하는 동안 아무에게도 짐이 되지 않기 위해 밤낮으로 일했다고 말한다(살전 2:9; 살후 3:7-8). 자비량은 바울에게 원칙의 문제였다. 누가 역시 바울이 같은 원칙을 실천에 옮기는 모습을 묘사한다. 누가는 바울이 에베소의 장로들에게 이렇게 상기시켰다고 전한다. "여러분

---

36   행 15:37-39; 골 4:10; 몬 24; 딤후 4:11.

37   행 19:29; 20:4; 27:2; 골 4:10; 몬 24.

38   행 20:4; 엡 6:21; 골 4:7; 딤후 4:12; 딛 3:12.

39   행 20:4; 롬 16:21.

40   행 20:4; 21:29; 딤후 4:30.

이 아는 바와 같이 이 손으로 나와 내 동행들이 쓰는 것을 충당하여 범사에 여러분에게 모본을 보여준 바와 같이, 수고하여 약한 사람들을 돕고 또 주 예수께서 친히 말씀하신 바 '주는 것이 받는 것보다 복이 있다' 하심을 기억하여야 할지니라"(행 20:33-35). 그는 고린도의 신자들에게도 자신이 고린도에서 열심히 일했다는 사실을 거듭 말한다. 그는 자신이 회심시킨 이들에게 짐이 되고 싶지 않았으며 사익을 위해 일하지 않았다고 말한다(고후 2:17; 11:9; 12:14-17). 사실상 바울은 이렇게 말하는 셈이다. "바나바와 나는 재정 지원을 받을 수 있는 권리가 있었음에도 불구하고 어느 누구에게도 짐이 되지 않으려고 우리 손으로 열심히 일했다"(고전 4:12; 9:11-12; 행 20:34을 보라).[41] 그러나 바울이 고린도에서 어떤 일을 했는지 구체적으로 밝힐 필요는 없다. 독자들이 이미 알고 있기 때문이다. 누가는 **우리에게** 바울이 브리스길라와 아굴라 부부와 함께 천막 제조업자로 열심히 일했다고 알려준다(행 18:3).

겸손

종종 바울은 자신은 겸손히 사역했고, 두려워 떨면서 일했으며, 종종 연약함을 느끼며 연약하게 보였다고 말한다. 그는 권리를 주장한 것이 아니라 겸손히 섬겼다(고전 2:3; 4:10; 9:22; 고후 11:7, 29-30). 그는 적정선 이상으로 자랑하지 않았고, 자랑할 때는 하나님이 맡겨주신 분야로 제한했다(고후 10:13-18). 그는 자랑할 때는 오로지 자신의 약함에 대해서만 자랑했고, 사실 자신의 약함을 기뻐했다(고후 12:5, 9-11; 13:9). 또한 그는 교회의 안녕을

---

41   추가로 고전 9:6, 11-12, 15-18; 고후 2:17; 11:9; 12:14-18; 살전 2:9; 살후 2:6, 8; 3:8.

위해 눈물로 분투했다(고후 2:4; 11:28; 갈 4:19; 빌 3:18; 골 2:1). 바울이 고린도 성도들에게 보낸 편지에서 자신의 사도 직분을 강조한다는 사실은 그가 고린도에서 선교사역을 수행한 기간에 그의 사도적 권위를 행사하지 않았음을 의미한다. 오히려 그는 유모와 아버지처럼 겸손하게 사랑으로 그들을 위해 일했다(참조. 살전 2:7, 11). 또한 그는 로마 성도들과 에베소 성도들에게 온전한 겸손으로 주를 섬기라고 권면한다(롬 12:11; 엡 4:2). 서신서에 나타난 바울은 겸손해 보이며 약함을 자랑하고, 교회가 직면한 문제들을 놓고 고뇌한다(고후 7:5; 12:9-10). 실제 바울이 자신의 겸손함을 상기시키는 것처럼, 사도행전의 바울 역시 교회들을 건전하게 세우기 위해 자신이 겸손과 눈물로 주를 섬긴 사실을 상기시킨다(행 20:18-19, 31).[42]

전적인 헌신

전적인 헌신은 바울의 또 다른 특징이다. 그는 복음을 위해 주님께 전적으로 헌신했다. 그는 자신이 회심시킨 이들에게 이전에 그가 유익하다고 간주한 모든 것을 그리스도를 위해 기꺼이 잃어버렸다고 증언한다. 그는 자신이 복음의 대의를 위해 전적으로 거룩하게 구별된 줄 알았기 때문에 자신의 삶의 가치와 목적을 그리스도를 위해 확고하게 설정하고(롬 14:8; 고후 5:14-15; 갈 2:19-20; 빌 3:7-14), 하나님이 주신 임무를 완수하기로 작정했다

---

42 누가는 종종 바울을 고난이나 박해에 직면해서도 절대로 포기하지 않고 하나님의 능력으로 확신 있게 전진하며 좋은 결과를 성취하는 강건하고 의기양양한 선교사로 묘사한다. 이는 아마도 그가 선교 중인 바울을 담대하고 집요한 선교적 설교자로 묘사하고 있기 때문일 것이다. 하지만 바울도 교회들 안에 내재한 수많은 골치 아픈 문제를 다루면서 자신의 연약함에 대해 말하기도 한다.

고 천명한다(골 4:1; 딤후 4:6-7). 사도행전의 바울도 회심자들에게 주를 섬기겠다는 자신의 결심을 다음과 같이 말한다. "내가 달려갈 길과 주 예수께 받은 사명 곧 하나님의 은혜의 복음을 증언하는 일을 마치려 함에는 나의 생명조차 조금도 귀한 것으로 여기지 아니하노라"(행 20:24). 또 그는 예루살렘에서 자기를 기다리고 있는 위험을 알면서도 이렇게 확언한다. "나는 주 예수의 이름을 위하여 결박당할 뿐 아니라 예루살렘에서 죽을 것도 각오하였노라"(행 21:13). 사도행전의 바울과 서신서의 바울이 공히 "달려갈 길을 마치다"와 "사명을 완수하다"라는 같은 표현을 사용한다는 점은 흥미롭다(행 20:24; 딤후 4:7; 골 4:17; 참조. 빌 3:13-14; 딤후 4:5).

교회에 대한 사랑

바울과 누가는 모두 바울이 회심자들과 교회에 대한 사랑과 관심을 가지고 있었다고 말한다. 이 점은 바울이 그들을 (다시) 방문하려는 소원에서 표현된다. "그러므로 나 바울은 한 번 두 번 너희에게 가고자 하였으나", "주야로 심히 간구함은 너희 얼굴을 보고 너희 믿음이 부족한 것을 보충하게 하려 함이라"(살전 2:18; 3:10; 골 1:3-14; 2:1, 5; 참조. 롬 1:10-13). 바울은 고린도를 세 번째로 방문하려는 소망을 표현한다(고후 12:14-18; 13:1-2). 누가도 바울을 언제나 회심자들에게 다시 찾아가고 싶어 한 선교사로 묘사한다. 바울과 바나바는 1차 선교여행에서 돌아오는 길에 전에 복음을 전했던 도시들로 되돌아갔다(행 13:43; 14:21b-25). 1차 선교여행에서 돌아온 뒤 때때로 바나바에게 "우리가 주의 말씀을 전한 각 성으로 다시 가서 형제들이 어떠한가 방문하자"라고 제안한 이는 바로 바울이었다(행 15:36). 바울은 빌립보를 서둘러 떠나기 전에도 새 신자들을 격려하기 위해 루디아의 집으로 갔다(행 16:40). 그는 3차 선교여행을 시작할 때 "갈라디아와 브루기아 땅"의 교회들을 다시 "차례로 다니며 모든 제자를 굳건하게" 했다(행 18:23). 바울은 장기간의 사역을 위해 다시 에베소로 갔고 이는 큰 성공으로 귀결되었다(행 19:10; 고전 16:8-9). 소동이 끝난 뒤 에베소를 떠나야 했을 때 바울은 작별 인사를 하기 위해서만이 아니라 믿음 안에 굳게 서도록 제자들을 격려하기 위해 그들과 다시 만났다(행 20:1-2).

한 가지 전형적인 예는 사도행전의 바울이 에베소 장로들을 만난 것이다. 바울은 자신이 직접 에베소에 갈 수 없었으므로 밀레도로 와서 만나자고 요청했다. 그는 장로들에게 이전에 가르친 내용과 자신의 생활 방식을 상기시키며 격려와 경고의 말로 진심 어린 고별 연설을 했다(행 20:18-35).

더 나아가 그는 직접 교회들을 방문할 수 없을 때는 대리자를 보냈다. 종종 두기고를 대신 보냈다(엡 6:21; 골 4:7; 딤후 4:12; 딛 3:12; 행 20:4). 디모데 역시 바울 대신 고린도와 마게도냐로 갔다(고전 4:17; 16:10; 살전 3:1-6). 누가도 바울이 마게도냐에 디모데를 남겨두었고, 디모데는 거기서 바울에게로 돌아왔다고 기록한다(행 17:13-15; 18:5). 바울 서신과 사도행전에서 바울과 대리인의 방문 목적은 똑같다. 곧 제자들을 굳건하게 하고 신실하게 믿음을 지키도록 격려하거나(살전 3:10; 빌 1:8; 행 13:43; 14:21b-25; 15:40; 16:5), 분열을 초래할 거짓 선생들의 교리적 공격을 경고하며 준비시키는 것이다(롬 16:17-19; 고전 16:13; 고후 11:4, 13; 엡 4:14; 딤후 3:13; 딛 1:10; 또한 행 20:28-31).

그뿐 아니라 바울은 거의 모든 서신에서 자신이 독자들을 위해 끊임없이 기도한다고 말하고, 어떤 때는 목회적인 기도 내용까지 적어보낸다.[43] 누가도 바울이 회심자들과 목회적인 관심과 애정을 나누는 모습을 묘사한다. 그는 바울이 에베소의 장로들과 함께 무릎을 꿇고 기도하는 장면을 서술하면서 모든 장로들이 바울과 포옹하고 입을 맞추며 울었다고 말한다(행 20:36-38). 이런 측면에서 누가는 바울을 다정다감하고 배려심이 많은 목회자로 묘사한다. 따라서 누가의 기록은 교회의 안녕을 위해 모든 교회를 향해 깊은 관심을 가지고 자기 사역을 통해 회심한 이들을 위해 자신을 기꺼이 희생하려는 자세를 지닌 실제 바울과 조화될 수 있다(고후 11:28; 빌 2:17).

결론

우리는 바울의 생애와 사역에 대해 누가가 기록한 내용의 신뢰성을 파악하기 위해 바울의 유대적 배경, 그리스도인이 된 뒤의 초기 시절, 그의 선교여행, 그가 받은 고난, 그의 동역자들, 그의 특징들에 대한 자세한 묘사를 비교해보았다. 바울 서신과 사도행전은 모두 바울이 바리새인, 교회를 핍박한 사람, 순회 선교사, 복음 전도자, 교회 개척자, 목회자였다는 점에 있어서 일치한다. 두 기록 모두 바울이 어떻게 이방인을 위한 복음을 변호하여 그의 이방인 선교를 지켜냈는지 묘사한다. 본 연구를 통해 바울 서신과 사

---

43 롬 1:9-10; 엡 1:15-19; 3:14-21; 빌 1:3-4, 9-11; 골 1:9-14; 살전 1:2; 3:11-13; 살후 1:11-12; 3:3-5; 딤후 1:3; 몬 4.

도행전 사이에는 상충되는 묘사가 거의 없다는 점을 확인했다. 양쪽 기록 모두에서 몇 가지 생략된 점들과 한두 가지 논란이 될 만한 부분이 있음에도 불구하고 이 둘은 서로 모순되지 않는다. 오히려 그 둘의 차이는 대부분 설명이 가능하다. 더 나아가 그 둘이 일치하는 정도는 압도적으로 높고, 많은 세부적인 내용은—비록 어떤 것은 사소해 보일지도 모르지만—바울의 생애와 사역을 전달하는 누가의 기록이 매우 신뢰할 만하다는 점을 확인시켜주었다.[44]

앞에서 검토한 바에 근거하여 우리는 바울과 누가가 둘 다 매우 놀라운 유사 정보와 고도로 양립 가능한 기록을 제공한다고 결론짓는 바이다.[45] 서로 다른 성격과 범위에도 불구하고 이 두 기록 사이에는 일치하는 유사점이 넘쳐난다. 또 이 기록은 바울과 예루살렘의 지도자들 및 교회의 관계와 관련해서 비슷한 묘사를 수없이 제시한다. 예를 들어 갈라디아서에서 바울이 표현한 내용에 있는 수사적 요소뿐만 아니라, 이후 바울과 예루살렘의 관계 면에서의 발전된 부분도 고려하여 그에 따라 관계를 재구성하는 것이 중요하다.

그러므로 이 두 기록 사이에 있는 방대한 상응성을 과소평가하고, 이를 통해 바울이 서신서에서 침묵하는 특정 주제에 기인한 "차이점들"을 강조함으로써, 누가가 기록한 자료의 신뢰성을 부정하는 것은 타당하지

---

44 이런 측면에서 누가가 바울의 골로새 사역에 대해 아무 말도 하지 않는다는 점은 흥미롭다. 바울은 자신이 골로새 교회를 개척하지 않았고 다만 그들에 대해 듣기만 했다는 점을 분명히 한다(골 1:9).

45 Bruce, "St Luke's Portrait," 186은 이러한 결론에 도달했다. 그러나 우리는 여기서 비교될 만한 점들을 더욱 많이 제시했다.

않다.[46] 다시 말하거니와 바울이 교회들에 보낸 편지들의 대부분은 그의 가르침의 두 번째 부분만을 표현한다는 점을 기억해야 한다. 첫 번째 부분은 그 도시들에서 선교사역을 수행하는 동안 구두(口頭)로 전해졌다. 누가는 청중을 회심시키기 위해 복음을 전하는 바울의 초기 **선교사역**을 다루고 있는 반면, 바울은 회심한 신자들에게 **목회적인** 이슈들을 다루므로 이전에 자신이 가르친 내용은 거의 반복하지 않는다는 점도 기억해야 한다. 이런 요소들에도 불구하고, 이 두 기록의 상응성은 현대의 회의적인 학자들이 인정해온 것보다 훨씬 더 높다. 이 둘이 일치하는 정도를 보면, 사도 바울에 대한 누가의 묘사가 매우 신뢰할 만하다고 충분히 주장할 수 있다.[47] 이는 또 결과적으로 누가의 기록이 서신서에 존재하는 빈틈을 채워줄 수 있음을 의미한다. 예를 들어 사도행전 10-11장은 베드로가 애당초 어떻게 "이방인과 함께"(갈 2:12) 먹게 되었는지에 대한 배경을 설명해준다. 또한 종종 목격자의 증언이 당사자의 증언보다 더 큰 설득력이 있는 것처럼, 누가의 기록은 바울의 기록이 수사적이고 회고적인 요소들에도 불구하고 진정으로 신뢰할 만하다는 점을 입증하기도 한다.[48]

---

46 Porter, *Paul in Acts*, 189-99은 Haenchen의 주장을 반박하면서 우리와 같은 결론에 도달한다. "이 두 기록 사이의 차이점들은, 똑같은 주제에 대한 글이라고 할지라도, 서로 다른 문학 장르(내러티브와 서신)로 글을 쓰는 서로 다른 두 저자에게서 예상할 수 있을 만한 정도의 차이로 보인다"(199쪽).

47 Witherington, *Acts*, 430-38의 견해도 마찬가지다.

48 Gager, "Some Notes," 699; Watson, *Paul*, 53-6; Taylor, *Paul*, 62; Betz, *Galatians*, 81; Räisänen, *Paul and the Law*, 232도 그렇게 주장한다.

결론

이제 지금까지 제시한 증거로부터 전체적 결론을 도출할 시간이다. 우리는 사도행전과 바울 서신의 내적 자료에서 바울에 대해 누가가 묘사한 내용의 신뢰성을 조사하고자 했다. 본서는 누가의 신뢰성에 대해 회의적인 학자들의 주장이 종종 증거가 아닌 가정을 근거로 제기되었음을 밝혀냈다. 비판적·학문적 연구라는 이름으로 사도행전의 바울과 서신서의 바울 사이의 차이점과 괴리를 강조하려는 경향이 있다. 그러나 이러한 차이점들은 객관적이고 비판적인 면밀한 검토를 적용하면 대부분 설명할 수 있는 것이었다.[1] 또한 우리는 비평학자들의 오해가 대부분 바울 문헌의 목적이나 배경을 이해하지 못한 것에서 비롯되었다는 점을 지적했다. 더 나아가 그들의 결론은 흔히 사도행전과 바울 서신에 나오는 바울에 대한 기록을 이 두 유형의 문헌이 지닌 서로 다른 범위와 성격을 고려하지 않고 액면 그대로 비교하는 부적절한 방법론을 사용함으로써 왜곡되었다는 것도 지적했다.

본 연구는 사도행전에서 누가가 바울을 묘사하는 내용 속에 서신서의 바울과 놀랍도록 조화될 수 있는 유사점과 상응 관계가 많다는 사실도 발견했다. 그 상응성은 단지 지리적·역사적 내용, 어휘의 선택, 사건의 순

---

1   Porter, *Paul in Acts*, 6-7에서 그렇게 올바르게 주장한다.

서에만 관련되는 게 아니라,[2] 바울의 성품과 바울이 씨름했던 신학적 문제와 교회 문제와도 관련된다.[3] 비록 누가가 침묵하거나 강조점의 차이를 보여주는 몇 가지 주제가 있기는 하지만, 그가 바울에 대해 기록하는 것은 바울 자신의 기록과 모순되지 않는다. 무작위적인 우연의 일치로 받아들이기에는 유사점들이 너무 많으며, 특히 누가가 바울 서신의 존재에 대해 알고 있다는 어떠한 암시도 하지 않음을 고려하면, 누가의 기록을 허구의 산물로 간주하기에는 두 기록이 조화를 이루는 정도가 너무 크다. 누가는 특정한 내용을 베껴 쓸 수 있는 바울 문헌을 가지고 있지 않았다. 회의적인 비평학자라면 누가가 바울 서신의 내용을 빌려오면서도 **자기 나름의** 신학을 서술하려고 의도적으로 바울 문헌에 대해 아무것도 모르는 척한다고 주장할 수 있을까? 아니다. 본서와 과거의 다른 이들의 저작을 통해 나온 수많은 증거를 고려해보면 그렇게 할 수 없을 것이다.

본서에서 보여주었듯이, 바울에 대한 누가의 기록은 이 두 유형의 문헌의 범위와 성격이 실질적으로 다르다는 사실에도 불구하고 바울 자신의 기록과 여러 가지 면에서 놀랍게 조화를 이루고 있다. 누가가 바울 서신의 정보를 바탕으로 글을 쓴 게 아니라 자신이 직접 기독교 공동체에서 경

---

2   지리적으로 비교하는 내용은 Riesner, *Paul's Early Period*; Hengel, *Between Jesus and Paul*, 97-128, 특히 127을 보라. 역사적으로 비교하는 내용은 Wenham, "Acts and the Pauline Corpus," 215-58; Dunn, *Beginning*, 80-81을 보라. 문학적으로 비교한 내용은 Walton, *Leadership*을 보라.

3   누가의 저작을 역사적 저작으로 받아들이지 않는 Pervo가 그럼에도 불구하고 *Mystery*, 146에서 누가가 바울을 성공적으로 묘사했다는 점을 인정한다는 것은 흥미롭다. "누가의 실제적인 '죄'는 그가 수정된 바울을 제시했다는 것이 아니라, 그의 노력이 너무나 성공적이어서 그것을 그 특권적 지위에서 몰아내기가 극도로 어렵다는 것이다."

험하거나 수집한 내용의 자료를 사용했기 때문에, 그러한 상응성은 훨씬 더 놀라워 보인다.[4] 따라서 누가가 바울에 대해 기록하는 것은 놀랍도록 신뢰할 만하고 실제 일어난 일을 적은 것이어서, 누가가 사도행전에서 묘사하는 바울이 곧 바울 서신을 기록한 역사적 바울이라고 결론지어도 무방하다.

이러한 결론 자체는 새로운 것이 아니다. 튀빙엔 학파가 주도해온 회의론 이후에도 일련의 학자들이 사도 바울을 묘사하는 누가의 신뢰성을 주장해왔다.[5] F. F. 브루스는 "누가가 묘사하는 바울은 실제 바울"이라고 주장했다.[6] I. H. 마셜도 이렇게 주장했다. "바울의 신학이 사도행전에서 부정확하게 제시되었다는 견해는 명백한 과장이다.…누가를 자기 나름의 신학을 나타내기 위해 초기 교회의 역사를 자유롭게 다시 쓰는 철저히 편향적이고 신뢰할 수 없는 저자로 매도하는 것은 불공평하다."[7] 보다 최근에는 C. S. 키너가 사도행전과 바울 서신 사이의 매우 광범위한 일련의 비교 목록을 제공했다. 그런 다음 그는 서로의 유사점이 압도적으로 많아서 둘의 상응성을 일축해버리기엔 증거가 너무 뚜렷하다고 주장했다.[8] 본 연구는 이전

---

4   Marguerat, "Paul After Paul," 74-5; Butticaz, "Salvation," 152.
5   가장 눈에 띄게는 Thornton이 *Zeuge*에서 누가가 신뢰할 만한 역사가임을 설득력 있게 입증했다. 그보다 이전에는 Harnack, Ramsay, Munck, Campbell, Bruce, Marshall, Goulder, Hemer, Hengel, Gasque가, 보다 최근에는 Witherington, Walton, Keener 등이 있다. Porter, *Paul in Acts*, 170에서 다음과 같이 조심스럽게 결론을 내린다. "사도행전의 바울이 서신서의 바울인지는 전혀 분명치 않다." 그러면서 이렇게 덧붙인다. "하지만 이 분야에서 전자의 바울이 후자의 바울이 아니라는 점을 보여주는 결정적인 증거는 없다."
6   Bruce, *Acts: Greek*, 59; 같은 저자, "Real Paul?," 282-305.
7   Marshall, *Luke: Historian and Theologian*, 75.
8   Keener, *Acts*, 1:237-50.

의 결론을 또 다른 증거로 뒷받침해주었다. 여기서 각 장을 요약한 다음, 우리가 이 학문 분야에 공헌한 바를 평가하고, 본 연구가 일반적으로는 신약학, 구체적으로는 바울 연구에 미칠 의미를 강조하려고 한다.

연구의 요약

이러한 요소들에 주목한 뒤 우리는 조심스럽게 연구를 진행해왔다. 1장에서는 필립 필하우어가 선택한 네 가지 영역, 즉 자연 신학, 율법, 기독론, 종말론을 다룬 그의 논지를 평가했다. 필하우어의 논지가 지닌 약점은 대부분 방법론에서 비롯되었다. 필하우어는 누가와 바울의 기록을 그 둘 사이의 범위와 성격상의 차이점을 파악하지 않은 채 단순히 액면 그대로 비교했다. 그는 실제 바울과 사도행전의 바울의 기록을 해당 글의 범위상의 차이를 조정하여 비교하지 않았다. 또한 몇몇 서신에서 바울이 논증을 하는 과정에서 드러나는 수사적 문맥도 고려하지 않았다. 대개 바울 신학에 대한 필하우어의 해석은 가정을 바탕으로 하기 때문에, 그는 결국 부정확한 결론에 도달한다. 필하우어는 바울의 선교적 전도 설교와 이후의 신학적 설명 사이의 서로 다른 배경을 고려하지 않았고, 복음과 몇몇 신학적 주제에 대한 바울의 이해가 발전했을 가능성을 인정하지 않는다. 필하우어는 증거도 불균등하게 다룬다. 그는 두 기록의 차이는 강조하지만 여러 중요한 유사점은 평가 절하하고 무시한다. 그의 편향성은 명백하다. 본 연구는 필하우어의 논지가 뒷받침되기 어렵다는 점을 보여주었다.

2장에서는 바울의 기록을 누가의 기록과 같은 수준과 범위에서 타당하게 비교할 수 있는 한 가지 대안적 방법론을 제시했다. 우리는 바울의 **전도** 설교를 바울 **서신**에서 재구성하려고 했다. 바울 서신은 바울의 선교적 메시지를 포함하고 있지 않지만, 상기 형식을 사용하여 선교적 메시지의 핵심을 성공적으로 재발견할 수 있었다. 바울은 이 형식을 사용하여 자신이 교회를 개척하던 시기에 개인적으로 전했던 이전의 설교와 가르침을 성도들에게 상기시킨다. 그런 후 우리는 이를 사도행전에서 바울이 전한 **전도** 설교와 비교했다. 그리하여 실제 바울의 전도 설교의 모든 핵심적 요소가 사도행전의 바울이 전한 설교에 나타나며, 이 둘은 양립될 수 있다는 사실을 발견했다. 또한 바울의 서신들과 누가의 사도행전은 모두 "하나님 나라", "우상에서 돌아서라는 요구", "회개 촉구", "바울의 설교에 대한 반응" 등과 같이 동일한 전도적 주제를 포함하고 있고 그 둘의 유사점은 주목할 만하다는 사실을 발견했다.

또한 이 두 기록은 바울을 확신 있는 복음 전도자이자 이방인을 향한 유대인 사도로 표현한다. 심지어 바울의 설교 스타일을 묘사하는 몇몇 어구도 똑같다. 더욱 중요한 것은, 우리가 특별히 고린도, 데살로니가, 갈라디아와 같은 특정 지역에서 바울이 전한 전도 설교에 대한 누가의 기록을 바울이 이들 교회에 쓴 글과 비교했다는 점이다. 우리는 그 두 기록에서 많은 유사점을 발견했다. 사도행전에 나오는 에베소 장로들을 향한 바울의 연설에서도 바울이 그의 편지에서 자주 사용하는, 상응하는 용어와 개념을 다수 발견했다. 사도행전에 나오는 이 유일한 "후속" 연설과 바울의 "후속" 편지들 사이에 존재하는 유사점들을 발견한 것은 의미심장한 일이다. 본서의 연구 결과는 누가가 사도 바울에 대해 기록한 내용의 신뢰도를 높여주게 되었다.

3장에서는 역사가로서의 누가의 신뢰성을 떨어뜨리는 것으로 종종 제기되어온, 바울의 기록과 누가의 기록 간의 불일치점을 조사했다. 첫 번째 영역은 몇 가지 침묵, 즉 바울이나 누가가 상대편 저자가 쓴 글의 내용을 언급하지 않는 주제들을 살펴보았다. 그리고 각 사람이 침묵하는 것에 대해 개연성 있는 몇 가지 이유를 설명하고자 했다. 그러나 침묵을 근거로 논지를 펼칠 수는 없으므로 확신 있게 설명할 수는 없다. 그렇지만 중요한 것은 한 사람이 침묵하는 주제가 그 두 기록의 양립 가능성을 실제로 부정하지는 않는다는 점이다. 따라서 한 사람의 침묵이 상대방의 신뢰성을 떨어뜨리는 역할을 하도록 내버려 두어서는 안 된다고 지적했다.

바울의 유대인적 특성에 대한 누가의 묘사는 바울 서신과 더 심각하게 불일치한다는 주장이 있다. 누가는 실제 바울이 율법과 상관없는 복음을 강하게 옹호하는데도 바울을 율법을 지키는 유대인으로 왜곡했다는 이유로, 또 실제 바울은 이방인을 위한 자신의 사도의 직분을 강하게 주장하는데도 바울이 선교사역 기간에 "자기의 습관대로" 회당에 갔다고 묘사한다는 이유로 종종 비난받는다. 바울의 유대인적 특성에 대한 최근의 이해는 이 불일치를 해결하는 데 도움이 된다. 앞에서 주장한 바와 같이 우리는 상황에 따라 율법에 대한 바울의 가르침이 발전해온 과정과 그 배경에 주의를 기울였다. 누가가 "율법과 상관없이"라는 요소를 덜 강조하는 모습으로 바울을 묘사한 것은 상당히 정확해 보인다. 누가가 묘사하고 있는 시기에는 이 이슈가 바울이 갈라디아서에서 묘사한 상황만큼 심각하지는 않았을 것이기 때문이다. 이 이슈는 몇 년 뒤 유대주의자들이 이방인 교회들을 어지럽히기 시작했을 때 비로소 심각한 문젯거리가 되었다. 따라서 초기 단계에서 이 이슈가 서신서에 나와 있는 것만큼 심각한 문제가 아니었음을 보여주는 누가의 서술은 오히려 정확해 보인다.

또한 누가는 바울이 예루살렘 공동체의 지도자들과 좋은 관계를 맺었다고 묘사한다는 이유로 종종 비난을 받는다. 하지만 비평학자들은, 자신의 사도직뿐만 아니라 자신의 사도직은 인간의 어떤 권위와도 무관하다는 점을 주장하는 후기(後期)의 바울을, 누가의 바울 묘사 전체와 비교해서는 안 된다(고전 9:1-2; 고후 11:5; 갈 1:1, 12; 2:6). 양자의 관계가 처음부터 줄곧 긴장 관계였는지, 아니면 도중에 심각해지고 틀어졌는지를 알아낼 필요가 있다. 그런 후 누가가 특정한 에피소드에서 어느 부분에 관해 쓰고 있는지, 그리고 이를 바울 자신이 예루살렘 사도들의 판단과 승인을 구함으로써 그들의 권위를 인정한다는 사실과 어떻게 조화시킬 것인지 파악할 필요가 있다(갈 1:18; 2:1, 7-9; 참고. 행 15:3-4, 22-29). 바울은 자신과 예루살렘의 사도들이 공통된 복음을 전하고 있다고 썼다(고전 15:11). 바울은 선교활동 말기까지 예루살렘에 있는 성도들을 지원할 헌금을 모으는 일에 전념한다. 바울과 베드로는 둘 다 몇 동역자들을 공유한다. 예루살렘의 지도자가 베드로에서 야고보로 바뀐 데 대한 누가의 묘사도 바울이 암시한 내용과 조화될 수 있다. 이 모든 요소를 종합하면, 누가가 역사가로서 믿을 만하고 정확한 정보를 제공했다는 사실을 알 수 있다.

우리는 학자들이 베드로와 바울 사이의 이른바 분열과 불일치를 부당하게 강조해왔다고 지적했다. 두 사람의 기록이 서로 상응하지 않는다는 학자들의 주장은 그들이 종종 바울과 바울 신학을 바르게 해석하지 못한 데서 비롯되었다. 많은 경우 이른바 모순은 실상 존재하지 않는다. 오히려 사도행전과 서신서의 내적 자료를 더 신중하고 공정하게 살펴보면, 차이점으로 보이는 대부분이 더 넓은 문맥에서 설명될 수 있다고 결론지을 수 있다. C. J. 헤머가 지적하듯이, "사도행전의 증거를 거부하는 것은 그 자체가 거의 틀림없이 추정에 기반한 것이다."[9]

그러나 우리가 누가의 바울에 대한 기록이 매우 신뢰할 만하다고 말할 때, 그 기록이 절대적으로 정확하거나 틀림없다는 뜻으로 말하는 것은 아니다. 사도행전과 바울 서신은 서로 다른 목적을 가지고 서로 다른 독자들에게 독립적으로 써 보내졌으므로 두 문헌을 모든 면에서 확실하게 비교하기란 불가능하다. 그럼에도 불구하고 유사점이 압도적으로 많은데도 몇 가지 생략된 부분과 양립될 수 없는 것처럼 주제로 인해 누가에게 신뢰할 수 없는 저자라는 꼬리표를 붙일 수는 없다. 우리가 모든 해답을 다 제시한 것은 아니지만, 사도행전은 충분히 신뢰할 만하다고 받아들이지 않을 수 없다. 우리는 누가가 바울의 생애와 사역을 가급적 정확하고 적절하게 묘사하려 애썼다는 점을 받아들여야 한다. 고대의 전기 작가 및 역사가들과 마찬가지로 누가도 역사적인 사례로써 정확한 정보를 전달하고자 했다. "고대의 전기 작가들과 역사가들 역시 도덕적 요점 및 기타 요점을 전달하기 위해 역사적 사례를 사용했다. 사실 소설이야말로 일반적으로 다른 의제가 결여된다."[10] 누가가 사도행전을 쓴 일차적인 동기는 **자신의** 신학을 주장하려는 것이 아니었다. 또한 누가가 바울의 사도적 사역을 왜곡함으로써 독자들을 오도하려고 한 것이 아니라는 점을 인정해야 한다. 사도행전의 저자는 사도행전을 쓸 때 한 편의 소설을 쓰려 한 것이 아니며 독자들도 저자가 그렇게 할 것이라고 기대하지 않았다.

---

9   Hemer, *Book of Acts*, 19.
10   개인적인 편지(2016년 5월 24일)에서 이런 견해를 밝혀준 Keener 교수에게 감사한다.

4장에서는 "우리-본문"을 연구했다. 이 본문들은 바울에 대한 정보뿐 아니라 사도행전 전체의 신뢰성을 평가할 결정적인 열쇠가 된다. 첫 번째 "우리-본문"은 사도행전 16:10에서 시작되지만, 화자는 그 이전에 바울 일행에 합류한 것이 분명해 보인다. 몇몇 고대 문헌이 강하게 뒷받침하는 것처럼 누가가 안디옥 출신이라면 2차 선교여행이 시작될 때부터 바울과 함께 여행하기 시작했을 가능성이 있고 실제로 그랬을 것이다. 또한 누가는 십중팔구 "우리"라는 대명사가 (최소한 당분간) 사라지는 사도행전 16:17의 시점에 선교팀을 떠나지는 않았을 것이다.

사도행전 20:5-21:18에서 "우리"라는 대명사가 다시 등장한다. 누가가 몇 년 뒤 바울의 3차 선교여행 기간에 바울의 선교팀이 빌립보로 돌아올 때까지 빌립보에 머물렀을 가능성은 희박하다. 우리는 누가가 2차 선교여행이 끝날 때까지 바울과 동행했고 안디옥에서 3차 선교여행을 위해 다시 바울 일행과 합류했다고 주장했다. 바울 사도가 에베소의 장로들에게 목회적 고별 연설을 한 모임에 누가가 바울과 함께 있었던 것은 분명하다. 마찬가지로 누가는 바울이 3차 선교여행에서 돌아온 뒤 야고보와 예루살렘 교회 장로들을 만난 자리에 십중팔구 함께 있었을 것이다. 그후 누가는 바울과 함께 가이사랴에서 배를 타고 로마에 도착한다(행 27:1-28:16).

이 이야기는 두 가지 가능성을 암시한다. 첫째, 누가는 바울이 가이사랴에서 옥에 갇혀 있던 동안 사도를 섬기려고 가이사랴에 있었던 것으로 보인다. 둘째, 누가는 아마도 바울이 순교할 때까지 바울과 함께 로마에 머물러 있었을 것이다. 이러한 재구성은 개연성이 매우 크다. 이것이 사실이라면 그 함의는 엄청나다. 이는 사도행전 15:40부터 사도행전 끝(28:31)

까지 이어지는 자료가 대부분 누가 자신이 직접 목격하고 경험했거나 혹은 바울과 그의 동료들로부터 직접 수집한 것임을 의미하기 때문이다. 따라서 바울과 함께 선교여행을 했던 누가 문헌의 신뢰성은 매우 높다. 최소한의 가능성만 인정하더라도 누가의 신뢰성은 여전히 매우 높을 것이다. "누가가 몇 년 동안 바울과 함께 있었다면, 그 기간은 확실히 다른 장소에서 바울이 진행한 사역에 대해서도 알게 되기에 충분했을 것"이기 때문이다.[11]

마지막으로 5장에서는 먼저 바울 서신의 자료를 살펴봄으로써 바울의 생애와 사역에 대해 누가가 기록한 내용의 신뢰성을 조사했다. 거기서 바울의 유대적 배경, 다메섹 도상 체험, 그리스도인으로서의 초기 생애, 선교여행 등의 분야에서 사도행전의 정보와 수많은 유사점을 발견했다. 우리는 사도행전과 바울 서신 모두 바울 사도를 열정적인 교회 개척자로 또 고난받고 박해당하는 선교사로 표현한다는 점을 알아냈다. 또한 바울이 교회들을 개척하고 박해를 받았던 곳들, 사도행전과 서신서 양쪽의 기록에서 일치하는 지역들을 확인했다. 바울의 몇 가지 특징에 대한 이 두 기록의 묘사 역시 고도의 양립성을 나타낸다. 마지막으로, 바울과 동역한 선교사들의 이름과 활동은 서신서와 사도행전에서 충분히 일치한다. 따라서 이처럼 엄청난 양의 유사점과 상응 관계에 비추어볼 때 바울의 생애와 사역의 영역에서 바울에 대해 누가가 묘사한 내용이 매우 신뢰할 만하다는 것을 인정할 필요가 있다.

---

11   Keener, 같은 편지에서.

학문적 공헌

긍정적 견해를 뒷받침하고 회의론자들을 비판하는 데 있어 우리가 기여한 독특한 부분은 본서에서 채택한 비교 방법론에서 비롯된다. 이러한 방법론을 통해 새롭게 파악한 여러 유사점은 덤으로 얻은 유익이다. 누가의 사도행전과 바울의 서신들을 액면 그대로 비교할 수는 없다는 것이 우리의 주장이다. 그 둘은 성격, 범위, 독자, 목적 면에서 서로 다르기 때문이다. 따라서 그 두 기록에서 어느 정도의 차이와 생략은 예상해야 한다.

사도행전은 1세기 교회의 역사이며, 에우세비오스가 또 다른 "교회 역사"를 쓰기까지는 200년이 넘는 시간이 필요했다. 그러나 누가는 일반적인 교회 역사를 쓰는 것이 아니라, 초기 그리스도인 공동체와 그 지도자들에게 초점을 맞춘다. 따라서 누가는 특별히 베드로와 스데반과 바울의 사역을 강조한다. 그럼에도 불구하고 누가가 그들의 전기를 쓰고 있는 것은 아니다. 누가의 의도는 초기 기독교가 발생하고 확장된 역사를 쓰려는 것이고, 따라서 그는 예루살렘에서 로마까지 이루어진 복음의 전진을 기록한다. 누가는 예수와 바울 사이의 좁은 통로를 연결시켜줌으로써, 교회가 어떻게 부활하신 예수를 성령의 능력으로 증언하는 일을 감당하면서 지상 명령을 수행했는지를 보여준다(행 1:8).

누가는 복음을 "땅끝까지" 전하는 일을 강조하며 자연히 바울의 선교 활동을 강조한다. 바울의 회심/소명 체험은 그의 선교사역의 기초이기 때문에 덧붙여졌다. 누가는 일차적으로 바울을 새로운 도시들을 찾아가서 복음을 전하고 새로운 회심자들을 얻어 교회들을 세우는 개척 선교사로 묘사한다. 바울 자신도 새로운 선교 지역으로 확장해 가는 것이 곧 자신이 바라는 바였다고 진술한다(롬 15:20-21). 누가는 바울이 선교 중에 경험한 여행과 반응 및 고난에도 관심을 기울인다. 에베소 교회 장로들을 향한 바울의 고별 연설을 주목할 만한 예외로 치면, 누가는 바울의 목회 사역이나 심지어 신학적 논쟁에도 거의 관심을 두지 않는다. 대신 누가는 바울이 유대인과 이방인에게 전한 전도 설교를 전해준다. 그러나 바울 서신은 모두 이방인 성도들이 다수였던 교회들에 보내졌다. 바울은 분명 유대인들 가운데서도 사역을 했지만 그럼에도 유대인 교회에 편지를 쓴 적은 없다(참조. 롬 9:3; 10:1; 11:13-14; 고전 9:19-22).

게다가 바울의 편지들은 모두 서로 다르다. 바울 서신은 서로 다른 교회들이 제기한 어떤 신학적이거나 상황적인 문제들을 다루기 위해 기록된, 특별한 목적을 지닌 서신이다. 로마서와 골로새서를 제외하고는 이전에 그가 직접 전한 가르침에서 얻은 일정 수준의 지식을 전제로 한 후속 편지다. 따라서 바울이 회심시키기 위해 전했던 전도 설교는 서신에서는 대체로 생략되어 있다. 바울의 메시지 속에 담긴 내용은 첫 선교활동 기간에 구두로 전달되었고, 이 내용의 많은 부분이 사도행전에 들어 있다.

우리가 지적한 대로, 바울이 서신서에서 강조하여 쓴 내용은 대부분 선교사역 기간 동안 교회와 함께 있었을 때는 (충분히) 가르치지 않은 주제들이라는 점에 주목할 필요가 있다. 결혼(고전 7장), 우상에게 제물로 바쳐진 음식(고전 8장과 10장), 영적인 은사들(고전 12-14장), 죽은 자의 부활(고전 15장; 살전 4장), 헌금 모금(고후 8-9장) 등에 대한 바울의 가르침은 이런 주제들 가운데 일부다. 따라서 이런 단락들에 기록된 내용을 사도행전의 기록과 액면 그대로 직접 비교하면서 그 둘의 양립 가능성을 평가하려 한다면 그것은 공평하고 건전한 방법론이 못 될 것이다.

바울이 갈라디아서에서 "율법과 상관없이 믿음으로 얻는 칭의"에 대해 강조한 것 역시 갈라디아인들이 유대주의자들의 요구에 저항할 준비가 될 만큼 바울이 (과거에) 이것을 충분히 강조하지 않았었음을 시사한다. 바울이 선교사역 기간에 갈라디아에서 전한 것은 **"예수 그리스도의 죽음과 부활을 믿음으로 얻은** 칭의"였고, 이것이 곧 누가가 다루고 있는 범위다. 그러므로 갈라디아서에 있는 내용을 갈라디아에서 바울이 진행한 선교사역에 대해 누가가 기록한 내용과 액면 그대로 비교하려 한다면 그것은 건전한 방법론이 아닐 것이다.

앞에서 지적한 바와 같이 바울은 교회들의 구체적인 상황과 문제를 다루기 위해 편지를 써 보낸다. 따라서 같은 주제를 다루더라도 바울의 가르침은 그것을 받는 교회에 따라 종종 내용과 강조점이 다르게 제시된다. 예를 들어 바울은 고린도후서 4:16-5:10과 데살로니가전서 4:13-5:11에서 서로 다른 종말론을 가르치는 것처럼 보인다.[12] 바울은 갈라디아서 3장과 로마서 4장에서 아브라함에 대한 강조점을 달리하여 제시한다. 갈라디아서와 로마서에서 율법은 몇 가지 점에서 다소 다르게 표현된다. 바울은 율법의 부정적인 측면을 제시하면서, 그것은 구원에 있어 효력이 없는 것이라고 분명히 말한다.(갈 2:15-16; 3:2, 11, 23-25). 율법은 저주를 포함하고(갈 3:13; "율법의 저주") 우리를 매이게 한다(갈 3:23). 그러나 로마서에서 바울은 율법을 다른 각도에서 바라본다. 곧 율법과 계명이 거룩하고 의롭고 선하고 영적이라는 것이다(롬 7:12, 13, 14, 16). 갈라디아인들에게는 "너희가 만일 할례를 받으면 그리스도께서 너희에게 아무 유익이 없으리라"(갈 5:2-

---

12   Keener, *Acts*, 1:253.

3)라고 말하지만, 로마인들에게는 "할례의 유익이 무엇이냐? 범사에 많으니"(롬 3:1-2; 2:25)라고 말한다. 마찬가지로 바울은 자신이 부르심과 복음을 받는 데 있어 예루살렘의 사도들이 전혀 관여하지 않았다고 주장한다(갈 1:11-12). 그러나 다른 곳에서 바울은 마치 자신이 그들에게서 복음을 받은 것처럼 그들의 관여를 암시한다("내가 받은 것을 먼저 너희에게 전하였노니", 고전 15:3). 따라서 이제 그들과 바울 모두 같은 복음을 전한다(고전 15:11).

더 나아가 바울은 같은 편지 안에서 외견상의 모순을 드러내기도 한다. 예를 들어 로마서에서 바울은 반(反)율법적인 진술(롬 3:20; 9:31)과 친(親)율법적인 진술(롬 3:1, 31; 7:7, 12, 14, 16), 반이스라엘적인 발언(롬 2:17-27; 11:28)과 친이스라엘적인 발언(롬 3:1; 9:4-5; 11:1, 26)을 한다.[13] 바울은 때때로 유대인의 우선성을 단언하지만(롬 3:1; 9:4-5) 다른 곳에서는 유대인과 이방인의 동등성을 강하게 확언한다(롬 1:16; 3:9-10, 22; 10:12-13).[14] 바울의 그런 말들은 잘못되지 않았다. 왜냐하면 그가 서로 다른 문맥에서, 서로 다른 주장을 위해, 서로 다른 독자들에게 이런 말을 하고 있기 때문이다.[15]

이 시점에서 말할 수 있는 것은, 누가가 바울과 똑같은 글을 쓸 것으로 예상해서는 안 된다는 것이다. 오히려 뛰어난 두 작가가 글을 쓸 때는 같은 주제나 사건에 대해 글을 쓰더라도 당연히 차이가 생겨날 것이라고 예상할 수 있다.[16] 이것이 누가가 바울의 그리스도 현현 체험을 약간씩 다른 세 가

---

13 바울 문헌에 나타난 외견상 모순적인 발언들에 대한 포괄적인 목록은 Gager, *Reinventing Paul*, 여러 곳을 보라.

14 참조. Chae, *Paul*, 289-90 및 여러 곳((최종상, 『로마서』, 371-2, 여러 곳).

15 필자는 다음 저자들의 견해와 다르다. Räisänen, *Paul and the Law*, 264: "바울의 율법에 대한 사고는 난점과 모순으로 가득하다"; O'Neill, *Romans*, 16; O'Neill, *Recovery*, 8.

16 Porter, *Paul in Acts*, 60에서 그와 같이 정확히 지적한다.

지 내용으로 기록하고 있는 것을 이해할 수 있는 한 방법이다.[17] 이 모든 것을 고려하더라도, 누가의 신뢰성을 부정하기에는 유사점의 범위가 여전히 너무 넓다.[18] 더 나아가 바울의 가르침 중에 어느 것을 누가의 기록과 비교해야 할지 결정하기 위해서는 먼저 문맥을 규명해야 한다. 비평학자들은 흔히 누가를 비난하면서, 누가의 기록에서는 바울 서신과의 유사점을 찾을 수 없고 차이점만 발견한다고 말한다. 하지만 그들이 일련의 기록을 잘못 비교했을 수도 있고, 바울과 바울 신학을 오해했을 수도 있다.

실천적 적용

본서의 연구 결과에는 두 가지 의미가 있다. 첫째, 바울과 누가는 둘 다 같은 사건이나 사람들을 다루는, 서로 중첩되는 단락에서 매우 잘 조화를 이루는 기록을 제시한다. 따라서 이러한 신뢰성을 고려하면 중첩되지 않는 단락들의 기록도 신뢰할 만한 것으로 간주해야 한다. C. S. 키너의 아래와 같은 대담한 주장은 받아들여도 무방하다. 그는 사도행전과 서신서의 기록들을 철저히 비교한 뒤, 사도행전의 기록이 지닌 신뢰성을 단언할 뿐만 아니라, 확인할 수 없는 사도행전의 자료에도 신뢰성을 부여한다.

바울 문헌과 사도행전의 그러한 상관관계는 바울에 대해 누가가 제공하

---

17 Klausner, *From Jesus to Paul*, 224-5에서 그와 같이 정확히 지적한다.

18 Keener, *Acts*, 1:229 n. 57: "강조점의 차이가 꼭 불일치인 것은 아니다.…비록 불일치가 친분을 부정하는 것은 아니지만 말이다."

는 다른 정보의 개연성도 높여준다. 이런 경우들에 관한 누가의 정확성은 분명 공정하고 치우치지 않은 표본에 해당할 것이다. 누가는 어떤 자료가 지금까지 현존해 있을지 알 수 없었을 것이기 때문이다. 즉 이런 경우들에 관한 누가의 정확성의 근거를 우연의 일치에서 찾거나, 우리가 누가의 기록의 진위를 확인할 수 있는 상당한 분량의 대목들에 대해서는 정확하게 진술한 반면 누가가 침묵하여 진위를 확인할 수 없는 대목에서는 마구잡이로 실수를 저질렀다고 주장할 수는 없다.[19]

둘째, 본서에서 입증했듯이 누가가 바울을 잘 전달한다는 높은 신뢰성에 비추어볼 때, 사도 바울과 그의 신학을 더 잘 이해하려고 연구하는 데 있어 사도행전을 더 많이 참조할 필요가 있다. 일차 자료인 바울 서신은 바울의 생애와 사역과 신학을 재구성하는 데 충분하거나 완전한 정보를 제공해주지 않는다.[20] 반면 사도행전은 초기 기독교의 발전과정에 대해서뿐만 아니라, 바울의 생애와 사역을 재구성하고 이해하려는 어떤 시도에서도 필수적이다. 우리는 누가가 사도행전에서 제공하는 자료를 무시할 수 없다. 특히 바울 서신에서 많은 유사점을 발견했으니 더욱 그렇다. 따라서 사도행전에 기록된 바울에 대한 내용은 바울 연구에서 일반적으로 인정받아온 수준보다 더 높은 평가를 받아야 할 가치가 있다.[21]

---

19   Keener, *Acts*, 1:250.

20   Jervell, *Unknown Paul*, 56-7이 사도행전이 바울의 생애와 사역에 대한 더 폭넓고 균형 있는 기록으로 가치가 있지만, 바울 서신은 바울에 대한 균형 있는 묘사를 제시하기에는 너무 상황적이고 수사적임을 인정하는 것은 옳다. Keener, *Acts*, 1:233 역시 Jervell의 견해에 긍정적으로 동의한다.

21   Hengel and Schwemer, *Paul Between Damascus and Antioch*, ix: "그러나 누가가 전해준

바울 서신은 종종 목회적이거나 신학적인 특정한 목적을 염두에 두고 기록되었다. 바울의 가르침은 당면한 목적을 달성하기 위해 때로는 수사적이고 일방적인 형태를 취하며, 어떤 때는 바울 자신이 다른 교회에 쓴 편지와 모순되기도 한다. 이 점에서 누가의 자료는 바울의 사상과 초창기 교회의 신학 발전과정을 더 잘 이해하는 데 필요한 몇 가지 적절한 통찰과 열쇠를 제공해줄 수 있다.[22] 학계에서는 역사적 바울 연구에 사도행전의 자료를 사용하는 학자에게 흔히 무비판적이고 순진하다는 꼬리표를 붙인다. 그러나 이 연구에서 입증한 바를 고려하여, 바울 사도에 대한 더 적절하고 정확한 그림을 얻기 위해 누가의 자료를 조심스럽게 또 비판적으로 사용하는 용기를 가질 필요가 있다.

기록을 진지하게 받아들이지 않고는 바울의 역사적 배경을 의미있게 이해할 수 없다." Knox도 개정판인 *Chapters*, 1987, 346-7에서 사도행전의 자료 없이 바울의 생애와 사역을 재구성하는 작업의 어려움을 인정했다.

22 Hengel, *Pre-Christian Paul*, xiii: 사도행전에서 누가가 바울에 대해 기록한 내용은 "바울 자신의 기록에 추가될 수 있는 귀중한 자료다."

참고문헌

Achtemeier, P. J. *The Quest for Unity in the New Testament* (Philadelphia: Fortress, 1987).

Adams, S. A. "The Relationships of Paul and Luke: Luke, Paul's Letters, and the 'We' Passages of Acts." Pages 125-42 in *Paul and His Social Relations*, Pauline Studies 7 (ed. S. E. Porter and C. D. Land; Leiden: Brill, 2013).

Arrington, F. L. *The Acts of the Apostles: An Introduction and Commentary* (Peabody, MA: Hendrickson, 1988).

Ascough, R. S. "Book Review of *Luke's Portrait of Paul*, by John Clayton Lentz Jr." *NovT* 36 (1994): 408-10.

Barnes, A. *Notes, Explanatory and Practical, on the Acts of the Apostles* (rev. S. Green; London: B. L. Green, 1851).

Barrett, C. K. *The Acts of the Apostles*, ICC (2 vols; Edinburgh: T&T Clark, 1994).

_____. *From First Adam to Last: A Study in Pauline Theology* (London: A&C Black, 1962).

_____. "Paul's Address to the Ephesian Elders." Pages 107-21 in *God's Christ and His People: Studies in Honour of Nils Alstrup Dahl* (ed. J. Jervell and W. A. Meeks; Oslo: Universitetsforlaget, 1977).

Bauckham, R. J. *Jude, 2 Peter*, WBC 50 (Waco, TX: Word, 1983).

Bauer, W., W. F. Arndt, F. W. Gingrich and F. W. Danker. *A Greek-English Lexicon of the New Testament and Other Early Christian Literature* (Chicago/London: University of Chicago Press, 2nd edn, 1979 [1957]).

Baur, F. C. *Paul, the Apostle of Jesus Christ: His Life and Work, His Epistles and His*

Teachings; A Contribution to a Critical History of Primitive Christianity (2 vols; London: Williams & Norgate, 1873–5 [1845]. Reprinted in one volume (Peabody, MA: Hendrickson, 2003 [1845, 1876]).

Betz, H. D. Galatians: A Commentary on Two Administrative Letters of the Apostle Paul (Philadelphia: Fortress, 1979).

Bock, D. L. Acts (Grand Rapids: Baker Academic, 2007).

_____. "The Use of the Old Testament in Luke–Acts: Christology and Mission." SBL 1990 Seminar Papers (Atlanta: Scholars Press, 1990), 494–511.

Bornkamm, G. Paul (trans. D. M. G. Stalker; London: Hodder & Stoughton, 1985 [1969]).

Bovon, F. "The Law in Luke–Acts." Pages 59–73 in Studies in Early Christianity, WUNT 161 (Tübingen: Mohr Siebeck, 2003).

_____. Luke the Theologian: Fifty-five Years of Research (1950-2005) (Waco, TX: Baylor University Press, 2nd edn, 2006).

Bowers, W. P. "Studies in Paul's Understanding of His Mission" (PhD dissertation, University of Cambridge, 1976).

Bruce, F. F. The Acts of the Apostles: The Greek Text with Introduction and Commentary (Grand Rapids: Eerdmans; Leicester: Apollos, 3rd edn, 1990 [1951]).

_____. Commentary on the Book of the Acts: The English Text with Introduction, Exposition and Notes (London and Edinburgh: Marshall, Morgan & Scott, 1977 [1954]).

_____. The Epistle to the Galatians. A Commentary on the Greek Text (Exeter: Paternoster; Grand Rapids: Eerdmans, 1982).

_____. "Is the Paul of Acts the Real Paul?" BJRL 58 (1976): 282–305.

_____. Paul: Apostle of the Heart Set Free (Grand Rapids: Eerdmans, 1977).

_____. "Paul in Acts and Letters." Pages 679–92 in Dictionary of Paul and His Letters (ed. G. F. Hawthorne, R. P. Martin and D. G. Reid; Downers Grove, IL/ Leicester: IVP, 1993).

_____. *The Speeches in the Acts of the Apostles* (London: Tyndale, 1942).

_____. "St Luke's Portrait of St Paul." Pages 181–91 in *Aksum-Thyateira: A Festschrift for Archbishop Methodios of Thyateira and Great Britain* (ed. George Dion Dragas and Methodios G. Phougias; London: Thyateira House, 1985).

Buckwalter, H. D. *The Character and Purpose of Luke's Christology*, SNTSMS 89 (Cambridge: Cambridge University Press, 1996).

Bultmann, R. *Kerygma and Myth: A Theological Debate* (ed. H. W. Bartsch; trans. R. H. Fuller; London: SPCK, 1972 [1961]).

_____. "Paul." Pages 130–72 in *Existence and Faith: Shorter Writings of R. Bultmann* (ed. S. Ogden; London: Collins, 1964).

_____. *Theology of the New Testament*, vol. 1 (trans. K. Grobel; London: SCM, 1952 [1948]).

Burchard, C. *Der dreizehnte Zeuge*, FRLANT 103 (Göttingen: Vandenhoeck & Ruprecht, 1970).

Burton, E. D. W. *A Critical and Exegetical Commentary on the Epistle to the Galatians*, ICC (Edinburgh: T&T Clark, 1921).

Bussmann, C. *Themen der paulinischen Missionspredigt auf dem Hintergrund der spätjüdisch-hellenistischen Missionsliteratur* (Frankfurt: Peter Lang, 1971).

Butticaz, S. "'Has God Rejected His People?' (Romans 11.1). The Salvation of Israel in Acts: Narrative Claim of a Pauline Legacy." Pages 148–64 in *Paul and the Heritage of Israel: Paul's Claim upon Israel's Legacy in Luke and Acts in the Light of the Pauline Letters* (ed. D. P. Moessner, D. Marguerat, M. C. Parsons and M. Wolter; London/New York: T&T Clark, 2012).

Cadbury, H. J. "The Speeches in Acts." Pages 402–27 in *The Acts of the Apostles: Additional Notes to the Commentary*, vol. 5 of *The Beginnings of Christianity* (ed. F. J. Foakes-Jackson and K. Lake; London: Macmillan, 1933).

_____. "'We' and 'I' Passages in Luke–Acts." *NTS* 3 (1957): 128–32.

Caird, G. B. *The Apostolic Age*, Duckworth Studies in Theology (London: Duckworth,

1975 [1955]).

Campbell, W. S. "The Narrator as 'He,' 'Me,' and 'We': Grammatical Person in Ancient Histories and in the Acts of the Apostles." *JBL* 129 (2010): 385-407.

_____. *The 'We' Passages in the Acts of the Apostles: The Narrator as Narrative Character.* SBLStBl 14 (Atlanta: Society of Biblical Literature, 2007).

Caragounis, C. C. "L'universalisme moderne: Perspectives bibliques sur la révélation de Dieu." *Hokhma* 45 (1990): 23-6.

Carson, D. A., and D. J. Moo. *An Introduction to the New Testament* (Grand Rapids: Zondervan, 2005).

Carter, C. W., and R. Earle. *The Acts of the Apostles* (London/Edinburgh: Oliphants, 1959).

Chae, D. J.-S. 최종상 "From Preaching the Gospel to Expounding Its Implications: Re-discovering Paul's Missionary Preaching and Its Development." Unpublished paper presented at Paul Seminar, British New Testament Conference, Aberdeen (13 September 1996).

_____. "Paul." Pages 275-9 in *Dictionary of Mission Theology* (ed. J. Corrie; Nottingham/Downers Grove, IL: IVP, 2007).

_____. *Paul as Apostle to the Gentiles: His Apostolic Self-Awareness and its Influence on the Soteriological Argument in Romans*, PBTM (Carlisle: Paternoster, 1997). 『로마서: 이방인의 사도가 전한 복음』(이레서원 역간, 2012).

_____. "Paul, the Law and the Mission to the Gentiles in the Earliest Church." Unpublished paper presented at the KERF Research Seminar, Guildford (14-27 March 1997).

_____. "Paul's Apostolic Self-Awareness and the Occasion and Purpose of Romans." Pages 116-37 in *Mission and Meaning: Essays Presented to Peter Cotterell* (ed. A. Billington, T. Lane and M. Turner; Carlisle: Paternoster, 1995).

Chase, F. H. *The Credibility of the Book of the Acts of the Apostles* (London: Macmillan, 1902).

Chilton, B. *Rabbi Paul: An Intellectual Biography* (New York: Doubleday, 2004).

Collins, R. F. "The First Letter to the Thessalonians." Pages 772–9 in *The New Jerome Biblical Commentary* (ed. R. E. Brown, J. A. Fitzmyer and R. E. Murphy; Englewood Cliffs, NJ: Prentice Hall, 1990 [1968]).

Conzelmann, H. *The Acts of the Apostles*, Hermeneia: A Critical and Historical Commentary on the Bible (trans. J. Limburg, A. T. Kraabel and D. H. Juel; Philadelphia: Fortress, 1987 [1963, 1972]).

_____. "The Address of Paul on the Areopagus." Pages 217–30 in *Studies in Luke-Acts: Essays Presented in Honor of Paul Schubert* (ed. L. E. Keck and J. L. Martyn; London: SPCK, 1968 [1966]).

_____. *An Outline of the Theology of the New Testament* (trans. J. Bowden; London: SCM, 1969 [1968]).

_____. *The Theology of St. Luke* (trans. G. Buswell; New York: Harper & Row, 1960). Crossan, J. D., and J. Reed. *In Search of Paul: How Jesus's Apostle Opposed Rome's Empire with God's Kingdom* (San Francisco: HarperSanFrancisco, 2004).

de Wette, W. M. L. *Kurze Erklärung der Apostelgeschichte* (rev. F. Overbeck; Leipzig, 1870).

Deissmann, A. *Paul: A Study in Social and Religious History* (trans. W. E. Wilson; New York: Harper & Brothers, repr. 1957 [1912, 1927]).

Dibelius, M. "The Acts of the Apostles as an Historical Source" (1947). Pages 102–8 in *Studies in the Acts of the Apostles* (ed. H. Greeven; trans. M. Ling; London: SCM, 1956 [1951]).

_____. "Paul on the Areopagus" (1939). Pages 26–77 in *Studies in the Acts of the Apostles* (ed. H. Greeven; trans. M. Ling; London: SCM, 1956 [1951]).

_____. *Studies in the Acts of the Apostles* (ed. H. Greeven; trans. M. Ling; London: SCM, 1956 [1951]).

_____. "Style Criticism in the Book of Acts" (1923). Pages 1–25 in *Studies in the Acts of the Apostles* (ed. H. Greeven; trans. M. Ling; London: SCM, 1956

[1951]).

Dodd, C. H. *The Apostolic Preaching and Its Developments* (London: Hodder & Stoughton, 1972 [1936]).

_____. *Gospel and Law: The Relation of Faith and Ethics in Early Christianity* (Cambridge: Cambridge University Press, 1950).

_____. *The Meaning of Paul for Today* (London: Collins/Fontana, 1958 [1920]).

Drane, J. *Introducing the New Testament* (San Francisco: Harper & Row, 1986).

Dunn, J. D. G. *Baptism in the Holy Spirit: A Re-examination of the New Testament Teaching on the Gift of the Spirit in Relation to Pentecostalism Today* (London: SCM, 1970).

_____. *Beginning from Jerusalem*, vol. 2 of *Christianity in the Making* (Grand Rapids/Cambridge: Eerdmans, 2009).

_____. *Romans*. WBC 38A–B (2 vols; Dallas: Word, 1988).

_____. *Unity and Diversity in the New Testament: An Inquiry into the Character of Earliest Christianity* (London/Philadelphia: SCM/TPI, 2nd edn, 1990 [1977]).

Edwards, T. C. *A Commentary on the First Epistle to the Corinthians* (London: Hamilton, Adams & Co., 1885).

Elliott, N. *The Rhetoric of Romans: Argumentative Constraint and Strategy and Paul's Dialogue with Judaism*, JSNTSup 45 (Sheffield: JSOT Press, 1990).

Ellis, E. E. *The Gospel of Luke* (London: Nelson, 1966).

Enslin, M. C. *The Literature of the Christian Movement*, Part III of *Christian Beginnings* (New York: Harper, 1956 [1938]).

Eusebius. *Ecclesiastical History* (trans. C. F. Cruse; Grand Rapids: Baker, 1955).

Fee, G. D. *The First Epistle to the Corinthians*, NICNT (Grand Rapids: Eerdmans, 1987).

Fitzmyer, J. A. *The Acts of the Apostles*, AB (New York: Doubleday, 1997).

Flichy, O. "The Paul of Luke: A Survey of Research." Pages 18–34 in *Paul and the*

Heritage of Israel: Paul's Claim upon Israel's Legacy in Luke and Acts in the Light of the Pauline Letters (ed. D. P. Moessner, D. Marguerat, M. C. Parsons and M. Wolter; London/New York: T&T Clark, 2012).

Foakes-Jackson, F. J. The Acts of the Apostles (London: Hodder & Stoughton, 1931).

Gager, J. Reinventing Paul (Oxford: Oxford University Press, 2000).

_____. "Some Notes on Paul's Conversion." NTS 27 (1981): 697-704.

Gärtner, B. The Areopagus Speech and Natural Revelation (Uppsala: Gleerup, 1955).

Gasque, W. W. A History of the Criticism of the Acts of the Apostles (Peabody, MA: Hendrickson, 1989 [1975]).

Gempf, C. "Athens, Paul at." Pages 51-4 in Dictionary of Paul and His Letters (ed. G. F. Hawthorne, R. P. Martin and D. G. Reid; Downers Grove, IL/Leicester: IVP, 1993).

Goodenough, E. R. "The Perspective of Acts." Pages 51-9 in Studies in Luke-Acts: Essays Presented in Honor of Paul Schubert (ed. L. E. Keck and J. L. Martyn; London: SPCK, 1968 [1966]).

Goodspeed, E. J. Paul (Philadelphia/Toronto: Winston Co., 1947).

Green, M. 2 Peter and Jude, TNTC (Leicester: IVP, 1968).

Guthrie, D. New Testament Introduction (Leicester: IVP, 3rd edn, 1970 [1962, 1965]).

_____. New Testament Theology (Leicester: IVP, 1981).

Haenchen, E. The Acts of the Apostles (Oxford: Basil Blackwell, 1971 [1956]).

Hahn, F. Mission in the New Testament (trans. F. Clark; London: SCM, 1965 [1963]).

Hall, D. R. "St. Paul and Famine Relief: A Study in Galatians 2:10." ExpTim 82 (1970-71): 309-11.

Hanson, R. P. C. The Acts with Introduction and Commentary (Oxford: Clarendon, 1967).

Harnack, A. The Expansion of Christianity (London: Williams & Norgate, 5th edn, 1958 [1904]).

Hawthorne, G. F., R. P. Martin and D. G. Reid, eds. Dictionary of Paul and His Letters

(Downers Grove, IL/Leicester: IVP, 1993).

Hays, R. B. "The Paulinism of Acts, Intertextually Reconsidered." Pages 35-48 in *Paul and the Heritage of Israel: Paul's Claim upon Israel's Legacy in Luke and Acts in the Light of the Pauline Letters* (ed. D. P. Moessner, D. Marguerat, M. C. Parsons and M. Wolter; London/New York: T&T Clark, 2012).

Hemer, C. J. "The Authorship and Sources of Acts." Pages 308-64 in *The Book of Acts in the Setting of Hellenistic History*, WUNT 49 (ed. C. H. Gempf; Tübingen: Mohr Siebeck, 1989.

_____. *The Book of Acts in the Setting of Hellenistic History*, WUNT 49 (ed. C.H. Gempf; Tübingen: Mohr Siebeck, 1989.

_____. "First Person Narrative in Acts 27-28." *TynBul* 36 (1985): 79-109.

_____. "Speeches of Acts, I: The Ephesian Elders at Miletus." *TynBul* 40 (1989): 77-85.

Hengel, M. *Acts and the History of Earliest Christianity* (trans. J. Bowden; London: SCM, 1979).

_____. *Between Jesus and Paul: Studies in the Earliest History of Christianity* (trans. J. Bowden; London: SCM; Philadelphia: Fortress, 1983).

_____. *Earliest Christianity* (London: SCM, 1986 [1973, 1979]).

_____. *Pre-Christian Paul* (trans. J. Bowden; London: SCM, 1991).

Hengel, M., and A. M. Schwemer. *Paul Between Damascus and Antioch: The Unknown Years* (trans. J. Bowden; London: SCM, 1997).

Holmberg, B. *Sociology and the New Testament: An Appraisal* (Minneapolis: Fortress, 1990).

Holzner, J. *Paul of Tarsus* (trans. F. C. Eckhoff; St Louis/London: Herder, 1946).

Hooker, M. "Adam in Romans 1." *NTS* 6 (1959-60): 297-306.

_____. "A Further Note on Romans 1." *NTS* 13 (1966-7): 181-3.

Hughes, P. E. *Paul's Second Epistle to the Corinthians* (Grand Rapids: Eerdmans, 1962).

Hultgren, A. J. "Paul's Pre-Christian Persecutions of the Church: Their Purpose,

Locale, and Nature." *JBL* 96 (1976): 105-7.

Hunter, A. M. *The Unity of the New Testament* (London: SCM, 1943).

Hyldahl, N. "A Reminiscence of the Old Testament at Romans i,23." *NTS* 2 (1955-6): 285-8.

Jervell, J. "Paul in the Acts of the Apostles: Tradition, History, Theology." Pages 297-306 in *Les Actes des Apôtres: Traditions, redaction, theologie* (ed. J. Kremer; Gembloux: J. Duculot; Leuven: Leuven University Press, 1979).

_____. *The Unknown Paul: Essays on Luke-Acts and Early Christian History* (Minneapolis: Augsburg, 1984).

Jewett, R. *Dating Paul's Life* (London: SCM, 1979).

Johnson, L. T. *The Acts of the Apostles*, SP (ed. D. J. Harrington; Collegeville, MN: Liturgical Press, 1992).

Keck, L. E. *Paul and His Letters*, Proclamation Commentaries (Philadelphia: Fortress, rev. edn, 1988 [1979]).

Keener, C. S. *Acts: An Exegetical Commentary* (4 vols; Grand Rapids: Baker, 2012-15).

_____. "First-Person Claims in Some Ancient Historians and Acts." *JGRChJ* 10 (2014): 9-23.

_____. *The IVP Bible Background Commentary: New Testament* (Downers Grove, IL: IVP, 1993).

Kim, S. "Jesus, Sayings of." Pages 474-92 in *Dictionary of Paul and His Letters* (ed. G. F. Hawthorne, R. P. Martin and D. G. Reid; Downers Grove, IL/Leicester: IVP, 1993).

_____. *The Origin of Paul's Gospel* (Grand Rapids: Eerdmans, 2nd edn, 1984 [1981]).

Klausner, J. *From Jesus to Paul* (New York: Menorah, 1943 [1939]).

Knox, J. *Chapters in a Life of Paul* (New York: Abingdon, 1950).

_____. *Chapters in a Life of Paul* (rev. and ed. D. R. A. Hare; Macon, GA: Mercer University Press, rev. edn, 1987).

_____. "Chapters in a Life of Paul - a Response to Robert Jewett and Gerd

Lüdemann." Pages 341-64 in *Colloquy of New Testament Studies: A Time for Re-appraisal and Fresh Approaches* (ed. B. C. Corley; Macon, GA: Mercer University Press, 1983).

_____. "'Fourteen Years Later': A Note on the Pauline Chronology." *JR* 16 (1936): 341-9.

_____. "The Pauline Chronology." *JBL* 58 (1939): 15-29.

Kraft, H. "στῦλος" Page 281 in *Exegetical Dictionary of the New Testament*, vol. 3 (Grand Rapids: Eerdmans, 1993).

Kreitzer, L. J. "Eschatology." Pages 253-69 in *Dictionary of Paul and His Letters* (ed. G. F. Hawthorne, R. P. Martin and D. G. Reid; Downers Grove, IL/Leicester: IVP, 1993).

Kümmel, W. G. *Introduction to the New Testament* (trans. H. Clark Lee; Nashville: Abingdon, 1975).

_____. *Theology of the New Testament* (trans. J. E. Steely; London: SCM, 1974 [1972]).

Kuntz, J. K. "Arabia/Arabians." Page 63 in *The Dictionary of Bible and Religion* (ed. W. H. Gentz; Nashville: Abingdon, 1986).

Ladd, G. E. *A Theology of the New Testament* (Grand Rapids: Eerdmans, 1974).

Lake, K. "The Apostolic Council of Jerusalem." Pages 195-212 in *The Beginnings of Christianity*, vol. 5 (ed. F. J. Foakes-Jackson and K. Lake; London: Macmillan, 1933).

Lentz, J. C. *Luke's Portrait of Paul*, SNTSMS 77 (Cambridge: Cambridge University Press, 1993).

Lightfoot, J. B. *Notes on Epistles of St. Paul from Unpublished Commentaries* (London: Macmillan, 1895).

_____. *St Paul's Epistles to the Galatians* (London/New York: Macmillan, 1890).

Longenecker, R. N. *Galatians*, WBC 41 (Dallas: Word, 1990).

_____. *Paul, Apostle of Liberty* (New York: Harper & Row, 1964).

Lüdemann, G. *Paul, Apostle to the Gentiles: Studies in Chronology* (London: SCM, 1984 [1980]).

Maddox, R. *The Purpose of Luke-Acts* (Edinburgh: T&T Clark, 1985).

Manson, T. W. *Studies in the Gospels and Epistles* (ed. M. Black; Manchester: Manchester University Press, 1962).

Marguerat, D. "Paul After Paul: A (Hi)story of Reception." Pages 70-89 in *Paul and the Heritage of Israel: Paul's Claim upon Israel's Legacy in Luke and Acts in the Light of the Pauline Letters* (ed. D. P. Moessner, D. Marguerat, M. C. Parsons and M. Wolter; London/New York: T&T Clark, 2012).

Marshall, I. H. *1 Peter*, IVPNTC (ed. G. R. Osborne, D. S. Briscoe and H. Robinson; Downers Grove, IL/Leicester: IVP, 1991).

_____. *The Acts of the Apostles: An Introduction and Commentary*, TNTC (Leicester: IVP; Grand Rapids: Eerdmans, 1980).

_____. *Luke: Historian and Theologian* (Exeter: Paternoster, 3rd edn, 1988 [1970]).

_____. "Luke's View of Paul." *SwJT* 33 (1990): 41-51.

_____. "The Place of Acts 20.28 in Luke's Theology of the Cross." Pages 154-70 in *Reading Acts Today: Essays in Honour of Loveday C. Alexander*, LNTS 427 (ed. S. Walton, T. E. Phillips, L. K. Pietersen and F. S. Spencer; London/New York: T&T Clark, 2011).

McNeile, A. H. *New Testament Teaching in the Light of St Paul's* (Cambridge: Cambridge University Press, 1923).

_____. *St Paul: His Life, Letters, and Christian Doctrine* (Cambridge: Cambridge University Press, 1920).

Metzger, B. M. *A Textual Commentary on the Greek New Testament* (London/New York: UBS, 1975 [1971]).

Moessner, D. P., D. Marguerat, M. C. Parsons and M. Wolter, eds. *Paul and the Heritage of Israel: Paul's Claim upon Israel's Legacy in Luke and Acts in the Light of the Pauline Letters* (London/New York: T&T Clark, 2012).

Moule, C. F. D. "Christology of Acts." Pages 159-85 in *Studies in Luke-Acts: Essays Presented in Honor of Paul Schubert* (ed. L. E. Keck and J. L. Martyn; London: SPCK, 1968 [1966]).

Moulton, J. H. *A Grammar of New Testament Greek, I: Prolegomena* (Edinburgh: T&T Clark, repr. 1988 [1906-76]).

Mounce, R. H. *The Essential Nature of New Testament Preaching* (Grand Rapids: Eerdmans, 1960).

―――. "Preaching, Kerygma." Pages 735-7 in *Dictionary of Paul and His Letters* (ed. G. F. Hawthorne, R. P. Martin and D. G. Reid; Downers Grove, IL/Leicester: IVP, 1993).

Mount, C. *Pauline Christianity: Luke-Acts and the Legacy of Paul*, NovTSup 104 (Leiden: Brill, 2002).

Munck, J. *The Acts of the Apostles*, AB 31 (Garden City, NY: Doubleday, 1967).

―――. *Paul and the Salvation of Mankind* (London: SPCK, 1959).

Murphy-O'Connor, J. *Paul: A Critical Life* (Oxford: Oxford University Press, 1996).

―――. "Pauline Missions before the Jerusalem Conference". *RB* 89 (1982): 71-91.

Neusner, J. *The Rabbinic Traditions about the Pharisees before 70*, vol. 1 (Atlanta: Scholars Press, 1999).

Nock, A. D. *Early Gentile Christianity and Its Hellenistic Background* (New York: Harper & Row, 1964).

O'Neill, J. C. *Paul's Letter to the Romans* (Harmondsworth: Penguin, 1975).

―――. *The Recovery of Paul's Letter to the Galatians* (London: SPCK, 1972).

Oepke, A. *Die Missionspredigt des Apostel Paulus: Eine biblisch-theologische und religionsgeschichtliche Untersuchung* (Leipzig: Hinrichs'sche Buchhandlung, 1920).

Orr, W. F., and J. A. Walther. *1 Corinthians: A New Translation, Introduction with a Study of the Life of Paul, Notes and Commentary*, AB (New York: Doubleday, 1976).

Pak, J. Y.-S. *Paul as Missionary: A Comparative Study of Missionary Discourse in Paul's Epistles and Selected Contemporary Jewish Texts*, European University Studies, Series 23: Theology 410 (Frankfurt: Peter Lang, 1991).

Park, E. C. *Either Jew or Gentile: Paul's Unfolding Theology of Inclusivity* (Louisville, KY/London: Westminster John Knox, 2003).

Pervo, R. I. *Dating Acts: Between the Evangelists and the Apologists* (Santa Rosa, CA: Polebridge, 2006).

_____. *The Making of Paul: Constructions of the Apostle in Early Christianity* (Minneapolis: Fortress, 2010).

_____. *The Mystery of Acts: Unraveling Its Story* (Santa Rosa, CA: Polebridge, 2008).

_____. *Profit with Delight: The Literary Genre of the Acts of the Apostles* (Philadelphia: Fortress, 1987).

Phillips, T. E. *Paul, His Letters, and Acts*, Library of Pauline Studies (Peabody, MA: Hendrickson, 2009).

_____. "Paul as a Role Model in Acts: The 'We'-Passages in Acts 16 and Beyond." Pages 49-63 in Acts and Ethics, New Testament Monographs 9 (ed. T.E. Phillips; Sheffield: Sheffield Phoenix Press, 2005).

Porter, S. E. *Paul in Acts* (Peabody, MA: Hendrickson, 2001 [1999]).

_____. *Verbal Aspect in the Greek of the New Testament, with Reference to Tense and Mood*, SBG 1 (New York: Lang, 1989).

Rackham, R. B. *The Acts of the Apostles: An Exposition* (London: Methuen, 1906).

Räisänen, H. *Paul and the Law* (Tübingen: Mohr Siebeck, 1983).

Ramsay, W. M. *The Bearing of Recent Research on the Trustworthiness of the New Testament* (London: Hodder & Stoughton, 1915).

_____. *The Church in the Roman Empire before A.D. 70* (London: Hodder & Stoughton, 4th edn, 1895).

_____. *Historical Commentary on St. Paul's Epistle to the Galatians* (New York: G. P. Putnam's Sons, 1900. Repr., Grand Rapids: Baker, 1979).

_____. *Pauline and Other Studies in the Early Christian History* (London: Hodder & Stoughton, 1906).

_____. *St Paul the Traveller and the Roman Citizen* (18th ed. London: Hodder & Stoughton, 1935 [1895, 1920]).

Rapske, B. M. *The Book of Acts and Paul in Roman Custody*, vol. 3 of *The Book of Acts in Its First Century Setting* (Carlisle: Paternoster; Grand Rapids: Eerdmans, 1994).

_____. "The Importance of Helpers to the Imprisoned Paul in the Book of Acts." *TynBul* 42 (1991): 3-30.

_____. "Review of *Luke's Portrait of Paul, by John Clayton Lentz Jr.*" *EvQ* 66 (1994): 347-53.

Reicke, B. *The Epistles of James, Peter and Jude*, AB 37 (New York: Doubleday, 1964).

Reymond, R. L. *Paul, Missionary Theologian: A Survey of His Missionary Labours and Theology* (Fearn: Christian Focus, 2000).

Ridderbos, H. *Paul: An Outline of His Theology* (London: SPCK, 1977 [1966]).

Rienecker, F., and C. Rogers. *Linguistic Key to the Greek New Testament* (Grand Rapids: Zondervan, 1976, 1980).

Riesner, R. *Paul's Early Period* (Grand Rapids: Eerdmans, 1998).

Robbins, V. K. "The We-Passages in Acts and Ancient Sea Voyages." *BRev* 20 (1975): 5-18.

Robertson, A., and A. Plummer. *A Critical and Exegetical Commentary on the First Epistle of St Paul to the Corinthians*, ICC (Edinburgh: T&T Clark).

Robertson, A. T. *A Grammar of the Greek New Testament in the Light of Historical Research* (Nashville: Broadman Press, 1934 [1914, 1915, 1923]).

Robinson, B. W. *The Life of Paul* (Chicago: Chicago University Press, 1918).

Roetzel, C. *Paul: The Man and the Myth* (Minneapolis: Fortress, 1999 [1997]).

Sanders, E. P. *Paul and Palestinian Judaism: A Comparison of Patterns of Religion* (London: SCM, 1977).

_____. *Paul the Apostle's Life, Letters and Thought* (Minneapolis: Fortress, 2015).

Schmithals, W. *Paul and James*, SBT 46 (trans. D. M. Barton; London: SCM, 1965).

Schoeps, H. J. *Paul: The Theology of the Apostle in the Light of Jewish Religious History* (trans. H. Knight; London: Lutterworth Press, 1961 [1959]).

Schütz, J. H. *Paul and the Anatomy of Apostolic Authority*, SNTSMS 26 (Cambridge: Cambridge University Press, 1975).

Schweizer, E. "Concerning the Speeches in Acts." Pages 208-16 in *Studies in Luke-Acts: Essays Presented in Honor of Paul Schubert* (ed. L. E. Keck and J. L. Martyn; London: SPCK, 1968 [1966]).

Segal, A. *Paul the Convert: The Apostolate and Apostasy of Saul the Pharisee* (New Haven, CT/London: Yale University Press, 1990).

Senior, D., and C. Stuhlmueller. *The Foundations for Mission* (London: SCM, 1983).

Sheeley, S. M. "Getting into the Act(s): Narrative Presence in the "We" Sections'. *Perspectives in Religious Studies* 26 (1999): 203-20.

Stanton, G. N. *Jesus of Nazareth in New Testament Preaching* (Cambridge: Cambridge University Press, 1974).

Stern, D. H., trans. *The Jewish New Testament: A Translation of the New Testament that Expresses Its Jewishness* (Jerusalem: Jewish New Testament Publications, 1991 [1979, 1989, 1990]).

Steyn, G. J. *Septuagint Quotations in the Context of the Petrine and Pauline Speeches of the Acta Apostolorum* (Kampen: Kok Pharos, 1995).

Tajra, H. W. *The Trial of St. Paul: A Juridical Exegesis of the Second Half of the Acts of the Apostles*, WUNT 2.35 (Tübingen: Mohr Siebeck, 1989).

Taylor, N. *Paul, Antioch and Jerusalem: A Study in Relationship and Authority in Earliest Christianity*, JSNTSup 66 (Sheffield: JSOT Press, 1993).

Thornton, C.-J. *Der Zeuge des Zeugen. Lukas als Historiker der Paulusreisen*, WUNT (Tübingen: Mohr Siebeck, 1991).

Thrall, M. E. *2 Corinthians 8-13*, ICC (London/New York: T&T Clark, 2000).

Trenchard, E. H. "The Acts of the Apostles." Pages 1335-86 in *The Pickering Bible*

Commentary for Today (ed. G. C. D. Howley, F. F. Bruce and H. L. Ellison; London/Glasgow: Pickering & Inglis, 1979).

Turner. M. *The Holy Spirit and Spiritual Gifts Then and Now* (Carlisle: Paternoster, 1996)

Tyson, J. *Marcion and Luke-Acts: A Defining Struggle* (Columbia, SC: University of South Carolina, 2006).

Urch, E. J. "Procedure in the Courts of the Roman Provincial Governors'. *CJ* 25 (1929): 93-101.

Vielhauer, P. *Geschichte der urchristlichen Literatur* (Berlin: de Gruyter, 1975).

_____. "On the 'Paulinism' of Acts." Pages 33-50 in *Studies in Luke-Acts: Essays Presented in Honor of Paul Schubert* (ed. L. E. Keck and J. L. Martyn; trans. W. C. Robinson Jr and V. P. Furnish (London: SPCK, 1968 [1966]). 원문 "Zum 'Paulinismus' der Apostelgeschichte." *EvT* 10 (1950-51): 1-15에 대한 이 역본은 *Perkins School of Theology Journal* 17 (Fall, 1963)에 먼저 출간되었다.

Walton, S. "The Acts - of God? What Is the 'Acts of the Apostles' All About?" *EvQ* 80 (2008): 291-306.

_____. *Leadership and Lifestyle: The Portrait of Paul in the Miletus Speech and 1 Thessalonians* (Cambridge: Cambridge University Press, 2007).

Watson, F. *Paul, Judaism and Gentiles: A Sociological Approach*, SNTSMS 56 (Cambridge: Cambridge University Press, 1986).

Wedderburn, A. J. M. "The We-Passages in Acts: On the Horns of a Dilemma." *ZNW* 93 (2002): 78-98.

Weiss, J. *Earliest Christianity: A History of the Period A.D. 30-150*, vol. 1 (New York: Harper, 1959 [1914, 1937]). 원서는 *Das Urchristentum* (1914)이고, *The History of Primitive Christianity* (trans. F. C. Grant; New York: Harper & Brothers, 1937)로 먼저 번역 출간되었다.

Weissenrieder, A. *Images of Illness in the Gospel of Luke: Insights of Ancient Medical Texts*, WUNT 2.164 (Tübingen: Mohr Siebeck, 2003).

Wenham, D. "Acts and the Pauline Corpus, II: The Evidence of Parallels." Pages 215–58 in *The Book of Acts in Its Ancient Literary Setting*, vol. 1 of *The Book of Acts in Its First Century Setting* (ed. B. W. Winter and A. D. Clarke; Grand Rapids: Eerdmans, 1993).

_____. *Paul: Follower of Jesus or Founder of Christianity?* (Grand Rapids: Eerdmans, 1995).

_____. "The Paulinism of Acts Again." *Themelios* 13 (1988): 53–5.

Wenham, D., and S. Walton. *Exploring the New Testament: A Guide to the Gospels and Acts* (Downers Grove, IL: IVP, 2001).

Wessel, W. W. "Arabia." Pages 83–6 in *The Illustrated Bible Dictionary*, Part 1 (ed. J. D. Douglas; Leicester: IVP, 1980).

Wilckens, U. "Interpreting Luke-Acts in a Period of Existentialist Theology." Pages 60–83 in *Studies in Luke-Acts: Essays Presented in Honor of Paul Schubert* (ed. L. E. Keck and J. L. Martyn; London: SPCK, 1968 [1966]).

Williams, C. S. C. *The Acts of the Apostles*, BNTC (ed. H. Chadwick; London: A&C Black, 2nd edn, 1964 [1957]).

Wilson, M. R. *Our Father Abraham: Jewish Roots of the Christian Faith* (Grand Rapids: Eerdmans, 1989).

Wilson, S. G. *The Gentiles and the Gentile Mission in Luke-Acts*, SNTSMS 23 (Cambridge: Cambridge University Press, 1973).

Witherington III, B. *The Acts of the Apostles. A Socio-rhetorical Commentary* (Grand Rapids: Eerdmans, 1997).

_____. *The Paul Quest: The Renewed Search for the Jew of Tarsus* (Downers Grove, IL/Leicester: IVP, 1998).

Wood, H. G. "The Conversion of St. Paul: Its Nature, Antecedents and Consequences." *NTS* (1954-5): 276–82.

Worley, R. C. *Preaching and Teaching in the Earliest Church* (Philadelphia: Westminster, 1967).

Wright, N. T. "The Messiah and the People of God: A Study in Pauline Theology with Particular Reference to the Argument of the Epistle to the Romans" (PhD dissertation, University of Oxford, 1980).

_____. *What St. Paul Really Said: Was Paul of Tarsus the Real Founder of Christianity?* (Oxford: Lion, 1997).

Wuest, K. S. *Wuest's Word Studies from the Greek New Testament: For the English Reader*, vol. 1 (Grand Rapids: Eerdmans, 1973, repr. 1992 [1950-53]).

Zerwick, M., and M. Grosvenor. *A Grammatical Analysis of the Greek New Testament* (Rome: Biblical Institute Press, rev. edn, 1981 [1966]).

인명 색인

Elliott, N. 11

Ellis, E. E. 57, 106

Enslin, M. C. 174

Eusebius. 48, 50, 185, 221

F

Fee, G. D. 87-88, 197

Fitzmyer, J. A. 218

Flichy, O. 58

Foakes-Jackson, F. J. 51, 54

G

Gager, J. 41, 167, 186, 280, 294

Gärtner, B. 57, 66

Gasque, W. W. 32, 56-58, 99-100, 103, 105-6, 182-83

Gempf, C. 63, 99

Goodenough, E. R. 167

Goodspeed, E. J. 92, 186, 189

Green, M. 204

Grosvenor, M. 63, 189

Guthrie, D. 93, 192-93, 223

H

Haenchen, E. 34, 56, 78-79, 156, 193, 197, 213, 221, 244-45, 280

Hall, D. R. 189

Hanson, R. P. C. 57, 66, 197, 207, 213, 218

Harnack, A. 31-32, 46, 56, 283

Hays, R. B. 99, 153

Hemer, C. J. 32-34, 37, 42, 47, 51, 64, 164,
188, 190, 217-19, 283, 288

Hengel, M. 32, 34, 47, 51, 131, 170-71, 185, 187, 198, 203, 213, 215, 218, 227, 246, 248-50, 252, 282-83, 296-97

Holmberg, B. 35

Holzner, J. 197, 204

Hooker, M. 60

Hughes, P. E. 191-92

Hultgren, A. J. 245

Hunter, A. M. 111, 15

Hyldahl, N. 60

J

Jervell, J. 51, 57, 109, 296

Jewett, R. 35, 240

Johnson, L. T. 168, 174, 179, 191

K

Keck, L. E. 108, 120, 132

Keener, C. S. 35, 37, 45-46, 48, 50, 58, 71, 105, 164, 173, 213, 216, 218, 226, 283, 288, 290, 293, 295-96

Kim, S. 131, 180, 244

Klausner, J. 131, 244, 295

Knox, J. 33-35, 46, 169, 172, 240-41, 254, 297

Kraft, H. 201

Kreitzer, L. J. 91

Kümmel, W. G. 93, 216-17

Kuntz, J. K. 170

L

Ladd, G. E. 39, 131, 137
Lake, K. 35, 177, 191, 240
Lentz, J. C. 57, 178, 216
Lightfoot, J. B. 88, 189
Longenecker, R. N. 50, 58, 110, 170, 177
Lüdemann, G. 42, 177, 240

M

Maddox, R. 65
Manson, T. W. 176, 190-91
Marguerat, D. 58, 80, 101, 106, 196, 283
Marshall, I. H. 19, 29-30, 57, 71, 79, 84, 102, 164, 180, 185-86, 188, 190, 205, 218, 283
Martin, R. P. 55
McNeile, A. H. 33, 60, 240
Metzger, B. M. 87
Moessner, D. P. 58
Moo, D. J. 218
Moule, C. F. D. 101, 165
Moulton, J. H. 87
Mounce, R. H. 108, 111, 115, 131
Mount, C. 56
Munck, J. 34, 106, 197, 213, 218, 228, 283
Murphy-O'Connor, J. 170, 179, 240-41, 246

N

Neusner, J. 246
Nock, A. D. 197, 214

O

O'Neill, J. C. 294
Oepke, A. 110
Orr, W. F. 88, 119

P

Pak, J. Y.-S. 119, 125
Park, E. C. 197
Parsons, M. C. 58
Pervo, R. I. 29, 30, 34, 68, 172, 178, 189, 199, 211-12, 229, 282
Phillips, T. E. 30-31, 34, 58, 78, 118-19, 216
Plummer, A. 88
Porter, S. E. 30, 34, 51, 56-58, 65, 88, 106-7, 110, 214-17, 280-81, 283, 294

R

Rackham, R. B. 51
Räisänen, H. 42, 167, 280, 294
Ramsay, W. M. 32, 50, 56, 181, 218, 222, 283
Rapske, B. M. 57, 179, 226-27
Reed, J. 35
Reicke, B. 204-5
Richards, E. R. 173
Ridderbos, H. 88
Rienecker, F. 201
Riesner, R. 34, 42, 160, 170-71, 178, 213, 245-46, 262, 282
Robbins, V. K. 217
Robertson, A. 88
Robertson, A. T. 87, 89

성경 색인

주제 색인

사도행전과 역사적 바울 연구

Copyright ⓒ 새물결플러스 2020

1쇄 발행 2020년 4월 14일

지은이 최종상
옮긴이 이용중
펴낸이 김요한
펴낸곳 새물결플러스

편 집 왕희광 정인철 노재현 한바울 정혜인
     이형일 서종원 나유영 노동래 최호연
디자인 윤민주 황진주 박인미 이지윤
마케팅 박성민 이원혁
총 무 김명화 이성순
영 상 최정호 조용석 곽상원
아카데미 차상희

홈페이지 www.holywaveplus.com
이메일 hwpbooks@hwpbooks.com
출판등록 2008년 8월 21일 제2008-24호
주 소 (우) 04118 서울시 마포구 마포대로19길 33
전 화 02) 2652-3161
팩 스 02) 2652-3191

ISBN 979-11-6129-149-9 93230